KB121919

유치원 학급운영
어떻게 할까?

유치원 학급운영 어떻게 할까?

초판 1쇄 발행 2018년 8월 27일
초판 3쇄 발행 2020년 12월 18일

지은이 | 뿌리 깊은 유치원 교사 연구회

발행인 | 최윤서
편집장 | 허병민
디자인 | 김수경
펴낸 곳 | 교육과실천
도서문의 | 02-2264-7775
인쇄 | 031-945-6554 두성 P&L
일원화 구입처 | 031-407-6368 (주)태양서적
등록 | 2018년 4월 2일 제2018-000040호
주소 | 서울특별시 중구 창경궁로 18-1 동림비즈센터 505호

ISBN 979-11-963601-3-9 (13370)
값은 표지에 있습니다.

* 사람과교육 은 교육과실천과 함께하는 출판 브랜드입니다.

유치원 학급운영 어떻게 할까?

뿌리 깊은 유치원 교사 연구회 씀

사람과교육

추천의 글

"엄마! 왜 엄마는 다 여자야?"

유치원생 아이가 엄마에게 묻습니다. 엄마는 대답할 말을 찾지 못했는지 그저 웃기만 합니다. 엘리베이터에 함께 탄 이웃집 아이와 엄마가 주고받은 짧은 이야기입니다. 내가 엄마라면 어떻게 대답해야 할지 생각해보았습니다. 참 쉬운 질문 같은데 대답이 쉽지 않습니다. 어떻게 대답하느냐 따라 아이의 마음을 보듬을 수도, 내칠 수도 있습니다. 생각을 열어줄 수도 있고, 닫아 버릴 수도 있습니다. 깊이 생각할수록 어렵습니다. 유치원 선생님은 참 어렵겠다는 생각이 듭니다.

어른들은 너무나 당연하기에 의문조차 갖지 않는 것을 아이들은 궁금해합니다. 조급한 어른들은 그 호기심을 어른들이 생각하는 정답으로 바꿔버리려 합니다. 아이들이 스스로 생각하고 자신만의 답을 찾아갈 기회를 빼앗아 버립니다. 심지어 스스로 생각할 시간조차 가질 수 없도록 많은 지식과 기능을 욱여넣고, 갖가지 프로그램에 아이들을 가두어 버립니다. 그것은 아이들이 스스로 자라지 못하게 하는 것입니다. 유아교육은 아이들이 호기심과 상상력을 마음껏 펼치며 친구들과 어울려 놀면서 마음을 튼튼하게 가꾸고, 생각하는 힘을 기르도록 도와주는 일이어야 합니다.

많은 유치원 선생님이 아이들은 어울려 놀면서 스스로 배운다는 믿음으로 '아이다운' 성장을 위해 애쓰고 계십니다. 하지만 갖가지 어려움을 겪습니다. 경력이 낮은 선생님은 경험이 부족해서 어렵고, 경력이 많은 선생님은 새로운 흐름을 따라가기에 벅찹니다. 『유치원 학급운영 어떻게 할까?』는 그런 어려움을 공감하는 선생님들이 쓴 책입니다.

이 책을 쓴 '뿌리 깊은 유치원 교사 연구회' 는 연수에서 만나 함께 계속 공부를 하게 된 세종의 유치원 선생님들을 중심으로 만든 모임입니다. 자신들의 배움에서 그치지 않고 다른 선생님들과 나누기 위해 책을 내기로 하였답니다. 바쁜 중에도 매주 만나 공부하고 실천한 것을 바탕으로 고민을 나누고 생각을 모았습니다. 많은 선생님에게 도움이 될 친근한 안내서를 만들겠다는 생각으로 엄청난 열정을 쏟았습니다. 함께하신 분 중 두 분의 선생님은 인천에 사시는데 세종까지 매주 오셨다고 합니다.

그렇게 나온 『유치원 학급운영 어떻게 할까?』에는 유치원 학급운영의 처음부터 끝까지, 큰 틀에서부터 작은 부분까지 모자람 없이 꽉 차 있습니다. '내가 정말 알아야 할 모든 것은 유치원에서 배웠다' 는 유명한 책 제목에 빗대면, 유치원 선생님이 정말 알아야 할 모든 것은 이 책에서 배울 수 있습니다. 무엇보다 이 책에는 선생님들의 따뜻한 마음이 담겨 있습니다. 한 글자 한 글자 아이들을 사랑하고, 동료 선생님들과 함께 성장하고 싶은 열정이 담겨 있습니다.

'유치원 학급운영시스템' 은 따뜻한 마음으로 움직이는 시스템입니다. 선생님의 학급도 이 새로운 운영시스템으로 업그레이드하시기 바랍니다.

_ 최교진 교육감, 세종특별자치시

학기 초는 유아와 학부모와 함께 교사에게도 설렘과 긴장이 되는 시기입니다. 이때 교사들은 '내가 학급을 잘 이끌어나갈 수 있을까?' 를 고민하게 됩니다.

어떻게 하면 유아들이 유치원에서 잘 적응할 수 있을까요? 교사라면 늘 학급운영을 어떻게 해야 할지 생각을 하면서도 책을 통해 이를 정리하고, 다른 사람과 나누고자 생각한 사람은 없었던 것 같습니다. '학급운영' 에 관련된 책이라고 하면, 어렵고 지루할 것 같은 느낌이 듭니다. 그러나 이 책은 현장의 교사들이 느꼈던 경험을 있는 그대로 꾸밈없이 적어놓아서 생생한 현장감과 공감을 불러일으킵니다. 어려움을 직접 느끼고 고민한 것이기에 선생님들에게 좀 더 쉽게 다가갈 수 있을 것입니다.

유치원 현장의 어려운 현실적인 문제들로 때론 절망하기도 했는데, 이 책은 저와 같은 원장에게도 많은 울림을 주었습니다. 선생님들의 목소리가, 선생님들의 메시지가 나를 감동시켰습니다. 그리고 많은 희망을 보았습니다. 이제 퇴직이 얼마 남지 않은 시점에서 그동안 제가 선생님들처럼 멋진 발자취를 남겼는지 되돌아보게 되었습니다. 선생님들과 같이 손잡고, 같이 웃고, 같이 고민해주는 원장이 되고 싶습니다.

많은 교사가 이 책을 읽고 '학급을 운영하는 것은 멋진 일이다' 라는 마음이 생길 것이라 기대하며, 선생님들에게 설렘과 자신감을 안겨줄 이 책을 추천합니다.

'뿌리 깊은 유치원 교사 연구회' 감사합니다. 최고예요!

_ 류애희 원장, 가득유치원

유치원의 단위 조직인 학급을 어떻게 운영하느냐에 따라 유치원 교육의 질과 학부모의 만족도, 유아들이 느끼는 행복감이 달라지게 마련이다. 그런데도 오랫동안 유치원의 학급운영은 교사 개인의 전문성과 교육관에 맡겨지거나, 아니면 원장의 지시나 원내 장학에 의존해왔다고 해도 지나치지 않을 것이다.

초임 교사는 학급운영의 경험이 없어 언제 무엇을 어떻게 해야 할지 서툴고, 경력 교사도 유아들에 대한 애정과 학부모와의 관계만으로는 학급을 잘 운영할 수 없다는 것을 너무나도 잘 알고 있다. 상급자로부터 지시나 지도를 받아 학급을 운영하는 것은 교사에게 직무만족감이나 자존감을 높일 수 없다는 문제가 있다.

더구나 최근에는 학급수가 많은 대규모 유치원들이 설립, 운영되고 있다. 이런 경우에는 학급수가 적은 유치원보다 더욱 시스템화할 필요가 있다. 많은 수의 학급 담당 교사들이 서로 다른 교육관과 전문성을 바탕으로 제각기 독특하게 운영한다면, 마치 오케스트라에서 악보 없이 아름다운 조화(하모니)를 얻어내려고 하는 것과 무엇이 다를까?

이 책은 이런 점에 착안했다고 본다. 현장에서 오랫동안 유아들을 직접 교육하면서, 보다 나은 유치원 교육을 위해 고민하는 교사들이 자발적인 연구를 통해 학급을 시스템으로 운영할 수 있게 하는 지혜를 이 책에 모았다. 그러면서 유치원 교사들이 학급운영 과정에서 부딪히는 여러 가지 문제를 스스로 해결할 수 있는 생생한 기법도 함께 제시하고 있다.

_ 이일주 교수, 공주대학교 사범대학 유아교육과

내가 오랫동안 고민하면서 터득했던 학급운영과 생활지도에 관한 내용이 한 권에 담겨 있어서 깜짝 놀랐다. 일상을 바쁘게 지내는 현장의 유치원 선생님들이 모여서 연구회를 조직하고, 공부하고 배우면서 성찰한 그 결과를 다른 이들에게 공유하고자 했다는 점을 높이 평가하고 싶다. 이 책은 현장 교사들이 매일의 일과 중에서 진행되는 학급운영과 생활지도 차원에서 다양한 교수 · 학습 활동의 중요성과 교사로서의 역할 및 효율적 지도 방법에 대해서 내비게이션 같은 정보를 구체적으로 제공해주고 있다. 일상생활 지도와 관련된 활동뿐 아니라 환경 구성, 학부모 상담, 자유놀이 등에서 구체적인 교수 · 학습 방법을 제시함으로써 현직 교사와 예비교사, 현장 전문가들에게 좋은 지침서의 역할을 할 것이다.

_ 김호 교수, 경인교육대학교 유아교육과

올해 처음으로 초등학교 1학년 담임을 하고 있다. 어느 정도 예상했지만, 쉽지 않은 길이라는 것을 점점 몸으로 알아가고 있다. 그래도 같은 학교에 근무하는 동학년 선생님들과 '우리도 1학년' 밴드에 많은 선생님이 경험을 나누어주는 덕분에 점점 아이들과 더불어 살아가는 즐거움에 빠져들고 있다. 그 즐거움에 확신을 갖게 해준 것이 바로 이 책이다. 유치원 선생님들이 연구회를 꾸리고 유아교육을 연구하며 실천한 내용을 읽고 나니 그동안 내가 서툴러서 미처 다 보듬지 못했던 1학년 우리 반 아이들에 대한 이해의 폭도 깊어졌다. 이 책 『유치원 학급운영 어떻게 할까?』는 유치원뿐만 아니라 초등학교 학급운영에도 많은 도움을 줄 것이다. 나아가 아이들의 삶으로 이어지는 유 · 초 연계 교육을 위해서라도 꼭 읽어봐야 할 책이다.

_ 정성식, 실천교육교사모임 회장

머리말

우리는 가르치는 사람인 동시에 안내하면서 배우는 교사입니다

안녕하세요? 저희는 이 책의 저자 '뿌리 깊은 유치원 교사 연구회' 회원들입니다. 구성원들의 경력과 경험은 다르지만, 유아를 교육할 때나 유치원 현장에서 비슷한 어려움을 겪었습니다. 저경력 교사는 유치원 현장에서 유아와 부모를 어떻게 대해야 하는지 어려움을 느꼈고, 교사로서의 정체성을 고민하기 시작한 경력 교사는 그동안 자신이 해왔던 교육이 바람직했는지 되돌아보게 되었습니다. 2017년부터 유치원 '학급운영'과 '생활지도'에 대해 조금 더 깊이 생각하고 유아교육의 뿌리가 무엇일까 고민하며 열심히 연구하고 있습니다.

여러 책을 함께 읽고 의견을 나누고 연구를 하다 보니 유치원 현장에서 교사의 생생한 목소리를 담은 내용이 부족함을 느꼈습니다. 그러던 중 유아교육의 이론과 실제를 연결해줄 수 있는 실천 지식을 담은 '유치원 학급운영'을 위한 책을 쓸 기회가 생겼습니다. 교사들이 학급운영에서 어려움에 봉착할 때마다 마치 내비게이션처럼 학급운영의 길을 안내해주는 쉽고 친근한 책을 쓰기로 했습니다.

교사들에게 희망을 주고자 야심 차게 시작했으나, 막상 각자의 유치원에서 바쁘게 생활하는 중에 매주 만나며 연구하는 것은 쉽지 않은 일이었습니다. 하지만 주말을 이용해 함께 많은 책을 읽고 강의를 들었으며 현장에서 실천한 것에 대한 반성적 성찰과 토론을 끊임없이 해왔습니다. 학급운영에 대한 체계적인 고찰이 없었다는 반성을 하며 처음부터 새롭게 배웠습니다.

구성원들과 이야기를 나누면서 우리가 함께 고민해보고 적용해본 것을 이 책에 담았습니다. 교사 자신과 유아들을 이해하기, 유아 스스로 몸과 마음을 조절하여 올바르게 성장을 지원할 수 있는 활동, 교실에서 갈등 및 문제 상황에 대한 해결 방법, 유치원에서 꼭 지도해야 할 일상생활습관 지도 방법을 담았습니다. 또한 기본적인 것을 다루면서도 그동안 당연시했던 지도 방법을 다시 생각해볼 수 있는 내용으로 구성했습니다. 이 책을 통해 많은 선생님이 학급운영을 하는 데 좌절하지 않고 행복하게 웃으며 유아들을 만나는 데 도움이 되었으면 좋겠습니다.

가르치는 사람은 곧 배우는 사람입니다. 우리는 이 책을 쓰며 집단 지성의 중요성과 배움의 중요성을 깨달았습니다. 이 책이 선생님들에게 배움의 길잡이가 되기를 바랍니다. 배움의 길을 선택하신 선생님들이 유아들과 만나 선한 영향을 끼치고, 유아들과 함께 성장하기를 바랍니다.

더불어 우리 연구회의 씨앗을 뿌려주신 최남희 연구사님, 우리가 좌절할 때마다 용기를 주시며 뿌리를 튼튼하게 해주신 정운기 연구사님, 그리고 처음부터 끝까지 책을 쓰면서 고군분투했던 연구회 선생님들, 고생 많으셨습니다. 『유치원 학급운영 어떻게 할까?』라는 열매를 맺게 해주신 모든 분께 진심으로 감사드립니다.

차례

1부. 학급운영시스템 기초 다지기

2부. 학급운영시스템 설치하기

3부. 학급운영시스템 운영하기

4부. 문제해결

유치원 학급운영시스템						
기초	교사의 가르침	교육과정을 만드는 교사	교사의 정체성	스스로 자라는 유아들	핵심 가치와 실천 원칙	실천을 위한 협력
설치	환경 구성	오리엔테이션	규칙 정하기	보상체제	학급 도우미	모둠 운영
운영	등원	몸과 마음 열기	활동	일상생활 습관	급·간식	귀가
문제 해결	문제행동의 속마음	문제해결 원칙 세우기	유아 문제해결 5단계	교사 문제해결 5단계	문제해결의 실제	학부모 상담

1부

학급운영시스템 기초 다지기

‘학급운영시스템’은 컴퓨터를 처음 구입할 때 설치하는 윈도, 스마트폰의 안드로이드, iOS와 같은 운영체제처럼 유치원의 학급운영을 시작할 때 기본적으로 갖추어야 할 시스템을 말합니다. 학급운영시스템은 유아들이 입학하기 전에 환경 구성, 규칙 정하기 등 미리 준비해야 할 것들과 시스템을 설치하고 나서 일상생활습관 지도, 하루 일과 운영과 그 속에서 발생하는 문제를 해결하는 방법 등을 다루고 있습니다. 시스템을 설치하기 전에 먼저 교사가 시스템 내 다양한 요소들의 적합성을 판단하고 구성하기 위한 전문적인 능력과 안목, 교육에 대한 깊은 이해와 철학이 뒷받침되어야 합니다. 그럼, 이제부터 ‘학급운영시스템의 기초 다지기’를 시작해봅시다.

01

교사의 가르침

교사는 무슨 일을 하는 사람인지 생각해본 적이 있나요? 아마, 교사라는 진로를 결정하고 난 뒤에는 거의 생각할 일이 없었을 것 같습니다. 교사의 일을 이미 하고 있기 때문에 무엇을 해야 하는지 묻지 않게 되는 것이지요.

한자로는 가르칠 교(敎)에 스승 사(師)를 쓰고 네이버 국어사전에서는 '학생을 가르치는 사람', '학예가 뛰어난 사람을 높여 이르는 말', '성(姓)이나 직함 따위를 붙여 남을 높여 이르는 말', '어떤 일에 경험이 많거나 잘 아는 사람을 비유적으로 이르는 말' 등으로 조금 더 포괄적으로 정의하고 있습니다.

어쩌면 교사 일을 하면서 힘들고 지칠 때, 나도 모르게 질문하고 있었을지도 모릅니다. 나는 정말 가르치는 일을 하고 있을까? 학예가 뛰어난 사람인가? 아니면 경험이 많거나 잘 아는 사람인가? 나는 … 교사인가?

그나마 교사가 무엇을 하는 사람이냐고 묻는 것이 더 쉬울지도 모릅니다. '가르침'이 무엇인지 묻는 것보다는요. 교사? 가르치는 일을 하는 사람이라고 한자 뜻 그대로 풀어낼 수 있지만, 가르침'이 무엇인지 묻는다면 선뜻 답하기 어렵습니다.

'가르침'은 교사가 어떤 철학을 갖느냐에 따라 다르게 설명될 수 있고, 많은 것을 내포하고 있어서 한 마디로 설명할 수 없는 개념입니다. 한편, 교사로서 내가 '가르침'의 진정한 의미에 대해 깊이 생각해본 적이 없기 때문이 아닐까 하는 반성도 해봅니다.

학기 초 처음으로 유치원에 발을 디디고 새로운 선생님과 친구들을 만난 유아는 어떤 것을 느끼게 될까요? 흔히 유아들은 "오늘은 어땠어? 잘 놀았니?"라고 물으면 "재미있었어요", "속상했어요", "몰라요" 등 하루 일과를 보낸 경험을 이야기합니다.

SNS에서 화제가 된 '밀라' 라는 미국의 2살 여자아이가 있습니다. 밀라는 영상통화로 처음 유치원(Preschool)에서 겪은 이야기를 삼촌에게 들려줍니다. 이 아이는 법대에 가고 싶다고 했는데, 왜 유치원에 가야 하냐며 유치원에 가는 것을 아주 싫어합니다. "선생님 표정도 영 별로에, 애들은 정신없고, 스테이플러도 던지는 데다 여기저기 똥까지 싸고 난리가 났다니까요!"라고 선생님과 친구 데이브 사이에 있었던 일을 생생하게 이야기합니다. 밀라는 선생님의 표정과 말을 놀랄 만큼 똑같이 따라 합니다.

유치원에서 경험하는 것, 유치원과 선생님에 대해 느끼고 생각한 것이 유아의 말과 행동으로 고스란히 나타납니다. 선생님 역할을 맡아 극놀이를 하는 유아들의 모습을 보신 적이 있나요? 유아들의 표현에 웃음 짓기도 하고, 반성하기도 합니다.

유아의 말과 행동을 보면, 교사도 몰랐던 자신의 말과 행동을 발견할 수 있습니다. 교사의 모범(Modeling)이 유아들에게 많은 영향을 준다는 사실은 유아교육을 하는 사람이라면 누구나 잘 알고 있을 것입니다. 하나의 교수기술로 치부하기에는 막대한 영향력을 가진 '모범 보이기'는 유아가 본받아 배울 만한 적절한 행동 양식을 행동 또는 암시나 자극 등을 통해 보여주는 것을 말합니다.

선생님은 학급의 유아들이 어떤 행동을 하길 기대하나요? 교사는 유아에게 기대하는 행동, 즉 바르게 말하기, 정리 정돈하기, 공손한 태도, 골고루 먹기 등을 교사 자신이 매일의 생활에서 실천함으로써 모범 행동을 보일 수 있습니다. 선생님은 유아들에게 긍정적인 영향을 미치는 교사인가요, 아니면 부정적인 영향을 미치는 교사인가요? 유아들이 나의 어떤 모습을 닮기를 원하는지 생각해보고, 또 그것을 어떻게 가르칠 수 있을지 고민해보아야 합니다.

02

교육과정을 만드는 교사

누리과정을 공부할 때 가장 어려웠던 내용을 생각해보세요. 혹시 누리과정의 세부 내용을 외우는 것이 어렵지 않았나요? 그런데 그렇게 열심히 외운 누리과정 세부 내용을 수업하는 데 활용하고 있나요? 우리가 왜 세부 내용을 알고 있어야 할까요?

어느 선생님의 경험담을 하나 소개해드릴게요.

> 201☆년 3월, 제가 있는 유치원에 교육부 차관님이 방문하셨습니다. 신학기를 맞아 유치원의 교육과정이 어떻게 운영되고 있는지 파악하고 방과후 과정 및 돌봄 교실에 대한 현장의 생생한 목소리를 듣기 위해 마련한 간담회였습니다. 그때 여러 가지 이야기가 오고가는 가운데, 차관님이 물었습니다. "선생님이 생각하기에는 누리과정이 잘 만들어졌다고 생각하나요? 개정할 부분이 있나요?" 교사의 많은 역할에 대해 알고 있었지만, 그 당시에는 매일 바쁜 업무에 시달려 과연 교사가 '교육과정 설계자'로서 역할을 수행할 수 있는 것인가에 대한 의문을 품고 있었습니다. 그래서 대답한다는 것이 "만 5세 누리과정 지도서는 좀 급하게 만들어진 점이 있어 현장에 적용하기 어려운 내용들이 좀 있습니다. 반면 만 3, 4세 누리과정은 도움이 많이 됩니다"라고 말을 해버렸습니다.
>
> 간담회를 마친 후 원장 선생님과 이야기를 나눌 기회가 있었는데, 그때 원장 선생님의 질문을 듣고 무척 부끄러웠습니다. "선생님은 누리과정 지도서가 교육과정이라고 생각해요?"라는 질문이었습니다. 누리과정 지도서는 교육과정이 아니라 교육과정 구성을 위한 참고자

료일 뿐이었는데 이것을 인지하지 못하고 있었던 것입니다.

이와 같은 상황에서 선생님이라면 어떻게 대답했을까요? 누리과정 지도서가 교육과정일까요? 그동안 누리과정 지도서(지도자료집)를 보고 수업을 준비하는 경우가 많았습니다. 책을 훑어보면서 생활주제에 맞는 것, 유아들에게 필요한 것, 준비하기가 수월한 것 등 여러 가지 조건을 고려하여 활동을 선정하고 어떤 요일에 어느 순서로 할 것인지를 고려하여 배치하였습니다. 그런데 주간교육계획안을 작성하는 데 급급하여 지도서를 활용하는 경우가 많았고, 이에 지도서의 틀에 벗어나지 못하고 학급의 적합성을 고려하지 않은 일률적인 교육을 실시하는 오류를 범한 적도 있었습니다.

교사들도 지도서는 참고자료일 뿐 교육과정이 아니라는 것을 알고 있습니다. 지도서가 아닌 누리과정 '고시문'이 국가 수준 교육과정이고 그것을 실현해나가는 과정에서 다양한 교육과정이 만들어진다는 것을요. 그러나 현장에서는 무의식적으로 지도서를 교과서로 인식하여 활용하는 경우가 많았습니다. 지도서는 활동 예시일 뿐이므로 이것을 있는 그대로 적용하기보다는 우리 반에 적합한 교육과정을 만들어가는 데 도움이 되는 자료로 활용해야겠습니다.

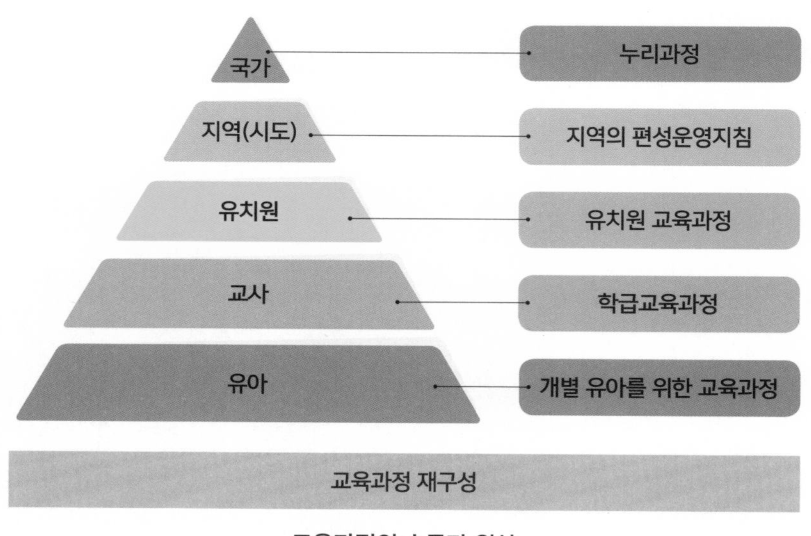

교육과정의 수준과 위상

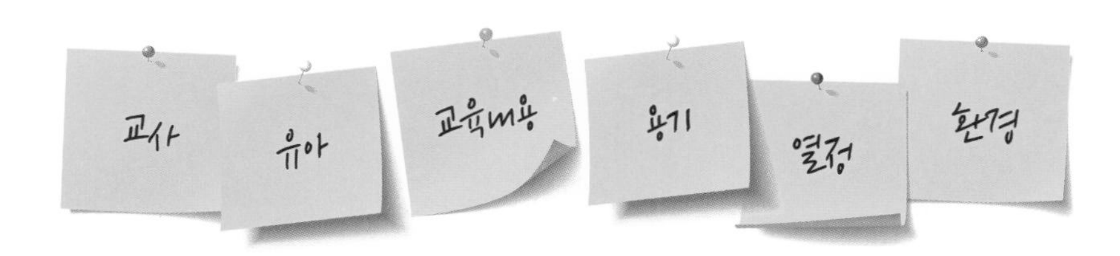

교육을 하기 위해 필요한 것

'교육과정 재구성'이라는 말을 들어보셨나요? 우리는 교육과정의 수준과 위상에 대해 배웠습니다. 국가 수준 교육과정, 지역 수준 교육과정, 유치원 수준 교육과정 그리고 교사 수준 교육과정입니다. 이제는 교육과정의 수준과 위상이 확장되어 개별 유아를 고려한 유아 수준 교육과정까지 고려하게 되었습니다.

이러한 관계 속에서, 누리과정은 국가 수준의 교육과정으로 자리하고 있습니다. 누리과정은 구성 방향, 목적과 목표, 편성과 운영, 영역별 목표와 내용으로 전국 공통의 일반적인 기준을 제시합니다.

이것을 토대로 교육청에서 지역 수준의 교육과정을 만들고, 비전을 담은 유치원 교육과정 그리고 학급 유아들의 특성과 교사의 철학을 담은 교사 수준의 학급교육과정이 만들어지는 것입니다. 교사는 학급교육과정을 운영하면서도 개별 유아를 위한 교육과정을 고려합니다. 주어지는 교육과정이 아니라 교사와 유아가 만들어가는 학급교육과정 속에서 교육과정 재구성이 이루어지는 것입니다.

국가 수준의 기준을 가지고 어떤 교육 경험을 풀어나갈지 어렵게 생각하실 수 있습니다. 처음에는 지도서의 내용을 수정 · 보완하는 것부터 시작하여 점차 새롭고 창의적인 활동을 만들어나갈 수 있습니다. 혼자 하기보다는 동료들과 협의하여 함께 구성하고, 다양한 연수 프로그램 참여하여 교육과정 설계자로서의 역량을 키워나가야 합니다. 국가 수준에서 어떠한 교육과정이 제시되더라도 이렇게 살아있는 교육과정을 만드는 것은 교사의 몫입니다.

03

교사의 정체성

교육을 하는 데 필요한 것에는 무엇이 있을까요? 교육의 3요소가 떠오릅니다. 교사, 유아, 교육내용 외에도 용기, 열정, 환경구성, 교재교구, 부모 및 지역사회의 협력도 중요할 것입니다. 이중에서 가장 먼저 준비해야 할 것은 무엇일까요? 바로 교사인 '나' 입니다. 학급교육과정을 만들어가는 것은 교사이기 때문이죠.

『가르칠 수 있는 용기』의 저자 파커 J. 파머는 우리는 흔히 무엇을 가르칠 것인가, 어떻게 가르칠 것인가, 왜, 무엇을 위해 가르치는가에 대해서는 묻지만 가르치는 자신이 누구인가에 대해서는 묻지 않는다는 점을 지적합니다. 우리는 유치원에서 생각한 것 이상으로 너무 많은 것을 요구받아서 힘이 들 때가 많습니다. 활동도 진행해야 하고, 다툼도 중재해야 하고, 학부모 상담도 해야 하고, 업무도 해야 하고…. 유아들을 위한 교육에 집중한다고 하더라도 유아들을 분명하게 이해하고, 일어난 상황뿐 아니라 그 이면의 것까지 파악하고 있어야 합니다. 매 순간 유아들에게 현명하게 반응하려면 프로이트와 솔로몬을 합쳐놓은 것 같은 사람이 되어야 하는데, 우리는 그렇지 않습니다.

파머는 "훌륭한 가르침은 하나의 테크닉(technic)으로 격하되지 않는다"라고 했습니다. 유아들은 선생님이 어떤 대학을 나왔는지, 경력이 얼마나 되었는지는 신경 쓰지 않습니다. 그저 선생님의 실제 모습을 재빨리 눈치채고 그에 따라 반응합니다. 우리는 자신의 자아와 삶을 통해 교육합니다. 가르치는 행위는 자신의 내면에서 자연스럽게 흘러나오는 것이고, 내가 가르치는 것은 결국 내가 가장 소중하게 여기는 것입니다. 내가 가장 소중하게 여기는 것은 내 자아의식을 형성하는 것들입니다. 내 자아와 유아의 자아가 만나 내면의 삶이 연결될 때 진정한 '가르침'이 일어나고, 이러한 가르침은 유아에게 감동을 주고, 마음을 열게 합니다.

교육의 질은 교사의 질을 뛰어넘을 수 없다고 합니다. 교육과정이자, 교수 매체인 교사는 자신의 모든 것을 유아들에게 온전히 쏟고, 긍정적인 영향을 끼칠 수 있도록 노력해야 합니다. 이와 관련된 어느 선생님의 이야기를 소개합니다.

지난여름, 국외체험연수로 일본 오사카에 다녀왔습니다. 일본에 오기 전 조사했던 유명한 유치원들이 있었지만, 여의치 않아 가이드의 도움으로 현지에서 급히 섭외한 보육원을 방문하게 되었습니다. ○○○ 보육원은 유명하지도 특별하지도 않은 평범하고 오래되기까지 한 기관이었습니다. 유아들을 사랑으로 보살펴준다는 것이 굉장한 장점이라는 가이드의 설명이 있었지만, 만약 방문일에 유아들이 등원하여 활동하는 모습을 보지 못하고 환경만 견학했다면 실망했을 것입니다. 새로 지어 더 깨끗한 시설과 다양하고 풍부한 교재교구를 갖춘 ○○시 유치원과 비교되어 ○○○ 보육원은 더 초라해보였기 때문입니다. 보육원의 유아들은 천진하게 까르르 웃었고, 보육원의 분위기처럼 따사로운 채광이 마음을 차분하게 만들어주었습니다. 따뜻하고 가정적인 분위기 속에서 선생님들은 유아들과 마당의 포도덩굴에서 직접 포도를 따고, 한 아이씩 따로 정성스럽게 밥을 먹이고, 유아마다 별명을 지어 조그만 이름표를 만들어주고, 볕이 잘 드는 창가에 앉아 모두 함께 사슴벌레를 관찰했습니다. 참 소박하고 평화로운 풍경을 보며 유치원이 가지는 최초의, 가장 중요한 기능에 대해 생각하게 되었습니다. 단순하지만 명확하게 ○○○ 보육원에는 유아들에 대한 사랑과 정성이 있었습니다. 교사가 가장 중요하다는 원장 선생님의 경영철학과 진심으로 아이들을 대

하는 선생님들의 교육적 마인드는 교사로서 계속 돌아보고 확인해야만 하는 초심에 대해 생각하게 해주었습니다

○○○ 보육원에서의 Q&A

Q. 유아들을 가르칠 때 가장 중요시하는 가치는 무엇인가요?

A. 타인에 의해 지시받는 사람이 아니라, 스스로 판단해서 능동적으로 해나갈 수 있는 자율성, 자신을 소중히 해야 타인을 소중히 할 수 있기에 자존감이 중요하다고 생각합니다.

Q. 그러한 가치를 실현하기 위해 원에서는 어떻게 교육을 하나요?

A. 한 명의 유아에 대해 1:1로 상호작용하며 소중히 여깁니다. 0세 반의 경우는 1:3의 비율로 케어를 하며, 유아반의 경우는 한 반에 교사가 2명이예요. 유아들의 성숙에 기반을 두고, 놀이를 통한 학습을 중시하여 소인원식 활동을 하기 때문에 설정보육(일제식 대집단활동)은 거의 실시하지 않습니다. 비디오를 보여주거나, 정해진 시간에 단체로 화장실에 가는 등 기계화된 느낌을 지양합니다. 유아들이 무엇인가 집중하고 있을 때는 말 걸지 않고 스스로 배울 수 있도록 배려합니다.

Q. 이곳의 선생님들은 어떤 것을 가장 힘들어하고, 언제 행복해하나요?

A. 한 사람이 여러 유아를 지도할 때가 아무래도 힘듭니다. 그래도 여기 선생님들은 유아들이 성장하는 과정을 볼 때 가장 행복하다고 합니다.

Q. 유아들을 교육할 때 가장 중요한 것은 무엇이라고 생각합니까?

A. 가장 중요한 것은 인적 환경입니다. 선생님이 재산입니다.

시인 윤동주는 「쉽게 쓰여진 시」에서 "인생(人生)은 살기 어렵다는데 시(詩)가 이렇게 쉽게 씌어지는 것은 부끄러운 일이다"라고 말하며, 시대적 상황에서 자기반성과 현실 극복의 의지를 드러냈습니다. 가르침도 이와 같습니다. 복잡하고 어려운 가르침에 대한 유일한 해답은 자기반성과 성찰에서 나옵니다. 다음은 어느 선생님이 신규교사 시절 작성한 반성적 저널입니다.

> 행정업무에 시달려 수업준비를 제대로 할 수 없을 때, 나는 매번 즉석으로 수업을 구상하고, 교실에 있는 자료를 대충 골라서 수업을 한다. 차분히 앉아서 다음날을 준비해본 경험은 거의 없는 것 같다. 항상 "인생은 실전이야"하는 생각으로 임했고, 여차여차 교사 생활에서 생존해나가고 있는 것 같다. 나는 탁월해지고 싶다. 내 능력이 탁월하다면 준비하지 않아도 되고, 준비하지 않아서 받는 스트레스로부터 자유로워질 것이다.

이 선생님은 연수에 가서 우연히 갖게 된 '탁월함 카드'를 항상 지갑에 넣고 다닌다고 합니다. 항상 탁월해지고 싶다는 열망으로 지금까지 교직에 몸 담아 깨달은 것을 열심히 실천하고 있는 교사입니다. 탁월함(Excellence)은 어떠한 분야에서 두드러지게 뛰어나 최고의 수준에 도달한 것을 말합니다. 이 선생님은 수업을 준비하지 않아도 되는 수업프로 교사들의 탁월함이 항상 부러웠다고 합니다. 영화 「굿윌헌팅」의 '숀' 교수와 「죽은 시인의 사회」의 '존 키팅' 선생님 같은 카리스마 있는, 그 자체로서 존재감을 내뿜는 교사처럼 말입니다.

그러나 이런 참스승이 되려면 끊임없는 공부와 성찰이 필요할 것입니다. 탁월해지려면 평소 삶 자체가 준비여야 합니다. 준비될 때까지 시작을 미루어서는 안 됩니다. 일단 시작하면서 배워야 합니다. 비록 '개똥철학'이라 할지라도 선생님 스스로 충분히 고민한 자신의 이야기가 의미 있을 것입니다.

반성적 성찰은 반성적 저널처럼 꼭 일정한 형식을 갖추어야 하는 것이 아니라, 머릿속으로 하루 일과를 돌아보고 '~게 할 걸. 다음에는 ~게 해야지'라고 생각하는 것만으로도 의미가 있습니다.

"이론과 실제는 너무 달라." 막 현장에 뛰어들면 하게 되는 말입니다. 그동안 대학에

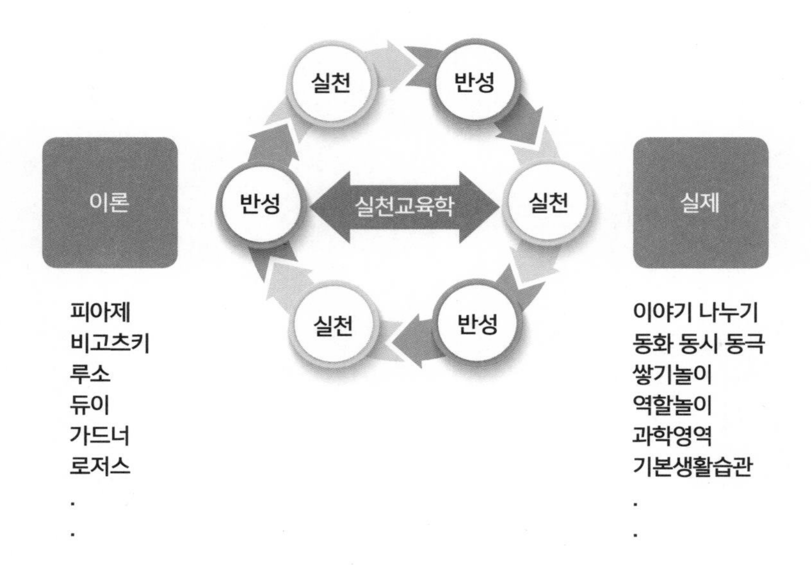

서 열심히 배운 이론들은 현장에서는 쓸모가 없고, 실시간 벌어지는 상황은 전쟁터 같다는 좌절감에 대한 표현입니다. '오늘도 망했구나' 하며 터덜터덜 교무실로 돌아온 적이 있지요? 수업 시작부터 망한 느낌이 들었을 수도 있습니다. 특히 저경력 교사는 이론과 실제의 간극을 메꿀 기회가 없었기 때문에 더욱 그렇습니다. 실제 현장에서 실천하고, 이 과정에서 얻은 깨달음을 다시 현장에 반영하여 실천하는 과정을 끊임없이 반복해야 자신의 고유한 실천교육학과 전문성을 만들어나갈 수 있습니다.

아이들을 가르치는 사람이기에 척척 박사가 되어야 하는 선생님! 선생님은 무엇을 잘하시나요? 또 무엇을 잘하고 싶나요? 오른쪽 사진은 돌잡이를 할 때 사용하는 물건입니다. 선생님들이 잘하고 싶은 것 또는 잘하는 것과 관련된 물건을 골라보고 그 이유를 말해봅시다. 선생님이 잡은 물건은 교사의 삶과 어떻게 연결될까요? 돌잡이 놀이를 통해 '인간으로서의 나'와 '교사로서의 나'를 연결지어봅시다.

다시 한 번 말씀드리지만, 교사가 교육과정입니다. 교사는 자신의 내면에서 나오는 사소한 말과 행동이 곧 교육임을 인식하고 있어야 합니다. 교직은 '나는 누구인가'와 더불어 '교사로서 나는 누구인가' 정체성을 찾아가는 여정입니다. '나'와 '교사'를 구분 지어 생각하지 마세요. "교사는 이래야 돼"라는 고정관념을 가질 것이 아니라 그로부터 자유로워지기 위해 앎과 삶이 일치되는 교육을 하자는 것입니다. 내 삶과 교사의

삶이 일치되지 않으면 스트레스를 받습니다. 겉과 속이 다르면 속이 썩고, 가면을 쓰고 살아야 하기에 피곤하기 그지없습니다. 나 자신을 알아보고 받아들이는 것부터 시작해 보았으면 합니다. 선생님이 이미 가지고 있는 그 자질 중에서 꺼내어 쓸 수 있는 훌륭한 것들에 집중하고 그것들을 키우는 것만으로 충분합니다. 자신감을 가지세요!

04

성장의 욕구를 지닌 유아들

눈을 감고 우리 반 유아들의 모습을 떠올려보세요. 어떤 이미지가 그려지나요? 우리는 유아들을 어떻게 바라보고 있나요? 어느 강의에서 들었던 한 아이의 성장일기를 담은 『Mollie Is Three』에 수록된 이야기를 소개합니다.

모든 아이들이 모인 자리에서 선생님이 아이들의 쓴 글을 하나하나 보여주며 이야기합니다. "몰리는 ~에 대해 썼구나. 제니는 ~도 쓰고 그림도 그렸네. 그런데 케이틀린은……." 케이틀린은 아무것도 적지 않았습니다. 백지 위에 'Kaetlyn'이라고 자기 이름만 적었을 뿐입니다. 선생님은 왜 케이틀린이 시키는 대로 하지 않았는지 화가 나서 말했습니다. "케이틀린, 이건 한 단어잖아(Kaetlyn. It's one word.)." 그러자 그 이야기를 들은 주인공 몰리가 손을 들고 말합니다. "선생님, 그것은 단어가 아니에요. 한 사람이에요(It's not one word. It's one person.)." 몰리는 이름 속의 '인간'을 발견한 것입니다. 교사가 간과할 수 있는, 익숙하고도 평범하며 사소한 행위 속에서 몰리는 숭고한 생명의 가치를 발견해낸 것입니다.

진리는 본디 단순한 법입니다. 그래서 교사들은 때때로 순수하게 세상을 보는 눈을 가진 유아를 통해서 삶의 소중한 가치를 배우기도 합니다. 유아교육의 본질은 '순수함'일지도 모르겠습니다. 유아들은 교사가 일방적으로 가르치는 대상이 아닙니다. 아동중심교육은 유아들이 스스로 성장하는 힘을 발휘할 수 있도록 돕는 것입니다. 유아들의 활동 속으로 들어가서 유아들의 이야기에 귀를 기울여야 그들의 목소리를 들을 수 있고, 요구(욕구) 하나하나를 읽어낼 수 있습니다.

『학급운영시스템』(정유진, 2015)에서는 뇌, 욕구, 감정, 지능, 도덕성까지 인간을 이해하기 위한 여러 이론을 통합적으로 살펴보고, 어느 수준에서 아이들을 가르치고 학급을 운영해야 하는지에 대해 다루고 있습니다. 욕구에 대한 파악이 우선되어야 유아들이 무엇을 충족하고 획득하고자 하는지 알 수 있고, 이에 따른 아동 중심의 가르침으로 유아들이 행복한 학급을 운영해나갈 수 있습니다.

인간의 뇌는 크게 3가지 층으로 구성되어 있으며 욕구, 감정, 사고는 모두 뇌에서부터 출발한다고 합니다. 시상, 시상하부, 연수, 뇌교는 '본능적인 부분'을 담당하고, 뇌의 중간 위치에 있는 변연계 부분은 '감정의 뇌'라고 부릅니다. 세 번째 층은 '이성의 뇌'인 전두엽으로 인간의 사고와 고등정신 기능을 담당합니다. 이러한 뇌의 기본 구조를 '삼중뇌'라고 부르는데, 이것은 매슬로의 욕구이론과 앨더퍼의 ERG 이론과 연결지어 볼 수 있습니다. 생존욕구는 신체적 생존을 유지하는 데 필요한 욕구로서 매슬로의 생리적 욕구와 안전욕구가 포함

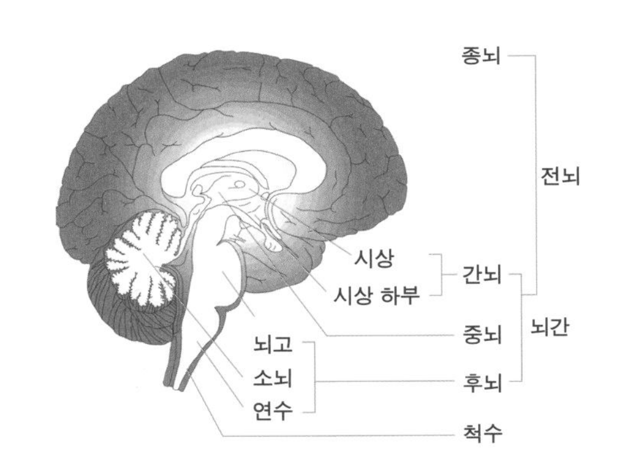

삼중뇌	매슬로의 욕구이론	앨더퍼 ERG 이론	교사의 역할
이성의 뇌	자아실현의 욕구 자존의 욕구	성장욕구 (Growth needs)	?
감정의 뇌	사회적 욕구	관계욕구 (Relatedness needs)	?
본능의 뇌	안전의 욕구 생리적 욕구	생존욕구 (Existence needs)	?

유아의 욕구 파악하기

됩니다. 관계욕구는 만족스러운 대인관계와 사회적 관계를 갖고 싶어 하는 욕구이고, 성장욕구는 자아의 개발과 성장을 갈망하는 욕구로서 존경의 욕구와 자아실현 욕구를 포함합니다. 인간의 욕구, 즉 유아의 욕구에 대한 파악이 우선되어야 유아들이 무엇을 원하는지 알 수 있고, 아동중심철학에 기반한 행복한 학급을 운영할 수 있습니다.

이러한 인간의 욕구를 교실 상황에 나타나는 유아의 욕구에 대입해보면, 유아들은 교실 상황에서 신체적 안정감을 찾고 싶어 합니다. 그리고 친구들과 사이좋게 지내고 선생님의 사랑을 받고 싶어 합니다. 또한 주변 세계에 대해 호기심을 가지고 탐구하고자 하는 강한 학습자의 모습을 나타냅니다. 매슬로는 하위수준의 욕구가 충족되면 상위수준의 욕구가 동기유발의 힘을 얻게 되며, 상위수준의 욕구가 충족되지 않을 때는 그보다 낮은 하위수준의 욕구의 중요성이 커지는 상황이 발생된다고 했습니다.

또한 한 가지 이상의 욕구가 동시에 작용될 수 있습니다. 한쪽에는 "선생님 화장실 가고 싶어요"라고 다급하게 이야기하는 아이가 있고, 다른 쪽에는 친구들과 어울리지 못하고 교실을 배회하는 아이가 있고, 또 다른 한쪽에는 "선생님, 이건 어떻게 하는 거예요?" 묻는 아이가 있다고 상상해보세요. 선생님은 유아들을 어떻게 도와줄 건가요? 각 욕구에 따른 교사의 역할은 무엇일지 생각해봅시다. 유아의 욕구를 파악하는 것은 선생님이 배운 여러 가지 이론을 토대로 만들어갈 수 있습니다.

교사와 유아 유형에 대한 인식론의 변화

포스트모더니즘 교육사상이 등장한 이래 유아교육 분야에도 많은 변화가 있었습니다. 우리가 알고 있는 유아교육이론들은 다양한 형태의 집단들이 서로 다른 상황과 맥락에 맞추어 구성한 것입니다. 다양한 형태의 지식을 알아보는 것은 유아와 교사를 이해하는 데 도움이 되지만, 이것을 그대로 적용하면 우리의 사고는 제한될 것입니다. 그리고 교사는 이렇다, 유아는 이렇다고 규정해버림으로써 유아들의 목소리를 듣지 않게 됩니다. 또한 바람직한 발달 범주에 속하지 않는 유아들은 배제되고 소외될 것입니다. 위대한 심리학자, 교육학자들도 자신의 이론에 대한 반성을 보여주고 있습니다. 그렇기 때문에 다양한 교사의 유형과 유아의 유형을 제시하기가 조심스럽습니다. 교사 자신에 대해 자신의 경험과 성찰을 통해 알아보고, 유아의 마음을 들여다보는 것을 통해 유아에 대한 이해의 폭을 넓히며, 이것을 토대로 자신의 이론을 만들어가기를 바랍니다. 그동안 유아교육에서 당연시해왔던 다양한 이론을 다시 생각해봅시다.

- 내가 알고 있는 이론은 누가 어떤 상황에서 어떠한 과정에서 만든 것입니까?
- 그 이론은 우리와 어떻게 관계를 맺고 있습니까?
- 이 이론이 우리에게 어떤 영향을 미칠까요?

이 책의 내용은 나의 이론을 만들기 위한 참고자료일 뿐입니다. 다른 사람들이 어떠한 성찰의 과정을 겪었는지 살펴보는 것은 나의 이론을 만들어나가는 데 도움이 됩니다.

05

핵심 가치와 실천 원칙

이제 어떤 내용을 가르쳐야 할지 고민해봅시다. 선생님은 유아들에게 어떠한 삶의 가치를 가르쳐주고 싶나요? 한시적인 목표 달성에 초점을 둘 것이 아니라, 지금 여기에서 유아들이 당면한 문제와 상황에서 출발하여 먼 미래의 유아의 삶에 도움이 되는 보다 큰 가치를 다룰 수 있는 교사가 되어야 합니다.

예를 들어, '우유갑으로 무엇을 어떻게 만들까?' 만을 생각하는 것이 아니라, '미래에 지구에서 더불어 사는 태도를 형성하기 위해 우유갑을 재활용해본다' 는 보다 더 큰 가치를 담으라는 것입니다. 선생님은 유아들에게 어떠한 삶의 가치를 가르쳐주고 싶나요? 또 그것은 유아의 삶과 어떻게 연결되어 있다고 생각하나요?

삶의 가치를 끊임없이 생각하고 발견해내기 위해 연극이나 영화, 전시회 등을 관람하거나 터미널에서 사람 관찰하기 등 다양한 인문학적 소양을 쌓을 기회를 많이 가지시길 바랍니다.

학급에서 최우선으로 가르쳐야 할 가치가 무엇인지 적어봅시다. 그런 다음 내가 선택한 가치가 왜 중요한지 설명해보세요. 여러 가지 가치 중에서 공통되는 것끼리 모아보고 핵심 가치로 묶어 유목화해보세요. 각 교사의 핵심 가치가 모여 '비전' 이 설정되는 것입니다. 이렇게 찾아낸 핵심 가치들은 일 년간의 교육 활동을 통해 실현됩니다. 핵심 가치는 학급 활동의 결정과 행동의 기초가 되며, 교사로 하여금 언제나 일관성 있게 문제를 해결할 수 있도록 해주는 원동력이 됩니다. 하지만 핵심 가치를 가지고 있다 하

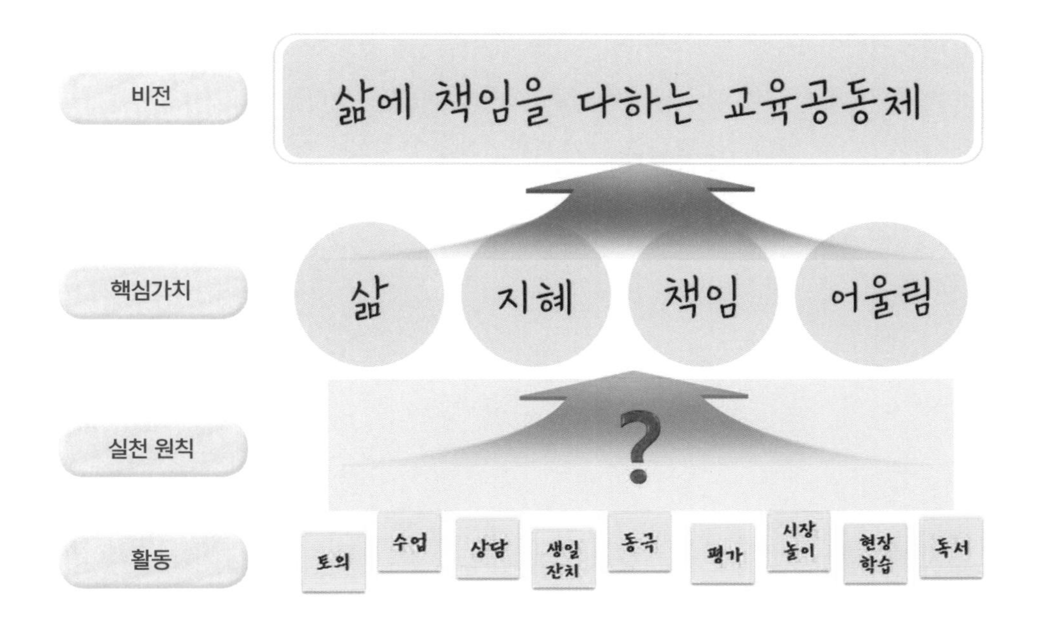

실천 원칙(Process)

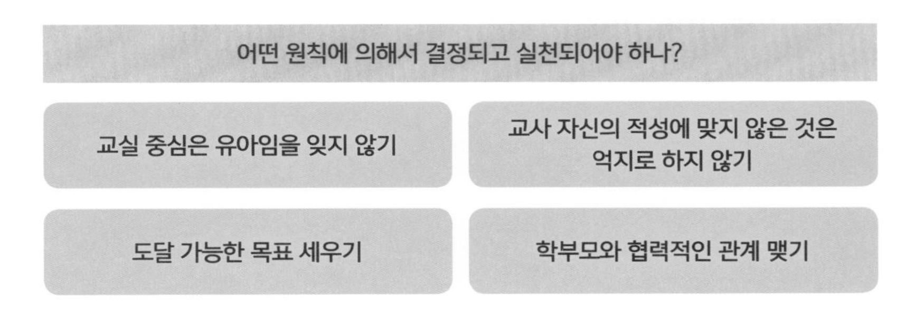

더라도 어떤 '원칙'을 가지고 어떤 '과정'을 통해 실천되는지에 따라 교육 활동은 매우 다른 모습으로 나타나게 될 것입니다. 그렇기 때문에 원칙을 세우고 가치를 실현해야 합니다.

핵심 가치를 교육 활동에 반영할 때 어떤 원칙이 필요할까요? 예를 들어, 유아 중심 교육을 위해 '교실 중심은 유아임을 잊지 않기'라는 원칙을 세웠다면, 유아들의 주도성을 해치는 수업이 되지 않도록 노력하게 될 것입니다. 또한 일관성 있는 교육을 위해 '가정과 협력적 관계 유지하기'라는 원칙을 세울 수도 있습니다. 앞에서 핵심 가치, 비전, 실천 원칙이 단단하게 설정되어 있다면, 이후의 교육 활동은 어떤 것들을 해도 괜찮습니다. 이것은 하나의 접근 방식을 가르쳐주는 것이므로 원리를 알고 나서 나머지는 선생님이 스스로 해나가야 합니다. 각자 자기만의 실천 원칙을 각자 고민하여 세워보시기 바랍니다.

06

실천을 위한 협력

저경력 교사는 캐츠(Katz)의 교사발달단계 중 '생존기'라고 합니다. 이 시기를 잘 견뎌 살아남으면 '강화기'에 접어들 수 있는 것입니다. 하지만 혼자서는 어렵습니다. 간혹 혼자서도 살아남은 사람도 있겠지만, 자기 자신의 것 그 이상을 창출하지는 못할 것입니다. 개인은 환경과의 상호작용을 통해 발달하는데, 여기서 환경은 인적환경을 포함합니다. 훌륭한 인적 환경인 동료와의 협력이 그래서 중요합니다.

비고츠키(Vygotsky)는 근접발달지대 내의 동료 간의 협력으로 효과적인 학습을 할 수 있다고 했습니다. 인지학(anthroposophy)에서는 지혜의 원동력은 다른 종류의 사람을 수용할 줄 아는 개방성을 기본으로, 이타심을 갖고 상대가 모르는 것을 친절하게 설명해 줄 때 얻을 수 있다고 했습니다. 또한 창의성(initiativeness)은 보편적 인식자들이 다른 인식을 하는 사람을 통해 단서나 영감을 얻음으로써 발휘될 수 있다고 했습니다.

나무가 자기가 서 있는 땅 주변에서 영양분을 공급받듯 각 개인은 생물학적 조건, 사회적 맥락, 체험, 문화에 따라 접할 수 있는 경험이 다양합니다. 그러한 '나를 구성하는 것'들이 모여 인식의 틀을 형성하고 다양한 특성을 가진 사람들이 모여 사회를 이룹니다. 서로 다른 사람을 존중할 때 세상은 더욱 풍요로워지고 견고해질 수 있습니다. 전문적학습공동체, 멘토링, 연구회 등 동료와 팀으로 활동하면, 집단 지성을 이루어 매일 성장하는 교사가 될 수 있을 것입니다.

교육의 실천 과정에서 교직원 간의 화합도 중요합니다. 유치원에는 교사뿐 아니라 관리자, 행정직원, 영양사 등 다양한 직원들이 근무합니다. 교사들이 하는 교육이 중요하기 때문에, 유아들을 직접 만나는 교사들이 주인공이고 다른 사람들은 조연이라고 생각해서는 안 됩니다. 그들은 교사를 지원하는 사람이 아니라 유아들의 교육을 지원하는 사람입니다. 유아를 중심으로 교육적 지원, 행정적 지원을 한다는 개념으로 생각하여 모두가 협력하여 하나 되는 유치원이 되어야 합니다. 교사뿐 아니라 모든 교직원은 유아의 교육을 실천하는 교육공동체의 일원입니다.

물론 교육적 소신을 지키기 위해서는 갈등이 불가피할 때도 있습니다. 그러한 어려움에도 불구하고 모두 주인의식을 가지고 함께 해결하는 유치원이 되면 좋겠습니다. 각자가 해야 할 일을 충실히 하고, 소속감을 가지고, 인정을 받는 분위기 속에서 일할 수 있기를 바랍니다. 이런 것이 기반이 될 때 충실한 유아교육이 이루어질 것이라고 생각합니다.

2부

학급운영시스템 설치하기

새 학기가 시작되기 전에 교사가 준비해야 할 것이 참 많습니다. 교실 환경 준비는 물론이고 첫 만남에 있을 학급 오리엔테이션도 생각해두어야 합니다. 그리고 유아들이 한 학급에서 잘 지낼 수 있도록 교사의 머릿속에 학급 규칙, 모둠, 학급 도우미 등의 시스템을 미리 구상해두어야 합니다. 사전 계획 없이 임기응변식으로 시작하게 되면 모호한 기준 탓에 교실 분위기는 결국 위태롭게 흐르고, 교사가 감당해야 할 일상의 무게는 점점 더해질 것입니다. 유아들이 일관되고 안정적인 학급 체제 속에서 즐겁게 생활할 수 있도록 일 년을 위한 첫 단추, 학급운영시스템을 튼튼하게 설치해야 합니다.

학급운영시스템을 설치를 위해서 교사는 심리적·환경적 준비를 해야 합니다. 교사의 심리적 준비는 '유아를 어떤 사람으로 자라나게 할 것인가?'에 대한 마음가짐입니다. 규칙 정하기, 보상체제, 학급 도우미, 모둠 구성은 단순히 학급을 원활하게 운영하고자 하는 목표만을 가지고 있는 것이 아닙니다. 이러한 과정에서 유아가 무엇을 배울 것인가에 대한 교사의 기대와 바람이 선행되어야 합니다. 따라서 2부 학급운영시스템 설치하기에서는 유아가 스스로 자신의 행동을 결정하고 실천할 수 있는 능력과 태도를 기를 수 있도록 민주적인 방법으로 학급의 운영규칙을 설정하고, 긍정적 자아개념과 능동적 생활태도를 기르기 위한 보상체제, 학급 도우미, 모둠 운영 방법에 대해 알아볼 것입니다. 또한 기본적인 환경 구성과 오리엔테이션에 대해 알아봄으로써 새로운 학급에 대한 유아들의 적응력을 높이고 안정적으로 생활하기 위한 토대를 마련할 것입니다.

이러한 일련의 준비 과정을 선생님만의 '학급운영시스템'으로 체계화해서 다져두면, 이후 학급에서 교육 활동을 전개해나가는 데 어려움이 없을 것입니다. 이렇게 학급운영시스템을 설치하는 일은 마치 첫 단추를 끼우는 것과 같아서 일 년 유치원 생활 전반에 영향을 미치니까요. 또한 선생님들은 앞으로 매년 새롭게 만나게 될 유아들과 잘 지낼 수 있는 전문가로서의 능력을 향상하게 될 것입니다. 행복한 일 년을 위한 첫 단추, 어떻게 하면 잘 끼울 수 있을지 알아봅시다.

01

환경 구성

미리 점검해야 할 것

교실 물품

유치원은 환경뿐 아니라 사용하는 모든 물건까지도 안전하고 위생적이어야 합니다. 그리고 기본적으로 교실에 있는 물건은 필요할 때 바로 사용할 수 있도록 준비되어 있어야 합니다. 그러려면 교실에 있는 비품들의 청결 상태를 확인하고, 수리가 필요한 고

□ 영역별 교구장 및 책상	□ 유아용 사물함
□ 매트	□ 게시판
□ 학기 초 놀이주제 관련 놀잇감	□ 유아용 청소도구
□ 화이트보드 마커펜, 지우개	□ 유아용 쓰기 도구
□ 물티슈, 각티슈	□ 교실, 복도, 식수대, 화장실 등의 청결 상태
□ 텔레비전과 교사용 컴퓨터 연결 상태	□ 바닥 난방 상태
□ 공기청정기, 오디오, 전자칠판, 블루투스 스피커, 카메라 등 전자기기 정상 작동 여부 및 충전 상태	□ 잠재적 위험요소 확인(예: 교실 가구 등 나사 조임 상태)

교실 물품 점검 체크리스트 예

장 난 물건은 없는지 파악하고, 바로 작동이 가능하도록 충전하는 등 미리 준비해두어야 합니다. 마커펜은 잘 나오는지, 화이트보드 지우개는 교체해야 하는지도 잊지 말고 확인해두어야 수업시간에 당황하지 않습니다. 나사가 느슨하게 풀린 의자 같은 잠재적 위험 요소가 있을 수 있으므로 유아 눈높이에서 꼼꼼히 사전 점검해야 합니다. 더불어 공동으로 사용하는 식수대와 화장실의 청결 상태, 구비 물품도 점검합니다.

유아에게 제공할 것

유아 명찰 및 포트폴리오 바인더는 교사가 미리 준비합니다. 입학식 날 유아 명찰을 사용하는 경우가 많은데, 당황스러운 일이 생기지 않도록 명찰 목걸이 또는 옷핀의 상태를 한 번 더 점검하는 것이 좋습니다.

유아의 학습 준비물을 가정에서 준비하여 제출하게 한다면, 학용품별 이름 부착 방법, 규격(예: 클리어 파일 40매), 수량 등을 구체적으로 학부모에게 안내해야 합니다.

유치원에서 학습 준비물을 제공한다면 학용품을 선택할 때 주의해야 할 점이 있습니다. 일단은 안전한 것으로 선택해야 하고, 학용품과 이름표의 바탕 그림이나 색깔이 성 유형화된 것은 지양합니다. 같은 규격의 학용품을 쓰므로 유아 이름을 반드시 표시해야 하는데, 사전에 교사가 하는 것보다 유아 개인 이름 스티커를 제작하여 유아와 함께 통일된 방법으로 자신의 이름을 부착하게 하는 것이 좋습니다.

□ 명찰	□ 가방
□ 입학 선물	□ 원복
□ 포트폴리오 바인더	□ 스케치북
□ 색연필, 사인펜 및 쓰기 도구	□ 유아 개인 이름 스티커
□ 종합장	□ 가정 전달 파일 또는 원아수첩

유아 제공 물품 점검 체크리스트 예

교실 환경 꾸미기

일단, 청소부터

유치원은 학교와 다릅니다. 유아들은 교실에서 맨발로 다닐 뿐만 아니라 눕고 엎드리고 뒹굴기도 합니다. 면역력이 약한 유아들이 매일 이렇게 '생활' 할 공간이기에 당연히 유치원 교실은 더 청결해야 합니다. 청소를 도와주는 보조 인력이 있다고 해도 늘 깔끔한 교실 청소를 기대하긴 어렵습니다. 결국 교실을 구석구석 깔끔하게 관리하는 것은 대부분 교사의 몫이 됩니다. 어차피 매일 생활할 교실, 입학 전에 깨끗이 청소해두면 교사의 마음도 한결 가볍고 뿌듯합니다. 시작 전에 미리 묵은 때를 벗겨두면 앞으로 두고두고 관리도 수월하므로 날을 정해 교실 대청소를 해봅시다.

교실 대청소

- 교실 교구장을 밀어서 청소기로 청소하고 바닥 닦기
- 선반, 교구장, 서랍장 비우고 닦기
- 책상, 의자, 바구니 등 닦기
- 교구 및 역할 영역의 의상과 인형 세탁(청소 보조 인력 활용)
- 교구 세척 상태 확인 후 바구니에 정리
- 문손잡이 주변, 매트, 창틀, 각종 전자기기 닦기

TIP 1 구연산을 희석한 물로 걸레를 헹궈 닦으면 반짝반짝하게 더 잘 닦입니다.

TIP 2 베이킹소다를 희석한 따뜻한 물을 걸레에 적셔 닦으면 묵은 때가 쉽게 제거됩니다. 그러나 마르면 뿌옇게 흔적이 남으므로 깨끗한 물이나 구연산수로 빤 걸레로 한 번 더 닦습니다.

TIP 3 매직 블록으로 책상의 유성펜 자국 등을 쉽게 지울 수 있습니다. 그러나 가구 표면을 마모시켜 코팅 마감을 손상시킴으므로 꼭 필요한 곳에만 사용합니다.

TIP 4 대청소할 때는 걸레가 좋습니다. 대청소 시에도 준비와 뒤처리가 간편해서 걸레 대신 물티슈를 사용하는 경우가 많습니다. 그런데 물티슈는 조금만 닦아도 금세 오염되어 오래 쓰지 못합니다. 그래서 수시로 버리고 다시 뽑아 써야 하고, 청소한 곳에 얼룩이 남아 또 닦아야 하는 경우도 생깁니다. 물론 오염이 심한 곳은 물티슈가 편리하니 적절히 함께 활용하면 편리하지만, 그래도 대청소할 때만큼은 걸레를 활용하는 것이 오히려 쉽고 빠릅니다. 청소기, 극세사 걸레 등 유치원에 구비된 청소도구를 십분 활용하세요. 적절한 도구를 활용하면 당연히 대청소도 쉽고 빠르게 끝낼 수 있습니다.

놀이 영역 배치와 놀잇감

그럼 이제 놀이 영역을 배치해볼까요? 선생님의 귀한 에너지를 낭비하지 않기 위해서는 기존 교실을 새롭게 구성하기에 앞서 고려해야 할 점들이 있습니다. 교실 공간을 효율적으로 활용하여 놀이 영역을 배치했는지, 통행이 원활한지 (유아들이 많이 하는 놀이 영역과 과감히 제거해야 하는 영역을 계획하여 공간을 구성하고 언제든 유아의 놀이 전개에 따라 수정 · 변형할 수 있도록) 미리 다각적으로 모색해보아야 합니다.

보통 영역 간 동선 확보를 위해 교실의 중앙부는 빈 공간으로 남겨두어 대집단 활동 장소로 활용합니다. 쌓기, 역할, 음률 영역처럼 놀이 활동의 특성상 상호 보완하는 영역은 인접 배치하고, 활동성에 따라 서로 방해가 될 만한 영역은 서로 거리를 두어 배치하는 것이 좋습니다. 그렇지 않으면 자칫 유아 간 갈등을 조장할 수도 있기 때문입니다.

놀이 영역의 수는 연령, 유아 수, 시기 등을 고려하여 융통성을 발휘해야 합니다. 예를 들어, 크기가 같은 교실이더라도 만 3세 교실보다 만 5세 교실의 영역 수는 더 많고 복잡하며 더 다양한 놀잇감이 필요합니다. 같은 맥락에서 학기 초에는 놀이 영역의 수와 놀잇감 가짓수를 제한하는 것이 좋습니다. 학기 초에 놀잇감을 양껏 꺼내주면 유아들이 탐색하느라 이리저리 만지다가 뒤섞이기 쉽고, 이를 정리하는 과정에서 유아는 힘들어 하고 그런 유아들에게 정리를 지도하는 교사도 매일 힘들 수 있습니다. 이때는 기본생활습관 및 학급 절차를 배우는 시기이므로 정리하기 쉽고 단순한 구조가 모두에게 도움이 됩니다. 교사가 준비한 흥미 영역이 유아의 흥미에 따라 얼마든지 재배열되고 통합될 수 있다고 생각을 열어두는 것입니다. 만약 교사가 미리 구획을 나눈 영역을 통제하고 구조화한다면, 그것은 더 이상 유아의 흥미가 중심이 된 공간이라고 볼 수 없습니다. 흥미가 진정한 놀이로 이어지려면 유아에게 주도권이 있어야 하며, 이 과정에서 자연스럽게 영역이 서로 통합되고 개방되며 놀이가 확장될 수 있습니다.

영역별 놀잇감의 경계가 허물어지고, 영역의 이름도 유아들과 함께 정해 놀이 영역판을 달고, 인원 제한도 없는 놀이 영역! 매우 역동적이고 매력적이며 유아 중심적이지만, 교사에게는 매우 성가시고 불안한 것이 사실입니다. 그래도 내가 모든 뒷감당을 해야만 한다는 부담 역시 내려놓고 용기를 내보면 어떨까요? 선생님이 허용할 수 있는 한두 가지부터 시작해볼 수 있습니다. 놀이 영역의 주인은 유아니까 그 공간을 정리하고 관리하는 책임 역시 유아에게 있음을 알려주고 실천하게 할 때 놀이가 살아있을 뿐 아니라 자기조절능력과 책임을 키우는 교실이 되지 않을까요?

놀이 영역별 놀잇감

- 쌓기 놀이 영역: 유니트 블록, 벽돌 블록, 동물모형, 자동차모형
- 언어 영역: 생활주제(유치원과 친구) 관련 동화책, 언어 교구, 손 인형, 세이펜 또는 소리책, 쓰기 도구
- 역할 놀이 영역: 가족 놀이 소품, 가게 놀이 소품, 인형
- 미술 영역: 그리기 도구, 종이류, 점토 등

- 수조작 영역: 퍼즐, 보드게임판, 몰펀 등
- 과학 영역: 금붕어, 화분, 씨앗 등 자연물, 돋보기
- 음률 영역: 노래판, 리듬악기, 스카프

TIP 학기 초에는 기본생활습관 및 학급 절차를 배우는 시기이므로 정리하기 쉽고 단순한 구조가 모두에게 도움이 됩니다. 따라서 영역별 놀잇감은 종류와 수량을 조금씩만 꺼내주세요.

학기 초 적응기가 지나면, 놀이 영역의 수와 공간, 놀잇감의 종류를 유아의 놀이에 따라 확장 · 축소 · 수정하여 제공해줍니다. 유아의 관심과 놀이 참여, 전개, 진행의 정도를 기준으로 놀이가 연속성을 가지고 전개되고 확장되도록 공간에 변화를 주어 조성해주면 흥미를 유지해 놀이의 효과를 높일 수 있습니다. 그러나 지나친 공간의 변화는 오

히려 정서적 안정을 해치므로 놀이 영역을 재구성할 때는 유아의 놀이 전개 정도나 유아들과의 협의를 통해 변화를 주어 다양하면서도 안정감 있는 환경을 제공하는 것이 좋습니다.

깨알 같은 환경 구성 이모저모

환경판

학기 초의 환경 구성이라 하면 많은 교사가 커다란 환경판을 떠올립니다. 교실에 들어서면 한눈에 보이는 부분인지라 환경판을 꾸미는 데 교사들이 많은 시간과 정성을 쏟곤 합니다. 놀이 전개에 따라 환경판의 내용 또한 수시로 교체해야 하므로 손재주가 없는 교사는 여간 부담스러운 게 아닙니다. 그러지 말고, 환경판을 선생님이 채워야 한다는 의무감을 내려놓고, 오로지 유아 작품을 위한 공간으로 비워두는 용기를 내보면 어떨까요? 아이들이 없는 학기 초에는 환경판에서 여백의 미를 즐길 수 있는 마음의 여유도 함께 준비하고요.

최근에는 많은 유치원에서 환경판을 지양하는 추세입니다. 실제로 교실에 환경판 자체가 아예 설치되어 있지 않은 경우도 흔히 볼 수 있습니다. 환경판이 없으니 오히려 더 창의적인 방법으로 구성한 각 놀이 영역이나 복도에 전시된 유아들의 작품에 시선이 갑니다. 이것만으로도 충분히 계절의 변화와 놀이 전개를 느낄 수 있으니 교육적 효과가 있고, 심미감을 주며, 다양한 유아 작품을 감상할 기회를 줄 수 있습니다. 그리고 교사는 전시용 2D(평면) 작품에 대한 강박과 완성도 높은 환경판에 대한 부담감에서 벗어날 수 있습니다.

교구장

물건의 위치를 정해서 표시해두면 정리가 쉽고 찾아 쓰기도 편합니다. 놀잇감이나 쓰기 도구, 물티슈, 물병 바구니 등을 둘 자리를 사용하기 편한 곳에 정하고 정리 장소와 바구니에 표시해둡니다. 사진이 제일 알아보기 쉽지만, 놀잇감이 교체될 때마다 다시 찍어서 바꿔야 하기에 손이 많이 갑니다. 대신 글씨와 함께 색깔 스티커로 구분하여 바구니와 정리 장소에 각각 붙여두면 글을 모르는 유아도 곧잘 정리합니다. 이러한 문해 환경은 유아의 글자 인식에도 매우 유익하므로 여러모로 좋습니다.

유아 이름

신발장과 사물함에 유아 이름을 붙여두고, 친구 소개, 친구 이름 알기 등 이름표(필요시) 등을 준비합니다. 유아 개인 포트폴리오 파일에 들어갈 이름을 끼우고, 명찰을 만들고, 유치원에 따라 사용하는 가정 전달 파일 또는 원아수첩, 독서통장 등에도 이름을 붙여둡니다. 또한 이야기 나누기 시간에 앉을 대형을 예상하여 바닥에 스티커를 미리 붙이거나 자리를 지정하여 이름을 부착해두기도 합니다.

우리 반 어디예요?

긴장과 설렘이 교차하는 첫날에는 유아뿐 아니라 학부모도 교실을 찾느라 헤매는 일이 종종 있습니다. 따라서 교실마다 유아 명단을 문 앞에 게시해두면, 유아의 반을 알고 온 학부모도 한 번 더 확인하고 안심하며 교실로 들어올 수 있습니다. 더불어 3월 식단표와 놀이주제계획안을 교실 뒤편에 게시해두면 학부모가 교육 활동을 준비하는 데도 도움이 됩니다.

학급명단

3월 식단표

식단표

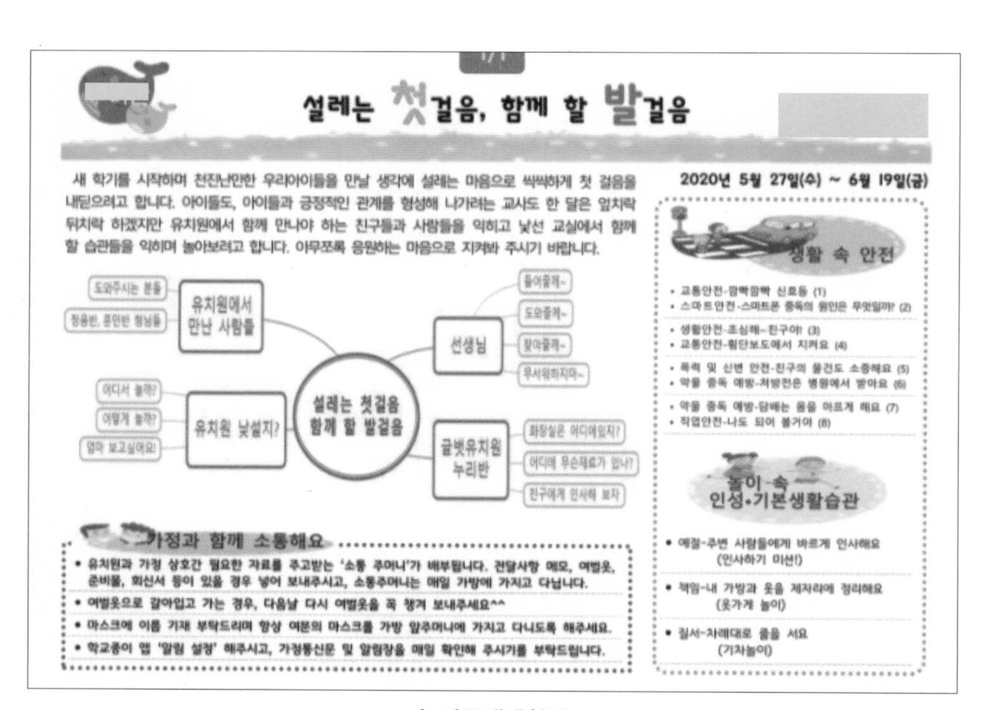

설레는 첫걸음, 함께 할 발걸음

새 학기를 시작하며 천진난만한 우리아이들을 만날 생각에 설레는 마음으로 씩씩하게 첫 걸음을 내딛으려고 합니다. 아이들도, 아이들과 긍정적인 관계를 형성해 나가려는 교사도 한 달은 엎치락 뒤치락 하겠지만 유치원에서 함께 만나야 하는 친구들과 사람들을 익히고 낯선 교실에서 함께 할 습관들을 익히며 놀아보려고 합니다. 아무쪼록 응원하는 마음으로 지켜봐 주시기 바랍니다.

2020년 5월 27일(수) ~ 6월 19일(금)

생활 속 안전

- 교통안전-깜빡깜빡 신호등 (1)
- 스마트안전-스마트폰 중독의 원인은 무엇일까? (2)
- 생활안전-조심해~친구야! (3)
- 교통안전-횡단보도에서 지켜요 (4)
- 폭력 및 신변 안전-친구의 물건도 소중해요 (5)
- 약물 중독 예방-처방전은 병원에서 받아요 (6)
- 약물 중독 예방-담배는 몸을 아프게 해요 (7)
- 직업안전-나도 되어 볼거야 (8)

놀이 속 인성•기본생활습관

- 예절-주변 사람들에게 바르게 인사해요 (인사하기 미션!)
- 책임-내 가방과 옷을 제자리에 정리해요 (옷가게 놀이)
- 질서-차례대로 줄을 서요 (기차놀이)

가정과 함께 소통해요

- 유치원과 가정 상호간 필요한 자료를 주고받는 '소통 주머니'가 배부됩니다. 전달사항 메모, 여벌옷, 준비물, 회신서 등이 있을 경우 넣어 보내주시고, 소통주머니는 매일 가방에 가지고 다닙니다.
- 여벌옷으로 갈아입고 가는 경우, 다음날 다시 여벌옷을 꼭 챙겨 보내주세요^^
- 마스크에 이름 기재 부탁드리며 항상 여분의 마스크를 가방 앞주머니에 가지고 다니도록 해주세요.
- 학교종이 앱 '알림 설정' 해주시고, 가정통신문 및 알림장을 매일 확인해 주시기를 부탁드립니다.

놀이주제계획안

교사 책상

교실 교사 책상

교실에 있는 교사 책상도 점검해봅시다. 필기도구와 포스트잇 같은 간단한 메모지는 필수입니다. 유아가 글자 철자를 물어볼 때 바로 적어줄 수도 있고, 학부모에게 전달할 내용을 메모하여 원아수첩에 붙여 보낼 수도 있습니다.

또한 유아관찰 기록지와 교사 전달 일지를 비치해두고 필요한 순간에 바로 활용한다면, 많은 유아의 개인적 특성을 그때그때 메모해둘 수 있어 활용도가 높고, 방과 후 과정 담당 교사와의 연계도 원활해질 수 있습니다. 출석부, 학부모 연락처를 기재한 원아 명부, 놀이주제계획안, 유아놀이기록지, 교사 전달 일지 등도 수시로 꺼내 볼 수 있도록 서랍 속에 넣어둡니다. 각 부서와 교실의 내선 번호는 전화기 옆에, 특성화 프로그램 시간표는 쉽게 확인할 수 있는 곳에 부착해둡니다.

유아 옷이 젖거나 토하는 등 돌발 상황을 대비해서 위생 봉지, 비닐장갑, 물티슈, 손소독제 등도 준비해두면 좋습니다. 유치원에 보건교사나 간호사가 배치되지 않은 경우에는 신속하게 응급처치를 할 수 있도록 간단한 구급 약품과 응급처치 매뉴얼을 비치해두도록 합니다.

교무실 교사 책상

교무실의 교사 책상에는 학급운영과 담당 업무를 하는 데 필요한 자료가 정리되어 있어야 합니다. 학급운영과 관련 있는 것들로는 유치원 교육과정, 연령별 교육과정, 학급운영바인더(연간, 월간(놀이)교육계획안, 유아놀이기록지, 교사 전달 일지 등 누가 기록)가 준비되어야 합니다.

입학원서를 토대로 출석부와 학부모 연락처를 기재한 원아 명부를 만들고, 여유가 있을 때 휴대폰에 미리 학부모 연락처를 저장합니다.(유치원 자율) 오리엔테이션 때 받아둔 각종 동의서를 종류별로 정리하되, 알레르기 조사서와 귀가동의서를 먼저 정리해두면 첫날부터 급식 지도와 귀가 지도를 할 때 노련하게 대처할 수 있습니다. 그리고 입학식 날 활용할 교사 및 학급 소개 프레젠테이션 자료도 준비해봅시다.

교사용 학급운영 서류 예

- 유치원 교육과정
- 연령별 교육과정
- 학급운영바인더: 연간, 월간(놀이)교육계획안, 교사 전달 일지(수기의 다양한 양식, 구글 문서 생성 등), 유아 놀이 관찰 기록지
- 원아 명부(생년월일, 학부모 연락처, 주소 등 기입)
- 입학 원서, 각종 동의서 및 기초자료 조사서
- 출석부
- 특성화 프로그램 시간표

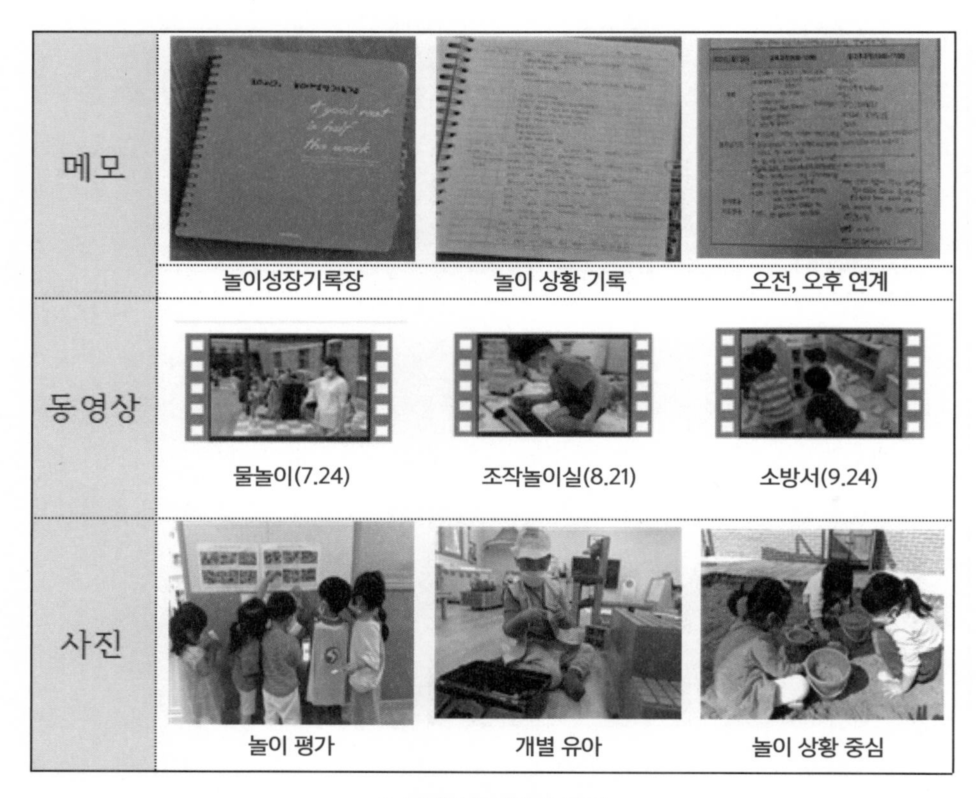

놀이기록의 다양한 방법

02

학급 오리엔테이션

학부모 오리엔테이션

처음 유치원에 입학하여 낯선 환경과 만나야 하는 유아들은 불안감이 커져 적응하는 데 시간이 다소 걸립니다. 학부모님들도 '새롭게 만나게 되는 친구들과 잘 지낼 수 있을까?', '선생님과 단체생활에 잘 적응할 수 있을까?', '엄마를 찾고 울지 않을까?' 등의 여러 가지 염려가 앞서게 됩니다. 신학기 초는 교사, 유아, 부모 모두가 긴장하며 보내는 시기입니다. 그래서 유아가 유치원 생활에 잘 적응할 수 있도록 학부모님께 가정통신문을 통해 안내합니다.

가정통신문의 내용은 다음과 같습니다.

1. 자녀에게 "OO유치원은 즐겁고 편안한 곳"임을 알려줍니다.

◯◯유치원은 즐겁고 재미있는 곳이며, 친구도 많고 엄마처럼 친절하게 대해주시는 선생님이 계신다고 이야기해주어 유치원에 친밀감을 갖도록 도와줍니다. 간혹 유아들이 유치원에 가기 싫어할 때는 먼저 유아의 마음을 존중하여 헤아려준 다음 유치원의 좋은 점에 관해 이야기 나눠주시고, 선생님과 상담하여 해결 방법을 모색해보시기 바랍니다.

2. 유아들이 엄마와 떨어져 있어도 불안해하지 않도록 도와줍니다.

처음으로 엄마와 헤어져 유치원 생활을 해야 하는 영 · 유아들은 유치원에 대한 기대감보다는 분리불안과 공포심을 나타냅니다. 이러한 유아들은 부모와 무리하게 떨어지게 강요하기보다 유치원의 좋은 점을 알려주고, 더 많은 애정과 관심을 표현하여 유아들이 안정감을 갖도록 도와줍니다.(예: 애착 인형, 엄마 사진을 목걸이로 만들어 걸고 오기 등) 또한 유아에게 부모와 떨어져 있어도 마음은 늘 함께 있음을 알려줍니다.

3. 유아가 평소와 다르게 말을 하면 선생님과 상담하여 해결 방법을 모색합니다.

이 시기 유아들은 곧잘 악의 없는 거짓말을 하기도 합니다. 또한 유치원에 가기 싫을 때나 엄마의 관심을 끌기 위해 부정적인 말도 사용하는 경우가 있습니다. 이 시기의 발달 특성상 유아는 상상(생각)과 현실을 혼동할 때가 있으므로, 자기가 본 상황을 자기 생각대로 말할 때가 있습니다. 이럴 때는 바로 유치원으로 연락 주시어 담임교사와 상담해주시기 바랍니다.

4. 유아가 유치원에서 속상한 일이 있을 때 바로 담임선생님께 이야기하여 속상함을 해소하고 귀가할 수 있도록 도와줍니다.

간혹 유아들이 친구와 다툼이 있거나 속상한 일이 있을 때 직접 선생님께 말하기보다 귀가한 후 부모님께 이야기할 때가 있어 바로 해결점을 찾기 어려울 때가 있습니다. 따라서 유아가 속상한 일을 이야기하면 감정이입을 하여 공감해주시고, 선생님께 직접 이야기할 수 있도록 도와주시기 바랍니다. 또한 선생님이 들을 수 있도록 직접 눈을 보고 큰 소리로 이야기하도록 지도해주시기 바랍니다.

5. 유아가 자신의 몸을 소중히 여기고 보호할 수 있도록 도와줍니다.

유치원에서도 성교육 및 유괴 · 실종예방교육계획에 따라 지속적으로 성교육을 실시합니다. 이 시기 유아들은 성에 대한 호기심이 증가하여 간혹 다른 성의 몸에 관심을 갖고, 만져보고 싶은 욕구가 생기기도 합니다. 따라서 가정에서도 유아에게 성에 대해 자연스럽게 알려주시고, 자신의 몸은 소중하므로 함부로 만지거나 보여주지 않도록 지도해주시기 바랍니다.

6. 유아가 유치원에서 준비물을 잘 챙겨서 올 수 있도록 알려줍니다.

유아가 유치원에서 집으로 올 때 옷이나 준비물을 빠뜨렸을 경우 상심하지 마시고, 준비물을 잘 챙길 수 있도록 격려해주시기 바랍니다. 이 시기 유아들은 자기중심적으로 사고하는 성향이 강하여 자신의 판단에 따라 다시 준비물을 서랍장에 넣는 경우가 종종 있으므로, 교사의 무관심이나 부주의로 여기지 마시고 유아의 특성을 이해해주시기 바랍니다.

7. 자기 집 주소, 전화번호, 부모 이름 등을 정확하게 알도록 지도합니다.

유아들이 자신의 집 주소와 전화번호를 알고 있으면, 비상시 큰 도움이 됩니다. 우리 집 주소와 전화번호를 유아와 함께 살펴보면서 왜 기억해야 하는지 이유를 알려주시기 바랍니다. 다만 무조건 외워야 한다고 강요하기보다 자연스럽게 알아갈 수 있도록 도와주시기 바랍니다.

8. 유치원 행사에 적극적으로 참여해주시기 바랍니다.

본 유치원의 행사는 교육계획의 일환으로 실시하므로 바쁘시더라도 원의 행사 일정을 고려해 미리 시간을 조정하여 유아와 함께 참여해주시면 교육 효과가 배가될 것입니다. 이러한 행사를 통해 유아가 유치원에서 어떻게 생활하는지 알 수 있을 뿐만 아니라 가정과 유치원이 연계해나갈 수 있는 발판이 되므로 학부모님들의 적극적인 참여를 부탁드립니다.

9. 유아들의 특성을 고려하여 안전지도에 만전을 기해주시기 바랍니다.

이 시기 유아들은 자기중심적 사고가 강하고 지각의 중심화로 인해 위험한 상황에 대처하는 능력이 부족합니다. 따라서 많이 발생하는 사고를 유아가 미리 예측하여 위험한 상황을 사전에 예방할 수 있도록 도와주시기 바랍니다.(예: 앞으로 넘어질 경우 치아 조심하기 / 좌, 우, 위, 아래, 주변 살피기 / 색연필이나 날카로운 연필로 눈 찌르지 않기 / 의자로 장난하지 않기 / 친구

밀지 않기 / 작은 물건을 콧구멍에 넣지 않기 / 발에 힘을 주어 똑바로 걷기 등) 또한 유아들은 순식간에 다치거나 멍드는 경우가 발생하여 유아 스스로 왜 다쳤는지, 왜 멍이 들었는지 모를 때가 있습니다. 멍든 시간이 점차 경과하면서 집에 도착했을 때 멍이 더욱 커질 때가 있으며, 유치원에서는 아무런 이상이 없다가 차 안에서 집으로 가는 중에 멍이 생길 수도 있습니다. 따라서 이러한 사항이 발생했을 때는 오해하지 마시고 유치원으로 연락해주시기 바랍니다.

10. 유아들의 생리적 특성을 고려하여 이에 따른 적절한 대처 및 지도가 필요하며, 유아의 건강을 위해 사전 예방접종을 해주시기 바랍니다.

이 시기 유아들은 놀이에 집중하거나 불안할 때 소변을 참거나 그 자리에서 실수하는 경우가 있습니다. 유아가 평소와 다른 행동을 할 때 부모님께서는 당황하지 마시고 유아의 소변횟수나 건강 및 심리 상태를 관찰하시어 교사와 상담해주시기 바랍니다. 이러한 행동은 일시적인 현상일 수 있으므로 너무 민감하게 반응하거나 유아를 지나치게 야단치지 마시기 바랍니다. 또한 변이 바지에 묻거나 옷이 젖었는데도 부끄러워 선생님께 말하지 못하고 그냥 집에 가는 경우가 있습니다. 이런 상황이 발생할 때는 속상해하지 마시고, 유치원 선생님도 엄마와 똑같이 친절한 분이시므로 꼭 선생님께 말씀드리라고 알려줍니다. 담임선생님께도 꼭 연락해주시어 어떠한 상황인지 함께 이야기 나눠보시기 바랍니다.

각종 감염병(머릿니, 수두, 볼거리, 뇌수막염, 장염, 독감 등)이 발생할 수 있으므로 매일 유아의 건강상태를 체크해주시기 바랍니다. 또한 감염병 예방을 위해 예방접종 시기를 숙지하시어 사전에 예방접종을 꼭 해주시기 바랍니다. 특히 면역력이 약한 유아는 더 면밀히 신경 써주시고, 사전에 알아야 될 사항이 있으면 미리 알려주시어 유아의 건강 지도에 참조할 수 있도록 도와주시기 바랍니다.

학급 오리엔테이션 엿보기

학부모님과 아이들이 함께 교실에 들어오면 다음과 같이 안내를 할 수 있습니다.

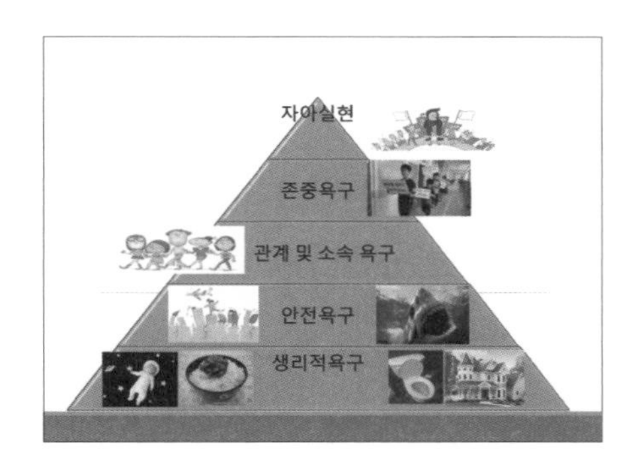

화장실에 다녀오실 분들이 계시면 모두 화장실을 다녀오세요.

(화장실에 다녀온 것을 확인한 후) 우리는 매슬로 욕구 이론처럼 화장실을 가고 싶으면 지금처럼 화장실을 다녀오는 등 기본적인 욕구가 충족되어야지만, 다음 욕구를 충족하길 원합니다. 오늘 유치원에 온 것은 혼자 잘 지내기 위해서가 아니라 ◯◯유치원에서 사회생활을 잘 해내기 위해 온 것이죠? ◯◯유치원 ◇◇반에 오신 것을 모두 환영합니다.

지금부터 제 소개를 하겠습니다. 저는 ◇◇반 담임 □□□입니다. 반갑습니다.

저는 두 딸과 남편이 있어요. 이 사진은 큰딸이 6살 때, 작은딸은 2살 때 사진이에요. 이 아이들이 벌써 고등학생과 중학생이 되었답니다.

올해 여러분과 함께 지낼 것을 생각하니까 너무나도 기대되고 설렌답니다.

여기에 보이는 밴드가 궁금하시죠? 상처가 날 때 붙이는 밴드를 왜 여기에 붙여놓았냐구요? 넘어졌을 때 상처는 눈에 보여서 밴드를 붙이지만, 친구가 놀리거나 때렸을 때 등 마음에 상처가 났을 때는 선생님이 마음의 밴드로 아프지 않게 도와주려고 해요. 앞으로 저를 '밴드' 선생님이라고 불러주세요

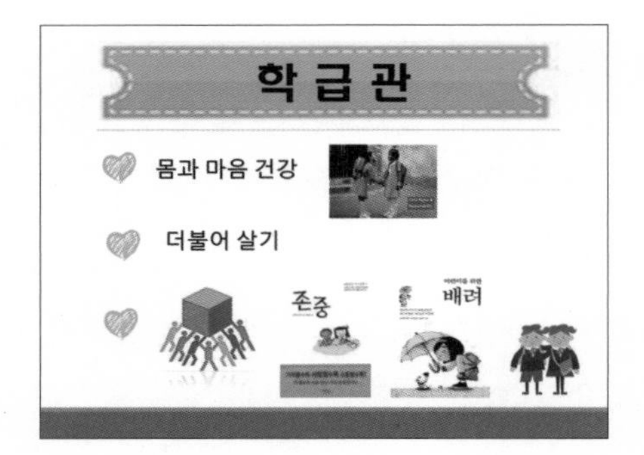

선생님은 유치원에서 몸과 마음이 건강한 것이 가장 중요하다고 생각해요. 그래서 유치원에 오면 매일 아침 9시 10분에 몸과 마음을 건강하게 만드는 요가를 하니까 늦지 않게 유치원에 오면 좋겠어요.

유치원은 함께 서로 더불어 사는 곳이에요. 그래서 서로 존중하고 배려하면서 지내면 좋겠어요. 그리고 서로 힘을 모아서 협동해야 하는 일들도 있어요.

선생님과 꼭 지켜야 할 약속이 한 가지 있어요. 그건 바로 유치원에 오는 시간이에요. 숫자가 몇으로 보이나요? 9로 보이죠? 유치원 교실에 들어와 있는 시간이 9시에요. 그럼 우리 친구들은 몇 시에 일어나야 할까요? 아침 8시 전에 일어날 수 있어요?

그럼 일찍 일어나려면 몇 시에 자야 할까요? 이제부터 일찍 자고 일찍 일어날 수 있는 어린이 손들어볼까요? 모두 훌륭하군요.

그리고 집에 가는 시간은 1시 40분이에요. 엄마를 만나는 시간이 1시 40분이니까 우리는 교실에서 1시 35분에 나갈 거예요.

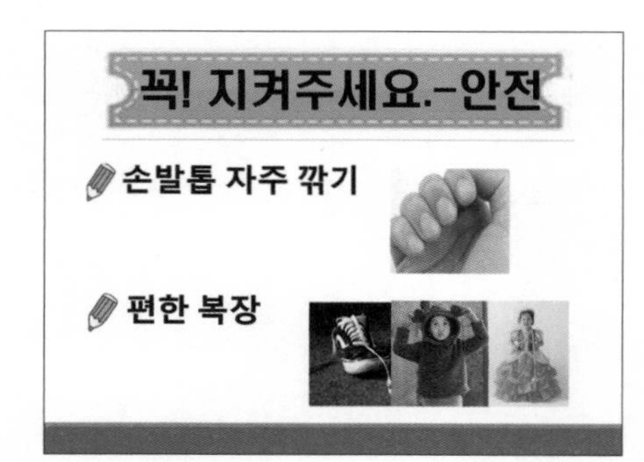

선생님은 무엇보다 안전이 가장 중요하다고 생각해요.

재미있게 놀다가 다치면 유치원에 못 올 수도 있으니까 친구들이 다치지 않게 놀이할 수 있도록 도와줄게요.

내일은 우리가 안전하게 지내려면 어떻게 하면 좋을지 더 자세하게 이야기해봐요.

내일부터 꼭 지켜야 할 약속을 안내할게요.

자기 손톱 한번 살펴볼까요? 손톱에 하얀색이 길게 올라와 있다가 나도 모르게 친구 얼굴을 긁게 되면 친구 얼굴이 어떻게 될까요? 나와 친구의 안전을 위해서 모두 손톱은 자주 깎고 오도록 해요.

끈 달린 운동화는 신고 벗기가 힘들어요.

후드티셔츠는 친구들이 잡아당기거나 모자 부분이 엘리베이터에 낄 수 있어서 위험해요.

드레스 원피스는 운동하거나 뛰어다니기가 불편해요.

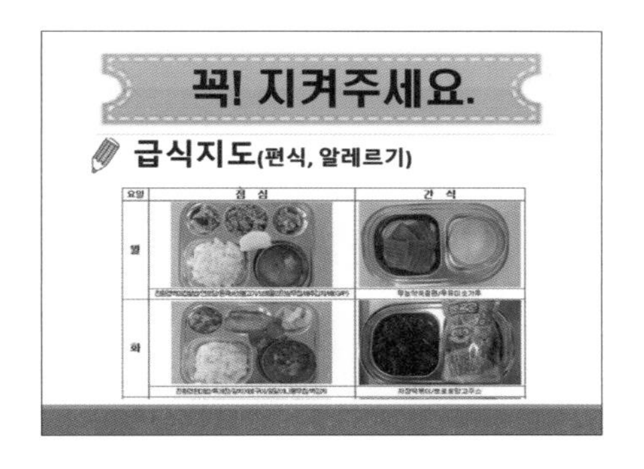

이 그림은 유치원 급식이에요.

혹시 음식에 알레르기 반응이 있는 친구 있나요? 알레르기 반응이 있는 친구는 꼭 선생님에게 알려주세요.

급식 음식은 여러 가지 영양소가 풍부하고 맛있어요. 채소를 싫어하거나 먹기 힘든 친구가 있을 거예요. 그래도 한 개씩만은 먹어보는 게 어떨까요?

멋진 로봇 장난감이나 예쁜 인형을 사면 친구들에게 자랑하고 싶어서 유치원에 가지고 오고 싶은 친구들이 있어요. 그런데 내 장난감이 부서지거나 망가지면 속상할 것 같아요. 유치원에도 장난감이 있으니 자기 장난감은 집에서만 놀고 유치원에는 가져오지 않기로 해요.

그리고 유치원 미술놀이에서 쓰는 색종이, 스팽글, 레고 블록 등 물건을 집으로 가져가는 친구들이 있어요. 유치원 물건을 가져가면 다른 친구가 사용을 못 하는데 어떻게 하면 좋을까요?

예쁜 핀을 갖고 왔다가 잃어버리면 선생님이 찾아주기가 너무 어려울 때가 있어요. 잃어버리면 선생님이 최선을 다해서 찾아보겠지만, 너무 소중한 핀이 없어지면 속상할 수 있으니 잃어버려도 괜찮은 핀을 가져왔으면 좋겠어요.

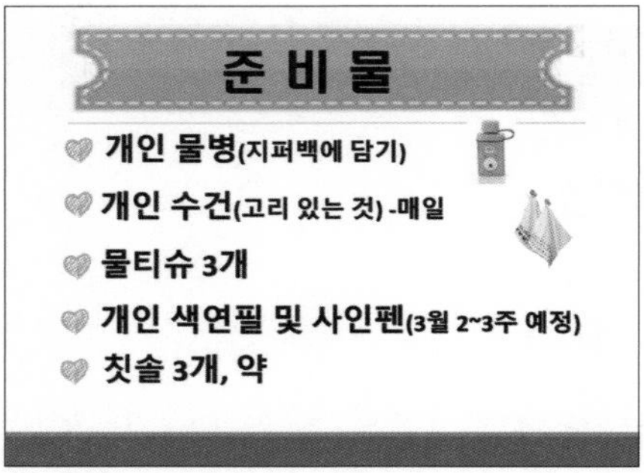

준 비 물

- 개인 물병(지퍼백에 담기)
- 개인 수건(고리 있는 것) -매일
- 물티슈 3개
- 개인 색연필 및 사인펜(3월 2~3주 예정)
- 칫솔 3개, 약

개인 물병은 물이 흘러나오지 않도록 뚜껑을 잘 닫아 지퍼팩에 넣어 수건과 함께 가져오도록 해요.

물티슈, 칫솔, 색연필, 사인펜은 부모님과 함께 챙겨오면 됩니다.

03

규칙 정하기

올해 첫 발령을 받은 나 선생님은 오늘도 유아들을 존중하고 사랑하는 교사가 되기 위해 노력합니다. 유아의 요구와 상황에 맞게 융통성을 주어 유아 중심 활동이 되도록 배려합니다. 한 명 한 명 눈을 맞추고 그들의 이야기에 공감해 주었습니다. 천사 같은 유아들의 순수함과 즐거움을 지켜주고 싶었습니다. 유아들은 매일 선생님 품에 안기며 손 편지와 행복을 안겨 주었지요.

그런데 4월이 되자 문득 천사들만 모인 교실이 오히려 천국의 모습과 멀어지고 있다는 것을 깨달았습니다! 개성 강한 천사들의 지치지 않는 열정에 교실은 쉽게 흥분의 도가니가 되었고 이런저런 돌발 사건과 갈등이 생기며 웃음과 울음이 엉킨 아수라장이 되기 일쑤였습니다. 나 선생님은 이대로는 안 되겠다는 생각에 독한 마음 먹고 혼내 보기도 하고 규칙을 함께 상기해보았지만 그때뿐이었습니다. 현장학습을 나가거나 급식실이나 강당에 가게 되면 유아들은 더 흥분했습니다. 당황하지 않고 우아하게, 긍정적으로 지도하고 싶었지만, 난처하게도 점점 상황은 악화되었습니다. 좌절감과 배신감이 밀려왔습니다.

'아동 중심, 존중' 을 몸소 실천하는 선생님의 숭고한 마음에 순수한 영혼들이 다 감화될 줄 알았는데, 그 결과가 무능한 교사와 아슬아슬한 교실이라니요! 크게 실망한 나 선생님은 동료 교사들에게 무너진 환상을 고백하는 과정에서 그들 역시 모두 같은 문제로 어려워하고 있음을 알게 되었습니다. 나 선생님은 어떻게 해야 할지 고민했습니다.

그러던 어느 날 나 선생님은 그동안 자신이 융통성이라는 이름으로 기분과 상황에 따라 일관성 없이 반응했다는 큰 깨달음을 얻었습니다. 기분이 좋을 때 암묵적으로 용인하던 것들도 여러 문제가 동시에 일어나서 거슬리면 제지하는 식으로 입장을 바꾸었던 것입니다. 유아교육은 특히나 융통성이 있어야 한다는 자기 합리화에 젖어서요.

문제 상황 앞에서 저경력 교사는 더 많은 혼란을 겪습니다. 어떤 시점에서 어느 정도까지 훈육해야 하는지 확신이 없기 때문입니다. 문제 상황마다, 유아의 성향에 따라 반응과 결과는 천차만별이어서 이렇게 하는 게 맞는지 지도하는 교사조차 모를 때가 많습니다. 배운 바에 의하면 강압적으로 지시하는 것은 안 된다고 했지만, 계속 차분히 알려주고 왜 안 되는지 설명해주어도 변화가 없으니, 결국 교사의 처방은 상황과 기분에 따라 왔다 갔다 합니다. 결정의 순간마다 교사의 흔들리는 눈동자를 본능적으로 간파한 몇몇 영리한 유아는 애교로 뜻한 바를 이룹니다. 이러한 상황이 반복되니 교사의 말은 유아들 앞에서 점점 힘을 잃습니다.

참다 참다 너무 심하다 싶어 혼을 내면 반성은커녕 자기만 미워한다고 토라집니다. 아이 생각에는 분명히 예전에는 그냥 넘어갔고, 친구는 타이르고 끝났었는데 이번에는 이렇게까지 혼내다니 억울해서 반감이 생깁니다. 자신의 잘못은 온데간데없고 반항심과 야속함만 남습니다. 훈육의 효과가 전혀 없는 비일관성의 최후지요.

교사의 순하고 모호한 태도는 위험한 장난과 무례한 태도를 암묵적으로 용인한 격이 되어 교실 분위기를 위태롭게 합니다. 따라서 안정되고 평화로운 교실 분위기를 만들기 위해서는 반드시 명확한 허용 기준을 일관되게 제시해야 합니다. 명확한 기준이란 교사가 제시하는 행동의 '한계'이며 더 나아가 유아와 함께 합의한 '규칙'입니다. 더불어 규칙의 효력이 꾸준히 유지되려면 무엇보다 교사의 특별한 노력이 필요합니다.

허용 한계 세우기

규칙 세우기에 앞서 반드시 점검해야 할 부분이 행동의 허용 한계를 세우는 것입니다. 허용 한계는 규칙과 비슷한 개념이지만, 넘지 말아야 할 선을 의미합니다. 그래서 규칙보다 더 큰 개념의 울타리와 같습니다. 교사가 어디까지 허락할지 구체적 한계를 미리 정해두고 명확히 제시하면, 허용해 줄 때와 엄격할 때를 구분할 수 있으므로 일관성 있게 지도할 수 있습니다.

그러면 허용 한계는 어떻게 세워야 좋을까요? 먼저 선생님이 학급운영 시 추구하는 핵심 가치(존중, 안전, 책임, 질서, 예절 등)를 정선하고 그것을 반영한 한계를 충분히, 구체적으로, 미리 생각해두어야 합니다. 허용 한계는 기억하기도 쉽고 집중하기 좋게 2~3가지만 설정할 것을 권합니다. 교사가 추구하는 학급 비전(예: 서로 존중하는 안전한 교실)을 중심으로 한계를 정하면 상황과 장소가 바뀌더라도 일관적으로 적용할 수 있습니다.

사실, 이 허용 한계도 유아와 함께 정하는 것이 이상적이지만, 학기 초에 유아들이 서로 생각을 모은다는 것은 발달 특성상 쉽지 않습니다. 따라서 특히 학기 초에는 교사가 미리 정한 허용 한계를 임시 규칙으로 안내하고 하루 일과에 맞추어 적절하게 지도하는 것이 좋습니다.

교사는 계속 유아가 자기 행동을 돌이켜보고, 고쳐서 연습할 기회를 충분히 제공해야 합니다. 새로운 장소에 가거나 상황이 바뀔 때마다 임시 규칙에 반추하여 어떻게 행동해야 하는지를 생각해보고 발표하도록 하는 것이 좋습니다. 이 과정에서 교사가 제시한 허용 한계는 자연스럽게 유아들과 함께 만든 학급 규칙으로 진화하게 됩니다.

학급 규칙 만들기

반드시 함께 만들기

학기 초 적응기가 지나면 교사의 허용 한계가 반영된 학급 목표를 유아들과 함께 다시 생각해보고 확장합니다. 이렇게 유아들과 함께 만든 한계가 바로 학급 규칙이 됩니다. 이때 교사의 권위를 내세우기보다는 유아의 생각을 존중하는 태도가 매우 중요합니다. 교사가 바라는 바를 일방적으로 설득하고 종용하면 유아들 입장에서는 그저 지켜야 할 것, 해야 할 것, 신경 쓸 것이 더 많아졌다는 느낌을 받게 되어 규칙으로서의 효력이 매우 떨어지기 때문입니다. 엄마의 잔소리가 효과가 없는 이유와 같은 맥락입니다.

헷갈리지 않게

규칙이 너무 많으면 헷갈리므로 3~5가지 내에서 정합니다. 특히 어리거나 학기 초라면 규칙 가짓수가 적은 것이 기억하고 활용하기 좋습니다. 또, 규칙의 서술 표현을 이해하기 쉽도록 구체적인 행동 기술로 바꾸어 제시할 수도 있는데, 예를 들면 '안전하게 행동하기'를 '실내에서는 걸어 다니기'로 수정할 수 있습니다. 보통 복도나 교실에서 뛰어다니다가 발생하는 사고가 많기 때문입니다.

학급 규칙의 예

(안전) 안에서는 걸어 다녀요.

(존중) 고운 말을 해요.

(책임) 사용한 물건은 내가 정리해요.

(집중) 말하는 사람을 바라보며 들어요.

(예절) 반갑게 인사해요.

학급 규칙 게시

규칙 효력 높이기

규칙을 세울 때, 걱정이 되고 우려되는 것에 대해 한 가지 말씀드리고 싶은 것이 있습니다. 그 전에 한 가지 간단한 실험을 해볼게요. 자, 지금부터 분홍색 코끼리는 절대 생각하지 마세요. 분홍색도 생각하지 말아 주세요. 코끼리도요. 지금부터 절대로 분홍색 코끼리는 생각해서는 안 됩니다. 자, 지금 머릿속에 떠오는 것은 무엇인가요? 네, 그렇습니다. 오히려 분홍색 코끼리만 떠오를 것입니다.

그렇다면 '뛰지 않기'는 어떨까요? 유아들 머릿속에 자연스럽게 '뛰기'가 떠오를 것입니다. 이것이 학급 규칙을 서술할 때 '~하기'와 같은 긍정적 표현을 사용해야 하는 이유입니다. 그리고 규칙을 전달하는 교사의 말뿐만 아니라 태도도 긍정적이어야 규칙이 더 잘 지켜집니다.

한 가지 덧붙이면, 규칙을 글보다는 그림이나 기호로 게시하면 유아들이 직관적으로 알아보기 쉬워 효과가 배가됩니다. 그렇게 하면 잘못된 행동을 수정하거나 바람직한 행동을 격려하는 데도 쉽고 빠르게 활용할 수 있습니다. 예를 들어 규칙을 잘 지켰을 때 해당 항목을 가리키며 격려를 할 수 있고, 반대로 어겼을 때는 서로 불쾌해지는 잔소리 대신 해당 규칙을 손으로 짚어주어 행동을 수정하도록 할 수 있습니다. 더 쉽게 활용하기 위해서 학급 규칙은 선생님이 활동 중에도 쉽게 접근할 수 있는 곳에 게시해둡니다.

살아있는 규칙 만들기

무엇보다 규칙에 생명력을 불어넣기 위해서는 유아에게 '이 규칙의 주인은 나'라는 인식을 심어주어야 합니다. 다짜고짜 '해야 할 것'들을 강요하면 공동체라는 이름으로 구속감을 느끼고, 마지못해 수동적으로 따르기는 하지만 자신과는 상관없는 것이라 여기기 쉽습니다. 따라서 함께 정하고, 모두 동의해야 하며(동의하지 않는 유아가 있다면, 그 유아의 의견을 반영하여 수정할 수 있습니다), 유아들이 직접 사인을 하여 책임감을 높입니다. 무엇보다 규칙을 늘 활용할 수 있도록 잘 보이는 곳에 게시해둡니다. 그리고 살아있는 규칙이 되려면 무엇보다 이 규칙을 늘 활용해야 합니다. 필요하다면 의견을 모아서 수정할 수도 있습니다.

학급 일과 가르치기

규칙이 필요한 순간은 많습니다. 그래서 급식실, 복도, 쌓기 영역에서 그리고 이야기 나누기 시간, 줄 설 때 지켜야 할 규칙을 각각 별도로 '유아들과 함께' 정하는 것은 매우 익숙한 풍경입니다. 함께 정해야 규칙이 효력이 있다는 것을 너무나 잘 알고 있기 때문입니다. 그러나 놀랍게도 학급긍정훈육법(PDC; Positive Discipline in the Classroom)에서는 이러한 학급 일과는 교사가 '사전에 가르쳐주어야' 한다고 합니다. 물론 유아에게 언제 어디서든 규칙이 필요합니다. 그때마다 따로 원점으로 돌아가 다시 약속을 정할 것이 아니라 이미 합의한 학급 규칙을 그 상황에 맞게 어떻게 적용할 수 있을지 접근하는 것이 더 쉽고 효과적입니다.

학급 일과란 유아가 분명하게 지켜야 하는 일상적인 과제로 가방 정리, 줄서기, 화장실 가기, 복도 통행, 활동이 일찍 끝나서 기다릴 때 할 일, 준비물 나누어주기 등처럼 매일 반복되는 절차를 말합니다. 교사는 이러한 학급 일과를 어떻게 어떠한 절차로 해야 하는지 반드시 사전에 구상한 후 명확하게 지도해야 합니다. 미리 생각하지 않고 즉석에서 유아들에게 안내하면, 우왕좌왕하기 쉽고 다음에 더 좋은 방법이 떠올라 기존의 절차를 번복하는 등 혼란한 상황이 연출될 수 있습니다.

학급 일과를 가르쳐야 하는 이유는 참 많습니다. 반복되는 주기적인 행동 방식을 명확히 정해두면 안전한 환경과 안정된 분위기를 만들 수 있기 때문에 매일 진행되는 활동을 더 잘 수행할 수 있고, 마음을 편안하게 해주어 유아의 몰입과 창의력을 촉진하며, 각종 갈등 상황을 예방할 수 있습니다. 뿐만 아니라 유아에게 자신감을 심어주고, 유아는 다음 활동이 무엇인지 알기 때문에 안정감을 가지며, 규칙적으로 해야 하는 행동의 순서를 배웁니다. 학급 일과를 연습하는 것은 도서관에서 책을 반납하거나 상점에서 물건값을 치르는 것처럼 사회의 시스템 및 과정을 이해하는 데 도움이 됩니다.

이렇게 학급 일과는 학급의 토대를 다지는 대단히 중요한 부분이므로 특히 학기 초에 관심을 가지고 지도해야 합니다. 더불어 학급긍정훈육법에 의하면, 유아들이 학급 일과를 지키지 못할 때는, 혼을 내기보다 다음의 '5R 질문법'을 활용하여 질문하는 것이 행동을 수정하는 데 더욱 효과적이라고 합니다.

학급 일과를 가르칠 때 학급긍정훈육법에서 제안하는 순서는 다음과 같습니다.

1. 교실의 공간을 필요에 맞게 구획을 나눈다. 예를 들면, 조용한 곳과 이야기하며 학습하는 곳, 학습 준비물을 놓는 곳, 교구를 놓는 곳 등으로 나눈다.
2. 한 번에 다 설명하지 않고, 학습 교구 사용하기나 정리하기처럼 해당되는 활동을 할 때마다 구체적으로 지도한다.
3. 학급 일과를 안내하고 역할극으로 연습한다.
4. 학급 일과를 수행할 때 방해가 되는 상황을 설정하고 역할극으로 연습하여 미리 대비할 수 있게 한다.
5. '5R 질문법'을 활용한다.
   1) 약속 확인(Review) "우리의 규칙이 무엇이었지요?"
   2) 되돌아보기(Reflection) "그런데 지금 어떻게 하고 있어요?"
   3) 책임(Responsibility) "우리가 책임을 다하기 위해서 어떻게 할까요?"
   4) 결과(Results) "우리가 책임을 다한 것을 어떻게 알 수 있을까요?"
   5) 다시 해보기(Rehearse) "역할극이나 연습 등으로 다시 해봅시다."

처벌의 최후

교사는 규칙에 부합하면 격려하고 역행하면 지적하거나 제약을 해서 문제행동을 소거하려 합니다. 그러나 의도와 다르게 시간이 지날수록 오히려 문제행동은 심해집니다. 그러면 교사는 불편한 마음을 안고 규칙을 정할 때 미리 합의한 처벌을 할 수밖에 없습니다. 나쁜 버릇으로 굳어져서 더 심해지기 전에 따끔하게 이야기해야 할 것 같고, 어쨌든 혼내면 바로 효과가 있으니 학급 분위기를 위해서라도 통제를 해야만 할 것 같습니다. 규칙을 정할 때는 물론이고 약속을 어길 때마다 이미 여러 번 경고를 해왔으므로 약속한 처벌 외에 다른 선택지는 없습니다. 계속 혼나는 아이에게는 정말 미안하지만, 그래도 일관성 없이 봐줬다가는 수많은 예외가 나올 것이 불 보듯 뻔하기 때문입니다.

그러나 이렇게 혼내도 오히려 문제행동은 수위가 점점 높아지고 교사는 죄책감을 안은 채 비난하거나 수치심을 주는 등의 더 강한 처벌로 통제합니다. 그럴수록 아예 낙인이 찍혀버린 유아는 더욱 어긋납니다. 이렇게 악순환이 반복됩니다. 수없이 많이 고민하고 마음고생 하며 지도한 이 유아는 과연 교사의 바람대로 성장할 수 있을까요?

문제행동이 지속된다면

『1-2-3 매직』에서는 교사가 학생들을 훈육할 때 가장 많이 저지르는 실수로 '말을 너무 많이 한다'와 '지나치게 감정적이 된다'는 것을 꼽았습니다. 끝없이 이어지는 잔소리는 결국, 대화-설득-말다툼-소리치며 혼내기의 늪으로 빠져들게 한다고 합니다.

우리가 그동안 간과해온 문제를 이 책의 저자는 매우 통찰력 있게 간파합니다. 세상에 영향을 미치고 싶어 하는 욕구가 유아들이 벌이는 모든 문제의 근원으로 유치원에서 자신의 영향력을 확인하고 싶을 때 자신보다 월등한 권력자인 교사의 감정을 쥐고 흔든다는 것입니다. 즉, 자기 때문에 선생님이 화내고 짜증을 내는 것 자체가 힘없는 유아에게 순간적으로 자신이 강하다는 느낌을 준다는 것입니다.

그러면 유아들이 규칙을 지키지 않았을 때, 자주 혼나는 유아가 소속감을 회복하기 위해 문제행동을 반복할 때, 어떻게 하면 휘둘리지 않고 긍정적으로 이끌 수 있을까요? '1-2-3 매직'에서는 다음과 같이 제안합니다.

훈육의 핵심 원칙: 화나면 침묵하기

문제행동을 할 때마다 교사가 지속적으로 반응을 보이면 유아들은 그 행동을 멈추지 않을 것입니다. 부정적 행동에 관심을 최소화하고, 긍정적 행동에 관심을 최대한 보여야 합니다. 따라서 잘못된 행동을 훈육할 때는 더더욱 침묵이 중요한데, 교사가 침묵하고 감정을 조절하는 동안 유아들은 자신의 행동을 반성하고 책임지는 기회를 얻습니다.

문제행동은 즉시 멈추도록 1-2-3 카운팅

1−2−3 매직에서는 상황에 따라 대처 역시 달라야 한다고 말하는데, 상황은 다음 두 가지로 나눌 수 있습니다.

- 행동중지: 유아가 하면 안 되는 행동을 하는 상황
- 행동시작: 유아가 해야 할 행동을 하지 않는 상황

유아가 문제행동을 보일 때, 즉 '행동중지' 상황에서 다음의 '1−2−3 카운팅'을 통해 효과적으로 훈육할 수 있습니다. 여기서 행동중지 상황이란 위험한 행동, 무례한 행동, 이야기 나누기 시간에 장난치기, 대들기, 조르기, 떼쓰기, 말대꾸, 칭얼거리기, 다투기, 놀리기, 친구 괴롭히기, 고함지르기, 심한 장난, 이야기 도중 끼어들기 등을 말합니다.

1-2-3 카운팅

1. 사전에 '1-2-3 카운팅'에 대해 충분히 안내하고 역할극으로 이해를 돕는다.
2. 유아의 '행동중지' 행동(무례하거나 피해를 주는 행동 등)을 발견한다.
3. 유아를 바라보며 침착하지만 단호하게 "하나"라고 말한다.
4. 유아가 그래도 말썽을 부리면, 교사는 마음을 가라앉히며 5초 기다린 후 "둘"이라고 말한다.
5. 다시 5초 후 행동이 개선되지 않으면 "셋, 타임아웃 5분"이라고 말한다.
   ※ 타임아웃을 하는 시간은 보통 한 살당 1분이 적절하며, 타임아웃 대신 교실에서 필요한 일하기, 특정 권리 회수하기, 학부모 상담하기, 자유 시간 박탈하기 등으로 대체할 수 있다.
6. 약속한 타임아웃 장소에서 시간을 보낸 후 돌아오면 유아에게 절대 아무것도 하지 않는다.(훈계, 잔소리, 설명, 사과 등 일절 금지)
7. 타임아웃을 하기 전에 유아가 하던 일을 다시 편안하게 할 수 있게 한다.

단, 아주 위험한 행동을 하는 경우에는 바로 "셋"이라고 하거나 더 큰 벌칙을 줄 수 있습니다. 주의할 점은 카운팅 할 때 잔소리를 하면 절대 안 됩니다. 자세한 설명을 해줘야 할 경우는 다음과 같습니다. 유아가 상황을 잘 이해하지 못해서 매우 억울해할 때, 문제

행동이 너무 심각하거나 비정상적일 때, 문제 상황에 대한 정보가 부족할 때, 다른 사람에게 피해를 줄 때입니다.

바람직한 행동은 더 강화하기

활동 중 장난치는 행동을 멈추게 하는 데는 1초면 충분합니다. 그러나 교실 청소, 줄서기, 집중하기, 급식실로 조용히 이동하기, 연습하기, 다른 활동 시작하기, 도와주기 등과 같은 '행동시작' 상황은 시작, 유지, 완수까지 가기 위해 훨씬 더 많은 노력이 필요합니다. 따라서 교사 역시 반복적이고 지속적으로 노력해야 합니다. 권장행동을 강화하는 8가지 방법은 다음과 같습니다.

- 부정적인 말보다 3배 이상 '칭찬하기'
- 감정을 배제하고 짧게 '부탁하기'
- 쉽고 효과적인 '타이머' 활용하기
- 스티커와 같은 '상점제도'
- 자신의 선택에 따른 '결과 경험하기'
- 해야 할 행동을 표로 만들어 체크하는 '생활 점검표'
- 교사의 속마음을 넌지시 전하는 '대화 보여주기'
- 변형된 '카운팅 응용하기'

이유를 논리적으로 설명해주는 교사의 훈육 시도(잔소리)는 대화–설득–말다툼–소리치며 혼내기 과정으로 이어지고 결국 교실의 모든 사람이 지치고 화나게 됩니다. 카운팅을 하면 지적받은 유아의 기분이 조금 나빠지지만, 쉽고 빠르게 상황이 정상화됩니다. 시간이 오래 걸리지도 않고 별로 어렵지 않기 때문에 유아와의 전쟁을 불사할 필요도 없습니다. 유아들은 타임아웃 후 제자리에 돌아오면 조금 전 상황을 금세 잊어버립니다. 교사 역시 이 문제를 다시 꺼내지 않습니다. 평화롭고 즐겁게 활동할 시간이 늘어날 뿐 아니라 교사는 아낀 에너지를 더 생산적이고 건설적인 일에 활용할 수 있습니다.

04

보상체제

학기 초 환경 구성을 할 때 '칭찬스티커' 판을 준비해본 적이 있나요? 교실 한편에 전체 유아의 스티커 판을 주렁주렁 걸기도 하고, 심미감이 느껴지게 열매나 별 등의 모양으로 붙여놓거나, 수학적 감각 기르기를 염두에 두고 막대그래프 식으로 구성하는 등 다양한 방법으로 칭찬스티커 판을 준비해놓습니다. 어떤 학급은 애초부터 칭찬스티커 판을 두지 않고 일 년 동안 지내기도 합니다.

칭찬스티커를 반드시 사용해야 하는 것은 아닙니다. 그런데 아무런 교육적인 목적 없이 다른 반에서 하니까 해야겠다는 생각은 버려야 합니다. 우리 학급에 칭찬스티커가 필요한지 생각해보고, 필요하다면 어떠한 목적으로 사용할 것인지도 생각해보아야 합니다.

칭찬스티커는 왜 사용할까요?

칭찬스티커는 주로 유아들의 기본생활습관을 기르기 위해 사용합니다. 책 읽기를 장려하거나 인성교육 차원에서 양보하거나 규칙을 잘 지켰을 때, 친구와 사이좋게 지낸 행동을 칭찬하기 위해 사용합니다. 즉, 바람직한 특정 행동을 증가시키기 위해 사용합니다. 잘못을 했을 때 벌점을 부과하는 형식으로 사용하진 않겠지요?

칭찬스티커를 모으는 재미는 유아의 성취감을 증진시키고, 결과적으로는 행동이 교정되는 효과를 얻을 수 있습니다. 그리고 바람직한 행동을 했을 때 곧바로 선물을 주기보다는 스티커라는 대체물을 사용하여 만족지연능력을 길러줄 수 있습니다.

칭찬스티커를 어떻게 사용해야 할까?

개별적으로 사용하는 칭찬스티커는 일정 부분 유아지도에 도움이 될 수 있습니다. 하지만 잘못 사용했을 경우 유아에게 부정적인 영향을 주며, 오히려 학급운영을 비효율적으로 이루어지게 할 수 있습니다. 선생님의 경우에는 칭찬스티커 제도가 끝까지 잘 이루어졌나요?

한 선생님의 사례를 들어볼까요? 아래는 칭찬스티커를 사용하기 전입니다.

> 앞으로 만날 유아들 명단을 보고 칭찬스티커 판을 만들었어요. 3월부터 기본생활습관을 확실히 지도하기 위해 이 방법이 좋을 것 같아요. 하루에 3명 정도면 되겠죠? 줄을 잘 서거나 밥을 남기지 않고 먹었을 때, 친구들을 잘 도와준 유아에게 주면 좋을 것 같아요. 일과 평가시간에 그날 있었던 일에 대해 이야기를 나누면서 하나씩 주어야겠어요.

이런 마음으로 시작한 칭찬스티커 제도는 어떻게 되었을까요? 다음은 칭찬스티커 사용 후의 이야기입니다.

> 유아들은 놀던 중에도 자꾸 교사의 눈치를 보았어요. 제가 지나가면 갑자기 착한 아이가 되어 멋진 행동을 보여주었지요. 놀이 중 다툼이 일어났는데, 제 눈치를 힐끗 보더니 "내가 양보할게"라고 말했어요. 그런데 그 후 심통 난 표정으로 놀이하는 모습을 보았어요. 대놓고 "선생님, 정리 잘하면 스티커 줄 거예요?"라고 요구하기도 했습니다. 평가 시간에는 유아들이 나도 잘했는데 안주냐면서 속상해했어요. 그래서 잘한 유아 모두에게 주려고 했더니 시간이 너무 오래 걸렸어요. 선생님이 좋아하는 친구에게만 스티커를 준다고 생각하는 유아

도 있었어요. ◯◯이 스티커 판에는 3월 내내 아무 스티커도 붙어 있지 않았어요. 스티커를 받는 것에 대해 별 신경을 쓰지 않는 것 같아요. 기본생활습관 지도가 가장 필요한 아이인데도요. 어느 날은 우리 반에서 가장 스티커를 많이 모은 □□이의 스티커 판에 있던 스티커가 몇 개 떼어져 있었어요. □□는 매우 속상해했고, 유아들이 서로 의심하기 시작했어요. 칭찬스티커를 사용하면 학급운영에 도움이 될 줄 알았는데, 잘되지 않는 것 같아요. 저도 점점 매일 스티커 주는 일이 귀찮아집니다.

이 선생님이 칭찬스티커 제도를 사용하는 데 어떠한 문제점이 있었나요? 이러한 문제점을 보완할 수 있는 방법은 무엇일지 생각해봅시다.

외적동기에서 점점 내적동기로 전환하기

칭찬스티커는 유아가 내적동기가 아닌 외적동기에 의해 행동하게 하여 유아의 자율성을 저해합니다. 스스로 우러나온 마음으로 행동을 하는 것이 아니라 보상을 기대하고 행동을 하게 되는 것입니다. 칭찬스티커를 받기 위해서 바람직한 행동을 하게 되는 것이지요. 교사가 볼 때만 행동을 하는 경우도 생깁니다. 교사가 부과하는 강화물로만 유아의 행동을 변화시키려고 한다면, 유아는 스스로 자신의 행동을 선택하지 못하고 타율적으로 행동하는 태도를 가지게 될 것입니다.

물론, 외적동기 유발을 통한 교육 방법이 유용할 때도 있습니다. 하지만 최종 목표는 스스로의 동기에 의해 행동하는 것임을 염두에 두고 지도해나가야 할 것입니다. 유아들이 성장함에 따라 점차 칭찬스티커를 주는 주기를 늘리거나, 칭찬스티커가 아닌 스스로의 만족감에 의해 행동할 수 있도록 지도해야 합니다. 또한 칭찬스티커만 사용하는 것이 아니라 따뜻하고 긍정적인 언어적 · 비언어적 반응으로 내적동기를 증진해주어야 합니다.

스스로를 평가하는 방법으로 활용하기

교실에서는 일반적으로 전체 유아를 대상으로 칭찬스티커를 사용합니다. 개별 유아를 대상으로 칭찬스티커를 사용하면 격려가 될 수 있지만, 전체 유아를 대상으로 했을 때는 칭찬스티커를 얼마나 받았는지 서로 비교하게 만듭니다. 유아의 바람직한 행동을 증진한다는 좋은 취지로 시작하지만, 결국 유아를 서열화하는 것으로 귀결됩니다. 칭찬스티커를 많이 받는 아이와 적게 받는 아이가 생겨나게 되는 것이지요.

칭찬스티커는 초 · 중등학교의 시험과 비슷합니다. 시험을 보고 점수를 받는 것을 아주 어린 시기부터 경험하게 하는 것입니다. 순위를 매기고 비교하면 유아는 스스로 자신을 평가하기보다는 다른 사람의 평가에 익숙해지게 됩니다. 또한 평가가 공개적으로 이루어지는 상황은 스티커를 받지 못한 유아들에게 실패감을 느끼게 하여 부정적인 자아개념을 형성합니다. 칭찬스티커로 당장 통제하고자 하는 교사의 편의가 서열화로 느낄 유아의 좌절보다 우선시되어야 할까요?

그래도 꼭 필요하다면 칭찬스티커 판을 전체 유아가 볼 수 있는 곳에 게시하지 말아야 합니다. 개별적으로 확인할 수 있도록 소책자나 수첩을 활용하거나 스티커를 집으로 보내어 가정에서 모으게 하는 것이 좋습니다. 또한 모두에게 똑같은 기준을 적용하지 않고 개별적인 기준을 정하고 지켰을 경우에 스스로 붙이는 방법도 있습니다.

학급의 공동체성을 강조하기 위해 우리 반 전체를 하나의 대상으로 보고 스티커제를 사용할 수도 있습니다. 학급 공동의 약속을 다 함께 지켰을 때, 예를 들어 하루 일과의 시간을 잘 지켰을 경우, 유치원을 위한 봉사활동을 다 함께 실천한 경우에 사용할 수 있습니다.

평가 기준을 함께 정하기

일반적으로 교사가 정한 '룰'에 따라 칭찬스티커를 사용하는 경우가 많습니다. 질서를 지키지 않을 때 "약속이니까 지켜야 해"라는 말은 유아들이 이해하기 어렵습니다. 약속이 만들어지는 과정을 경험하여 왜 약속을 지켜야 하는지, 약속을 지키는 방법은 무엇인지를 알게 해주어야 합니다. 이야기 나누기를 통해 유아들과 평가 기준을 함께 정하는 것입니다.

스스로 생각하고 함께 의논하여 결정하는 능력은 민주시민이 되기 위한 필수 능력입니다. 함께 정하면 실천하고자 하는 의욕이 커지고, 서로의 약속이 공언되어 꼭 지켜야겠다는 책임감도 생겨납니다. 평가 기준은 각 유아와 정할 수도 있고, 모두가 함께 지킬 약속에 대해 이야기 나눌 수도 있습니다. 단기간에 너무 많은 평가 기준을 정하면, 혼동이 되거나 실천하기 어려울 수 있으니 몇 가지만 정하고 시간이 지남에 따라 바꿔주는 것이 좋습니다.

평가 기준을 공정하게 적용하기

똑같이 정리정돈을 잘했는데 누구는 스티커를 한 개 받고, 누구는 두 개를 받게 하면 안 되는 것은 당연하겠지요. 여기서 말하는 공정성은 약속과 행동에 대한 엄밀한 진술과 일관성을 의미합니다. 예를 들어, 책을 읽으면 스티커를 받는다는 약속을 정한 경우, 실제로는 대충 읽었는데 독서통장에 적은 책 제목만을 가지고 스티커를 줄 수는 없습니다. 어떨 때 받을 수 있는지 명확히 알려주세요. 그리고 얼마 동안 할 것인지 정하고, 그때까지 일관성 있게 적용해야 합니다. 평가 기준이 공정하게 이행되지 않으면 교사를 불신하게 되고, 유아들의 관계에도 좋지 않은 영향을 미칠 수 있습니다.

평가는 활동을 마친 후나 일과를 마친 후 할 수 있습니다. 스티커를 줄 때 어떤 행동 때문에 스티커를 받는 것인지를 연결시켜주고 그 행동을 실천하면서 어떤 마음이 들었는지, 어려운 점은 없었는지 행동에 초점을 두어 이야기를 나눕니다. 스티커는 교사가 줄 수도 있고, 유아들이 친구의 멋진 행동을 칭찬하면서 줄 수도 있습니다. 직접 자신의 것을 붙이면서 뿌듯함을 느끼게 할 수도 있습니다.

05

학급 도우미

학급에서 유아가 구성원으로서 할 수 있는 일들에는 어떤 것이 있을까요? 교실에서 반복적으로 수행하는 일로, 유아 수준에서 부담을 느끼지 않고 누구나 할 수 있는 일이지만 교사가 매일 챙기기에는 번거롭고 깜빡 잊기 쉬운 일들이 좋을 것입니다. 예를 들어, 바깥 놀이 나갈 때 교실 불 끄기, 물건 나누어주기, 화분에 물 주기, 물고기 밥 주기, 원아수첩 나누어주기, 날짜판의 날짜 바꾸어주기, 우유(간식) 나누어주기, 우유 바구니 정리하기, 화장실 실내화 정리하기, 정리 도와주기 등 여러 가지가 있습니다.

학급긍정훈육법에서는 모든 학생이 도우미로 참여하여 의미 있는 역할을 경험할 것을 권장하고 있습니다. 권장합니다. 이렇게 학급에 이바지하면 학급에 필요한 사람이라고 느낄 뿐 아니라 공동체 감각도 익힐 수 있기 때문입니다. 교실 공동체에서 소속감은 매우 중요하기 때문에 이 소소한 활동은 매우 큰 의미가 있습니다.

운영 방법

학급긍정훈육법에서 제안하는 운영 방법은 다음과 같습니다.

먼저 학급운영을 위한 역할을 브레인스토밍을 통해 만들고 몇 명이 맡을지 정합니다. 역할 성격에 따라(예를 들어, 우유 바구니 들고 오기) 두 명이 함께 나누어 맡을 수도 있습니다.

이 틀이 정해지면 역할들을 나누거나 돌아가면서 할 수 있는 학급 구조를 만들게 됩니다. 역할을 정하는 방법으로는 역할들을 표로 만들어 유아 이름을 적을 수도 있고, 역할을 적은 종이를 비밀 상자에 넣어 유아가 뽑는 방법도 있습니다. 이때 역할과 관련된 그림이나 사진을 함께 삽입하면 쉽게 이해할 수 있습니다. 직접 그리거나 잡지에서 오려 붙이는 식으로요.

문제를 예방하려면 몇 가지 계획이 필요합니다. 첫째, 모든 유아가 하나의 역할을 가져야 합니다. 유아가 어떤 역할을 하게 되는지, 역할에 대한 명확한 안내가 되어야 합니다. 둘째, 연습할 시간이 필요합니다. 연습을 통해 성취감을 느끼게 하고, 사회적 정서를 가르칠 수 있기 때문입니다. 셋째, 다른 사람의 역할을 대신하는 것도 역할 목록에 포함합니다. 이 역할은 결석한 유아를 대신해 어떤 역할이든 할 수 있습니다. 따라서 대신하는 역할도 바뀝니다. 넷째, 역할을 맡거나 수행하며 책임감을 더 많이 배울 수 있습니다. 이를 통해 유아들은 역할을 잘 수행할 수 있고 성취감도 느낄 수 있습니다. 다섯째, 문제가 생기면 함께 이야기 나누어 해결책을 찾습니다.

오늘의 도우미

도우미는 남에게 봉사하는 사람입니다. 즉, 유치원 학급에서 도우미를 정해 활동한다는 것은 다른 친구를 위해 유아가 도우미가 되어 자신의 노력과 도움을 나누어주며 봉사를 한다는 의미입니다. 많은 유치원 교사가 실제로 교실에서 도우미를 운영합니다. 대집단 활동 시간이나 자유선택활동 시간에 다른 친구들을 많이 도와주거나 수업 태도가 좋은 경우에 친구들이나 교사의 추천을 받아 선정된 유아는 특별히 도우미 배지를 달고 맨 앞에 줄을 서기도 합니다. 또, 영특한 유아를 꼬마 선생님으로 임명해 친구들에게 종이접기 등을 도와주도록 하고, 수를 셀 수 있는 유아를 우유 도우미로 정해 우리 반 우유를 가져오고 빈 우유갑을 정리하게 할 수 있습니다.

교사에게 실제로 많은 도움이 되기도 하지만, 종종 부작용이 나타나기도 합니다. 매번 잘하는 몇 명의 유아만 반복해서 지목되기 쉬워 시기와 질투의 대상이 되기도 하고,

자주 호명되는 유아는 도우미를 하느라 놀지도 못하고 귀찮아져서 일부러 적당히 못 하는 척하거나 거부하기도 합니다. 또한 '꼬마 선생님'이라는 이름에 힘입어 자신의 허락을 맡고 유치원 물건을 사용할 것을 강요하는 등 권력을 행사하는 경우가 은밀히 발생하기도 합니다.

물론 학급 도우미의 긍정적인 예도 많습니다. 다음에 소개하는 사랑반 이야기가 그렇습니다.

정 선생님은 '의미 있는 역할'과 같은 맥락의 도우미를 모둠별로 운영합니다. 정 선생님은 도우미 역할을 유아들과 함께 의미 단위로 묶었습니다. 그리고 한 주 단위로 모둠별 도우미 활동이 이루어집니다. 이렇게 하니 각자 해야 할 역할을 같은 모둠끼리 챙기고 상호 보완하는 등 관리가 한결 수월합니다.

- 알려줘요 도우미: 날짜판, 하루 일과표, 우유 이름표
- 깜빡한 것 도우미: 수첩, 봉투, 옷, 책, 의자, 실내화, 놀잇감
- 나갈 때 도우미: 옷 입기, 줄서기, 불 끄기, 문 닫기
- 사이좋게 도우미: 함께 놀기, 문제 해결하기, 속상한 친구 달래주기
- 선생님 도우미: 물건 가져다주기, 친구 데려다주기

사랑반에서는 우유 도우미들이 오늘 큰 활약을 했습니다. 자유선택활동 시간에 자율적으로 우유를 먹는데 오늘따라 우유를 마시기 싫어하거나, 놀이에 푹 빠져서 우유를 마시지 않는 유아가 유독 많았습니다. 이에 도우미들은 고민 끝에 '우유카페'를 열었습니다. 금세 소문이 퍼졌고 이날 우유는 당연히 매진되었습니다.

06

모둠 운영하기

모둠 운영

많은 유아를 한꺼번에 교사 혼자 지도하고 관리하는 일은 정말 쉽지 않습니다. 교사의 시야에 아이들이 있어도 모든 유아가 한눈에 들어오지 않을뿐더러 유아 발달 특성상 생각지도 못한 곳에서 순식간에 일이 벌어지는 경우가 흔하기 때문입니다. 정돈된 대형으로 모여 앉아 이야기 나누기를 할 때조차 교사가 유아 모두와 상호작용하기 어려운 수의 인원인데, 미술, 요리, 과학 활동처럼 도움의 손길이 필요한 활동을 대집단으로 운영하면 어떻게 될까요? 유아들을 챙기는 교사의 몸과 마음은 더욱 분주해지고, 선생님 도움을 받으려고 차례를 기다리다가 지루해진 유아들의 장난으로 교실은 점점 흐트러지다가 곧 정신없는 지경에 이릅니다. 쌓기 놀이 영역에서는 이미 과감하게 블록을 꺼내놓고 삼삼오오 모여 몰래 노느라 웅성웅성합니다. 생각만 해도 정신이 쏙 빠지는 이런 상황을 피할 방법은 없을까요?

여러 명의 유아를 모둠으로 구성하여 잘만 운영한다면 매우 효율적으로 활동할 수 있습니다. 모둠 속에서 유아가 서로 돕기 때문에 아이들 선에서 챙겨주고, 친구와 생각을 나누고 모으는 과정에서 활동 내용이 풍부하고 깊어질 뿐 아니라, 함께하는 것 자체가 재미있기 때문에 흥미가 유지되어 활동에 몰입할 수 있고, 따라서 배우는 과정 자체를 즐길 수 있게 됩니다. 뿐만 아니라, 팀원이 되어 모둠이 주는 긍정적 소속감을 경험하고,

친구와 함께 힘을 모으는 협력의 과정에서 유아들은 자연스럽게 다른 사람과 더불어 지내는 방법을 배웁니다.

그러나 자기중심성이 강한 발달 특성상, 모둠을 조직하고 운영하는 일련의 과정이 순탄하지만은 않습니다. 어른들도 함께 모여 어떤 일을 같이하는 것이 쉽지 않다는 것을 떠올리면 금방 이해할 수 있습니다. 따라서 모둠이 효과적으로 운영되려면 유아들의 발달 수준에 맞는 조직 방법과 운영 방식을 미리 충분히 고민해야 하고, 유아들이 마음을 내어 협력할 수 있도록 잘 이야기해야 합니다. 뿐만 아니라 모둠 운영 중에도 늘 관심을 가지고 지켜보며 적절한 도움을 주어야 기대한 모둠활동이 비로소 가능해집니다.

성공적인 모둠활동을 위한 조건

마음의 준비

모둠을 조직하기에 앞서서 우리가 무엇을 위해 팀을 짜는 것인지, 이 모둠은 얼마나 오랫동안 유지가 되는지, 어떻게 모둠을 짤지, 만약 원하는 친구와 떨어지고 싫어하는 친구와 같은 모둠이 되었을 때 어떻게 할지를 충분히 안내해야 합니다. 이 과정을 생략하면 모둠을 정하는 방식에 대해 항의가 빗발치고, 싫어하는 친구와 같은 모둠이 되었을 때 노골적으로 싫어하고 거부하는 유아의 불만을 막을 수 없기 때문입니다. 모둠 운영의 큰 방향을 전체가 공유한다는 측면에서도 이 과정은 매우 중요하지만, 활동을 시작도 하기 전에 오히려 소속감에 금이 가는 불상사를 막기 위해서라도 꼭 충분히 이야기 나누기 바랍니다.

모둠활동이 재미있으려면?

모둠활동을 하며 친구들 속에 있으면, 유아의 성향이 가감 없이 드러납니다. 자기 생각을 강하게 밀어붙이는 유아, 약한 친구를 보살피는 유아, 호전적인 유아, 묵묵히 시키는 대로 열심히 하는 유아, 대충 하고 빨리 끝내고 싶어 하는 성격이 급한 유아, 꼼꼼하고 섬세한 유아, 관심 없고 소극적인 유아….

수십 년 살아온 어른들도 다른 사람들과 의견을 조율하는 것이 어려운데, 고작 태어난 지 3~6년 된 유아들이 다른 사람의 입장을 이해한다는 것은 매우 어렵습니다. 그러니 처음부터 토론이나 생각 모으기와 같은 활동을 기대하기는 어렵습니다. 유아들의 발달 수준에 맞게 활동의 난이도를 조절하고, 기대 수준도 과하지 않게 설정해야 시작이 매끄럽습니다. 가령 연령이 어리거나 학기 초라면 둘씩 짝지어서 주말 이야기 나누기, 각자 그린 그림을 모아 협동화 만들기 등이 시작 활동으로 무난합니다. 모든 활동이 그렇듯 난이도가 맞지 않으면 재미도 없으니까요.

위기는 원칙에 따라 다스려요

모둠활동을 하다 보면, 모둠 내 갈등뿐 아니라 각종 문제행동이 발생합니다. 자유로운 분위기에서 친구들과 모여 있으니 당연한 일이기도 합니다. 그러니 교사는 이러한 상황을 예상하고 늘 하던 대로 지도하면 됩니다.

모둠활동 중에도 '학급 규칙'은 유효합니다. 장난을 치느라 활동에 집중을 못 하는 모둠이 있을 경우 떠드는 유아에게 카운팅을 하고, 잘하는 다른 모둠 칭찬하기, 타이머 활용하기 등의 기술을 적절히 활용할 수 있습니다.

모둠 = 같이 노력하는 것

모둠활동도 자칫 잘못하면 집단 경쟁이 되어 모둠별 우월감이나 열등감을 가지게 될 수도 있습니다. 따라서 결과에 집중하기보다 과정과 노력에 격려를 보내는 교사의 자세가 중요합니다. 즉, 각자 성격과 재능이 다른 유아들이 함께 힘을 모으려는 시도와 노력은 깜빡 놓치기 쉽기에 교사는 이 순간을 민감하게 포착해서 격려하되, 결과물에 대한 평가는 지양하는 것이 좋습니다. 과정을 소중히 여기는 교사의 태도는 학급 분위기에 매우 절대적인 영향을 미친다는 것을 잊지 마세요.

모둠 만들기

김 선생님은 인원을 나누어 4개의 모둠을 만들었습니다. 유아기는 개인 발달차가 크므로 유능한 유아와 늦된 유아를 고루 분산시켜야 모둠 간 격차가 심하지 않다는 것을 경험으로 터득했습니다. 그리고 은밀한 비밀 한 가지, 한 모둠이 되었을 때 장난기가 더 심해질 것 같은 유아들은 미리 다른 팀으로 갈라놓았습니다.

첫 모둠활동부터 다 선생님 마음대로 정한 것이 너무 심한가요? 사실 김 선생님도 조금 마음이 불편하기는 합니다. 하지만 이렇게 하면 협동을 요하는 어려운 모둠활동이 아주 수월해진다는 것을 너무나 잘 알고 있기에 어쩔 수 없습니다.

모둠을 구성하는 방법은 다양하지만, 어리거나 학기 초라면 교사의 주도로 함께 정하는 것을 권장합니다. 사실 원하는 친구를 선택해서 같은 모둠이 되게 하면, 계속 감당하기 힘든 상황이 벌어집니다. 모든 유아가 하고 싶은 친구와 하는 것은 불가능하기에 모둠을 구성하는 과정에서 감정적 소모가 더 클 뿐 아니라, 모둠활동을 할 때도 장난과 문제 상황이 속출합니다. 모둠 구성원의 성향에 따라 격차가 심해서 유능한 유아들이 모인 모둠은 늘 일찍 끝내놓고 기다리고, 선택받지 못한 느린 유아들이 모인 모둠은 매번 위축됩니다. 첫 시작부터 이런 그림은 모두에게 행복하지 않습니다. 최소한 초기에 모둠을 정하는 일 만큼은 유아에게 너무 많은 선택권을 넘겨주기보다는 교사가 적절히 조절하는 것을 추천합니다.

이렇게 학기 초에 모둠을 짜서 두 달 정도 모둠활동을 하며 익숙해지면 한두 달을 주기로 모둠을 재구성할 수 있습니다.(모둠을 새로 짜서 헤어져야 하는 마지막 시간에는 서로에게 좋았던 점, 칭찬할 점, 고마웠던 점, 미안했던 점 등을 나누며 훈훈하게 마무리 짓습니다) 이제 유아들은 모둠을 경험해보았고 어떻게 해야 하는지 알고 있으므로 이때는 다른 방법으로 모둠을 짜는 것도 좋습니다. 비밀 상자에서 공깃돌 뽑기, 같은 카드 뽑기, ○명 모여라 게임으로 구성하기, 남녀로 나누어 우선 선택하기, 기존 모둠의 1, 2, 3, 4, 5번끼리 다시 구성하기 등 재미있는 방법이 많습니다.

모둠의 단결

친한 친구랑 떨어지고 서먹한 친구들이 모인 자리, 다짜고짜 교사가 미션만 제시하면 각자 자기 성격대로 하긴 하는데 협력은 기대할 수 없습니다. 모둠 친구들의 성격도 파악하고 서로 친해지도록 도와주는 과정이 필요합니다. 친밀감을 다지기 위해서는 서로 좋아하는 것을 이야기 나누고, 바깥 놀이 시간에 함께 놀기나 숨은 그림 함께 찾기 등과 같은 간단한 놀이로 시작할 수 있습니다.

그렇게 해서 분위기가 부드러워지면, 팀 이름 정하기, 더 나아가 팀 구호 정하기와 규칙 만들기도 해볼 수 있습니다. 함께 우리 팀 구호를 외치며 파이팅을 외치고 우리만의 규칙을 소중히 여기며 모둠 내 활동을 하면 자연스럽게 결속력이 강해집니다. 이렇게 소속감이 단단해진 유아는 모둠에서 용기를 얻고 더욱 자신 있게 도전하여 한층 성장합니다.

모둠에서 나의 역할

모둠활동에 잘 참여하지 않는 유아가 많다면 전체적으로 각자 역할을 정해보는 것을 제안할 수도 있습니다. 함께 참여하지 않으면 점점 더 소속감을 느끼기 어렵고 관계 역시 위태로워질 수 있기 때문입니다. 어떻게 참여해야 할지 몰라서 또는 비난받을까 두려워 참여하지 못하는 경우가 많으므로, 교사가 모둠에서의 여러 역할을 소개하고 어떤 식으로 말문을 열어야 하는지까지도 구체적인 예시를 들어주는 것이 좋습니다. 그러면 소극적인 유아도 다양한 방법으로 모둠에 기여할 수 있다는 것을 알고 용기를 낼 수 있으며, 주도적인 성향이 강한 유아 역시 다른 친구를 더욱 세심하게 배려해야 함을 깨달을 수 있습니다. 단, 어린 연령은 역할을 정하는 것 자체를 헷갈릴 수 있으므로 발달 수준과 상황에 맞게 융통성 있게 제안해야 합니다.

역할명	역할	이끔말
이끔이	모둠원들이 적극적으로 모둠활동에 참여할 수 있도록 끌어들이고 모둠에 활기를 불어넣는다. 모든 모둠원이 활동에 고르게 참여할 수 있도록 한다.	"우선 말하는 순서를 정하자."
칭찬이	모둠원들이 생각을 말할 때마다 칭찬의 이끔말을 해준다.	"아주 멋진 생각이야." "우리 같이 칭찬해주자."
챙김이	모둠활동에서 빠진 것이 없는지 꼼꼼하게 챙긴다. 정리정돈이 되지 않았거나 필요한 부분을 말해주고 서로 도와서 함께할 수 있도록 말해준다.	"물건들이 떨어져 있네. 함께 정리하자." "○○이가 말을 안 했네."
나눔이	색연필, 색종이 등 학습 준비물을 나눠주거나 걷고 정리하고 모은다.	"색종이와 색연필을 다 쓰고 나면 나에게 줘. 내가 한꺼번에 정리할게."
기록이	모둠원들의 활동 결과를 기록하고 정리한다.	"너희들이 천천히 순서대로 말해주면 적어볼게. 혹시 못 쓰면 도와줘."

『살아있는 협동학습』 참고

모둠의 확장

모둠은 전이시간에도 유용합니다. 화장실 갈 때, 바깥 놀이하려고 신발 신을 때, 집에 갈 준비하러 사물함 갈 때, 줄지어 이동할 때도 모듬별로 순서를 정해 이동하게 할 수 있기 때문입니다. 예를 들어, 급식실에 가려고 줄을 설 때 지난주에 1모둠이 제일 앞에 섰다면, 이번 주는 2모둠이 제일 앞에 서는 방식으로 할 수 있습니다.

3부

학급운영시스템 운영하기

유치원 학급운영에서 하루 일과는 등원에서부터 귀가할 때까지의 시간을 의미합니다. 유치원에서의 일과를 살펴보면, 등원하여 인사 나누기, 자유놀이, 대·소집단 활동, 바깥 놀이, 급·간식, 귀가가 있습니다. 이러한 활동에는 유아기에 습득해야 할 일상생활습관(정리정돈, 차례 지키기, 손 씻기, 이 닦기, 화장실 사용법 등)들도 함께 포함되어 있습니다. 일상생활습관은 모든 교육 활동의 바탕이 되므로 다양한 활동을 통해 일상생활습관을 배우고 익히도록 해야 합니다.

일상생활에서 필요한 자조 기술뿐만 아니라 유아의 몸 건강과 마음 건강을 위한 교육 활동이 필요합니다. 3부에서는 일상생활습관과 함께 몸과 마음 열기 활동, 올바른 가치관을 형성할 수 있는 존중과 책임에 대해 다루고 있습니다. 유아들이 바른 생활습관을 가지고 건강하고 행복한 유치원 생활을 할 수 있는 방법을 소개합니다.

01
등원

"선생님! 안녕하세요?"

"선생님! 보고 싶었어요!"

"싫어! 유치원 가기 싫어!"

"엄마랑 같이 있고 싶단 말이에요! 앙~ 앙~"

3월 초 이런 아침 풍경은 교사와 유아 모두를 시작부터 긴장하게 만들며, 하루하루 진땀이 납니다. 일과가 끝나면 하루를 무사히 마쳤다는 안도감과 함께 '내일은 아이들이 즐겁게 올까?' 라는 걱정이 앞서기도 합니다. 따라서 유아들을 맞이할 준비가 잘 되어있는지 교실 시설 및 설비, 환경을 다시 한 번 점검하고, 매일 첫 만남의 설렘을 느낄 수 있도록 밝은 표정과 덕담 한마디로 하루를 시작해봅시다.

기분 좋은 '아침 열기'를 위한 준비

아침 시간은 유아들을 맞이하랴, 전화를 받으랴, 우는 유아를 다독이랴 무척이나 분주하지요! 이렇게 바쁘게 돌아가지만, 준비사항 및 점검해야 할 사항을 놓치지 않고 하루를 시작한다면 유아들이 더 안전하게 생활할 수 있을 것입니다! 지금부터 선생님의 교실을 떠올리며 무엇을 준비해야 하는지 알아봅시다!

먼저 교실 환기를 합니다. 그런 다음 교실을 한 바퀴 둘러보면서 모서리 캡이 고정되어 있는지, 유아들에게 위험한 환경 요소가 없는지 확인해봅니다. 또한 전날에 준비한 수업 교수 자료가 잘 준비되어 있는지 다시 한 번 확인하여 수업이 원활하게 진행될 수 있도록 합니다. 그 외에도 가정으로 나가는 안내문이나 신청서, 물품 등을 미리 준비합니다. 특히 금요일은 가정으로 나가는 안내문이나 물품 등이 많아 누락하는 경우가 있습니다. 하나하나 체크하여 가정과의 연계가 원활하게 이루어질 수 있도록 합니다.

어서와! 반가워!

건강이 최고죠!

교사도 컨디션이 안 좋거나 몸이 아플 때는 유치원에 오는 발걸음이 참 무겁습니다. 유아들도 건강 상태가 안 좋으면 평소와 다르게 몸이 축 쳐져서 엎드려 있거나, 가만히 앉아 있기도 합니다. 또한 언어 표현력이 부족하여 아픔의 강도를 말하지 못할 때도 있습니다. 따라서 매일 유아들의 건강 상태가 다를 수 있으므로, 수시로 유아의 얼굴 및 전체 상태를 관찰하여 유아의 건강을 면밀히 살펴보아야 합니다. 특히 교사는 아동학대 신고 의무자이므로 유아들의 몸에 이상이 있거나 멍이 있을 때는 어떤 사항인지 신속하게 알아봐야 합니다.

컨디션이 안 좋은 유아

수시로 유아의 건강 상태를 살펴보고 상태에 따라 신속한 대처를 할 수 있도록 합니다. 또한 아파도 말하기를 주저하거나 심하게 아플 때까지 아프다는 말을 안 하는 유아도 있으므로 더욱 관심을 갖고 살펴봐야 합니다.

긴 연휴를 보내고 왔거나 주말을 지내고 온 월요일에는 전날 무리를 했거나 스트레스를 많이 받았을 경우 드물게 평소 먹던 음식에도 알레르기가 발생할 수 있습니다. 따라서 급식 시간에 유아의 상태를 면밀하게 관찰합니다.

유아의 몸 상태가 이전과 다를 때

간혹 유아가 감염병에 걸린 줄 모르고 유치원에 보내는 경우가 있습니다. 각종 감염병의 증상을 사전에 파악하여 유아의 상태를 확인하고, 감염병의 증상이 보이면 신속히 부모에게 연락하거나 등원 중지를 권고합니다. 감염병 예방을 위해 감염병과 관련된 안내문을 가정으로 발송합니다.

멍이 들거나 맞은 흔적이 보일 때

아침에 유아를 맞이할 때 유아의 몸에 멍이 들어있거나 맞은 흔적이 있으면, 유아를 안아주면서 왜 그런지 물어봅니다. 또한 귀가 후 부모님께 전화하여 어떤 사항인지 확인해봅니다.

잠깐! 위의 방법 외에도 여러 가지 방법을 찾을 수 있습니다. 선생님이라면 또 어떤 방법을 찾아볼 수 있을까요? 자신이 생각한 해결 방법 외에 여러 가지 해결 방법을 모아 나만의 해결 방법 노하우 노트를 만들어보면 더 효과적이겠죠?

마음을 토닥토닥

유아들은 자신의 감정과 상황에 따라 유치원에 즐겁게 올 때도 있고 가기 싫다고 떼를 쓸 때도 있습니다. 유아들의 심리 상태를 면밀히 살펴 유아의 마음을 볼 수 있는 식견이 필요합니다. 또한 진단한 문제를 바로 등원 시간에 모두 해결하려 하기보다 하루 일과 중 언제 해결해야 하는지 방법을 모색해봅니다. 즉, 등원 즉시 해결해야 할 사항과 하루 일과 중에 해결해야 하는 사항의 순서를 정해보는 것도 하나의 방법이 될 것입니다.

아침에 부모님께 혼나고 온 유아

등원 전 부모에게 혼났거나 부모로 인한 좋지 않은 감정 때문에 유아의 기분이 상해있는 경우가 있습니다. 유아의 속상한 마음을 먼저 헤아린 후, 부모님은 어떤 마음이었는지 유아에게 알려줍니다. 또한 하이파이브나 안아주기 등으로 기분을 전환시키고 더욱 친밀감을 형성합니다.

▶ **부모님과 떨어지기 싫어하는 유아(분리불안), 유치원에 가기 싫어하는 유아**

① 학기 초 낯선 환경에 대한 두려움이 있을 경우: 3세 유아들은 애착 인형을 갖고 오거나 부모님 사진으로 목걸이를 만들어 부모님이 늘 함께 있음을 느낄 수 있도록 합니다.

② 유치원 활동이 힘들어서 부모님과 떨어지기 힘든 경우: 어떤 활동이 힘들었는지 이야기한 후, 활동 내용을 줄이거나 유아가 즐거움을 느낄 수 있는 활동을 함께 찾아봅니다. 또는 활동에 즐겁게 참여할 수 있는 방법을 유아와 함께 의논하여 정합니다.

③ 친구 때문에 가기 싫을 경우: 상대 친구와 함께 어떤 점이 속상했는지 놀이 시간에 서로 이야기 나눌 기회를 제공합니다. 속상한 마음을 풀지 않으면 마음에 걱정이 쌓이므로 앞으로는 친구에게 직접 말하거나, 말하기 어려울 경우 선생님께 도움을 청해 꼭 해결하고 가도록 안내합니다.(만 3세 유아나 평소에 자신의 생각이나 마음을 잘 표현하지 못하는 유아는 교사가 귀가 전에 어떤 일이 속상했는지 물어보면서 함께 해결해봅니다)

④ 부모와 함께하는 시간이 적을 경우: 먼저 유아가 엄마와 아빠를 보고 싶어 하는 마음을 헤아려줍니다. "엄마(아빠)에게서 전화가 왔는데 ○○를 만날 때까지 유치원에서 즐겁게 지내길 바란대!", "엄마(아빠)는 ○○와 항상 마음속에 같이 있대. 그러니까 울지 말고 재미있게 지내라고 하셨어!"라고 말하며 유아의 마음을 다독여줍니다.

유아의 등원을 더욱 즐겁게 해주는 말

아침에 건네는 말 한마디가 하루의 기분을 더 좋게 할 수도 있고, 하루 종일 속상하게 할 수도 있습니다. 유치원에 오기 싫어하는 유아, 내향적이라 잘 표현하지 못 하는 유아, 관심받기를 좋아하는 유아 등 다양한 유아들의 성향이나 특성을 살펴 이에 적절한 말 한마디를 건넸을 때, 유아들은 활짝 웃음으로 화답하거나 교사에게도 기분 좋은 말을 건네기도 합니다. 아침마다 유아들이 기분 좋게 하루를 맞이할 수 있도록 선생님의 마음을 전하는 말들을 건네보면 더 좋겠지요?

1. 반가움을 표현하는 말!

- 어제 만났는데도 보고 싶었어!
- 선생님은 네가 보고 싶어서 기다리고 있었어!
- 내가 제일 좋아하는 ○○를 만나서 정말 기분이 좋아!
- 오늘도 활짝 웃고 와서 선생님도 참 기분이 좋구나!
- 오늘도 즐겁게 유치원에 와서 선생님은 참 행복하구나!

2. 하루를 시작하는 말!

(하이파이브, 안아주기 등을 하면서 요일마다 다르게 하루를 시작하는 말을 사용하기)

- 오늘은 즐겁게!
- 오늘은 씩씩하게!
- 오늘은 신나게!
- 오늘은 도전!
- 오늘은 행복하게!

3. 유아의 외모에 관심을 표현하는 말!

- 나비 핀을 꽂으니 봄이 온 것 같구나!
- 오늘은 파란색 옷을 입고 와서 참 시원해 보이는구나!
- 분홍색 구두가 참 반짝이네. 그래서 더 예뻐 보인다!

표정(색깔) 판을 통해 알아보는 유아의 감정

아침에 등원하는 유아들의 마음을 면밀히 다 살피기 어려울 때가 많습니다. 따라서 '함께 모이는 시간'을 활용하여 유치원에 올 때 어떤 기분이었는지 얼굴 표정으로 말해봅니다. 이 활동 외에 여러 유아가 참여할 수 있는 방법으로 아침에 등원하자마자 자신의 기분을 표정 판에 붙여보는 방법도 있습니다. 만 3세 유아나 학기 초에는 유아들이 표정 판을 잘 활용할 수 있도록 도와준 후, 왜 그런 표정을 지었는지 함께 이야기 나눠봅니다. 또한 만 5세 유아들은 표정 판을 원활하게 잘 사용하면, 표정 판 대신 색깔 판으로 자신의 기분을 표현해보도록 합니다.

<오늘 나의 마음 표정 판>	<오늘 나의 마음 색깔 판(만 5세)>
유아 이름 위에 자신의 기분에 적절한 표정을 붙일 수 있도록 만들기	유아 이름 위에 자신의 기분을 색깔로 붙일 수 있도록 만들기
표정 카드 담는 바구니	색깔 카드 담는 바구니

꼭! 꼭! 확인해요!

필요에 따라 유아들이 유치원에 준비물 및 서류, 약을 가져올 때가 있습니다. 유아 스스로 꺼낼 수 있도록 지도하지만, 연령이 낮은 유아나 학기 초에는 세심한 확인이 필요합니다. 또한 유아들이 집에서 놀던 장난감이나 스티커를 가져오는 경우가 많습니다. 이로 인해 다툼이 발생할 수 있으므로 사전에 이러한 일이 발생하지 않도록 유아들에게 안내하고, 가져왔을 경우 어떻게 할지 함께 정한 약속을 지킬 수 있도록 지도합니다.

선생님! 저, 약 있어요!

유아들이 비슷한 색깔의 약을 가져올 때가 있어 간혹 약이 바뀌거나 다른 약을 먹는 사고가 발생할 수 있습니다. 사전에 부모님께 공지하여 약을 보낼 때는 투약의뢰서를 꼭 작성하여 보내고, 약병에 이름을 기재하도록 합니다. 이때 교사는 유아가 가져온 약에 이름이 쓰여 있는지 꼭 확인합니다. 또한 유아들에게 약물 안전에 대한 교육을 실시하여 약이 맛있다고 아무 때나 먹어서는 안 되며, 아무 약이나 먹지 않도록 합니다.

뿐만 아니라 유아의 손이 닿지 않는 곳에 약품을 보관하고 가져온 약은 섞이지 않도록 분리합니다. 유아가 병원에서 바로 올 경우 어떤 부모님은 처방받은 약을 한꺼번에 보내는 경우가 있으므로, 투약의뢰서에 용법과 용량이 기재되어 있는지 바로 확인해봅니다. 여러 명의 유아가 약을 가져온 경우 유아마다 투약 시간이 상이하므로, 투약 시간을 기록하여 제시간에 투약합니다. 간혹 약을 냉장 보관했다는 것을 잊어버리는 경우가 있으므로 잘 기억할 수 있도록 메모지에 기록하거나 알람을 이용하는 것도 제시간에 투약할 수 있는 하나의 방법입니다.

선생님! 여기 있어요!

학기 초는 각종 서류와 신청서가 많아 제대로 확인하지 않으면 놓칠 때가 있습니다. 부모님이 보낸 준비물이나 서류들이 그대로 유아 가방에 있을 경우 '우리 선생님이 바쁘시구나!' 라고 이해하는 경우도 있지만, 대다수의 부모님은 우리 아이에게 소홀히 한다고 생각할 수 있습니다. 유아들에게 원아수첩 속에 있는 준비서류 및 기타 신청서를 정해진 바구니에 스스로 꼭 꺼내라고 했더라도, 준비서류 및 기타 신청서가 가방 안쪽 바닥에도 있을 수 있으므로 가방 속까지 확인합니다.

또한 유아들이 스스로 준비물을 꺼내서 교사에게 갖다 주는 경우도 있으나 몇몇 유아는 가방 속에 있는 물건이 자신의 것이 아니라고 여겨 아무 데나 놓을 때도 있으므로, 교사에게 준비물을 꼭 낼 수 있도록 안내합니다. 이외에도 유아들이 가져오는 준비서류 및 기타 신청서에 이름이 기재되지 않아 누구 것인지 확인하기 어려운 경우가 있으므로, 이름을 꼭 기재하여 서류들이 잘 정리될 수 있도록 합니다.

장난감을 가져와도 될까요?

유아들은 자신이 좋아하는 장난감을 가지고 와 친구들에게 자랑하기도 하고 같이 놀기도 합니다. 유아들이 가져온 장난감이 학급에서 유익하게 활용되면 문제가 없으나 이것으로 인해 다툼이 일어날 때가 있으며, 집으로 돌아가 똑같은 것을 사달라고 부모님을 조르는 경우도 있습니다.

유아들이 가져온 장난감 때문에 문제가 발생한다면 유아들과 함께 '집에 있는 장난감을 가져와도 될까요?', '내가 가져온 장난감으로 무엇을 하면 좋을까요?' 등과 같은 장난감과 관련된 주제를 정해 토의를 한 후, 약속을 정해봅니다. 유아들과 함께 장난감을 가져오지 않는 것을 약속으로 정했다면 가져오지 않도록 지도합니다. 만약 약속을 정했는데도 장난감을 가져올 경우 왜 가져왔는지 물어본 후, 장난감을 어떻게 하면 좋을지 다시 토론해보면서 유아 스스로 약속을 지킬 수 있도록 도와줍니다

이렇게 약속을 정했더라도 유아들이 자신이 좋아하는 장난감을 가지고 오길 희망하면, 유아들과 의논하여 '장난감 초대하는 날'을 정하여 친구들과 함께 내가 가지고 온 장난감으로 놀아보는 시간을 마련해보면 어떨까요? 이때 사전에 가져와도 되는 장난감과 위험한 장난감을 구분하여 가져올 수 있도록 이야기하여, 안전사고와 다툼이 발생하지 않도록 예방하면 더 즐겁게 놀 수 있겠지요!

02

몸과 마음 열기

유치원 교육은 유아의 몸과 마음이 건강하게 발달하는 전인교육을 지향합니다. 따라서 하루 동안 이루어지는 활동들은 몸과 마음을 어떻게 조절하고 다루어야 하는지에 관한 활동이 많습니다. 그러나 계획성 있고 연속성 있게 반복적으로 활동하기보다는 일회성으로 끝나거나 다른 활동들을 하느라 우선순위에서 밀리기 쉽습니다.

유아는 온몸으로 세상을 배우고 그것을 바탕으로 가치관을 형성합니다. 인생의 기틀을 세우는 유아기인 만큼 이 시기에 보고 배우는 것은 정말 중요합니다. 특히 심성은 눈에 보이지 않아 소홀히 하기 쉽습니다.

유아들의 자기 조절 능력을 더 꾸준히, 더 잘 배양할 수 있도록, 일과를 시작하기 전, 아침에 자신의 몸과 마음에 집중하는 시간을 가져보세요. 긴장된 몸을 이완하여 스트레스를 해소하고 긍정적인 에너지를 만드는 데 큰 도움이 되므로 학급 분위기에도 매우 큰 영향을 줍니다.

교실에서 적용할 수 있는 구체적인 활동으로 몸 털기 명상, 요가, '하' 호흡법, 치료쟁이 손, 버피 운동을 소개합니다. 선생님이 하고 싶은 활동을 선택해서 가볍게 시작해보기 바랍니다. 예를 들어, 등원하여 소지품을 정리한 후 조용한 놀이를 하고 있다가 자리에 동그랗게 모여 앉아서 9시 10분부터 30분까지 약 20분 정도 몸 다루기 활동을 매일 실시할 수 있습니다.

몸 털기 명상

말 그대로 몸을 털 듯 온몸을 흔들어 움직이는 명상입니다. 잔잔한 음악보다는 빠른 음악이 몸을 움직이는 데 도움이 됩니다. 친구와 부딪치지 않도록 주의하면서 자신의 몸을 자유롭게 흔들고 터는 과정에서 억눌렸던 스트레스가 발산되고 몸의 긴장을 이완시켜 줍니다. 그래서 그런지 유아들은 명상음악이 나오면 자연럽스게 몸을 흔들고 마음껏 움직이면서 표정이 아주 밝아집니다.

몸 털기 명상 방법

- 간격을 두고 넓게 모여 앉습니다.
- 음악을 들으며 앉은 자리에서 옆 친구와 부딪치지 않게 주의하면서 팔과 어깨를 흔들어봅니다.
- 자리에서 일어나 제자리에서 팔다리, 어깨, 머리 등을 자유롭게 흔들어봅니다.
- 천천히 움직이며 친구들과 부딪치지 않으면서 온몸을 흔들어봅니다.

유의점

예방적 차원 안내

처음에는 유아들이 자유롭게 움직이라고 하면 친구를 돌아보지 않고 자기 마음대로 움직여서 다른 친구를 방해하거나 때려서 활동을 중단하게 될 수도 있습니다. 이를 예방하기 위해서 시작 전에 다음의 유의사항을 반드시 안내합니다.

- 마음껏 움직이되 친구들이나 다른 물건을 만지거나 부딪치지 말아야 합니다.
- 자기 자신의 즐거움에 집중해야 하기 때문에 친구의 동작을 존중하고 다른 친구를 괴롭히지 말아야 합니다.

체계적 지도

처음부터 위 모든 과정을 한꺼번에 하면 위험한 상황이 발생하기 쉽습니다. 따라서 유아의 조절능력을 보며 적절한 시점에 다음 단계로 나가도록 합니다.

처음에 유아들이 자리에 앉아서 옆 친구와 부딪치지 않고 팔과 어깨를 잘 흔들며 자유롭게 움직이는 약속을 잘 지킨다면, 그다음으로 자리에서 일어나 제자리에서 팔과 다리 어깨를 자유롭게 움직여봅니다. 이 행동도 조절이 잘 된다면 자리를 이동하면서 온몸을 이용하여 몸을 흔들고 털면서 자유롭고 즐겁게 움직여보도록 합니다.

교사가 즐거워야 유아들도 즐겁다

교사가 긴장되어 있으면 아이들도 긴장되어 있습니다. 온몸을 털 때 아이들만 털어보라고 하면 잘 하지 않습니다. 선생님도 유아들과 함께 즐겁게 몸을 털어보세요. 그러면 즐겁게 움직이는 교사의 모습을 모델링하여 유아들은 더 적극적으로 즐겁게 움직입니다. 간혹 너무 과격하게 움직여서 다른 친구를 방해하는 유아가 있다면 적절하게 조절하여 움직일 수 있도록 도와줍니다.

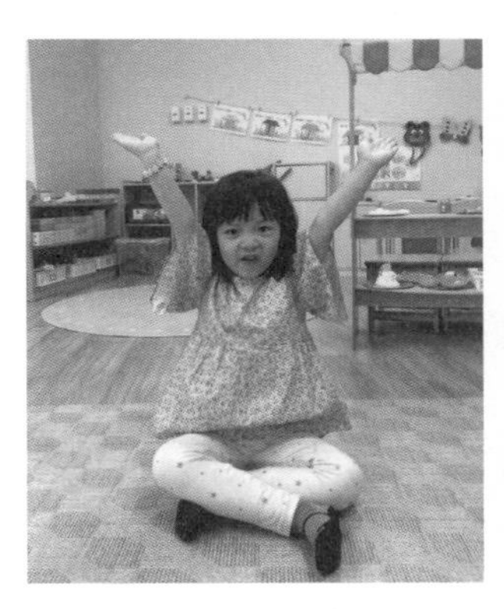

앉아서 털기

서서 털기

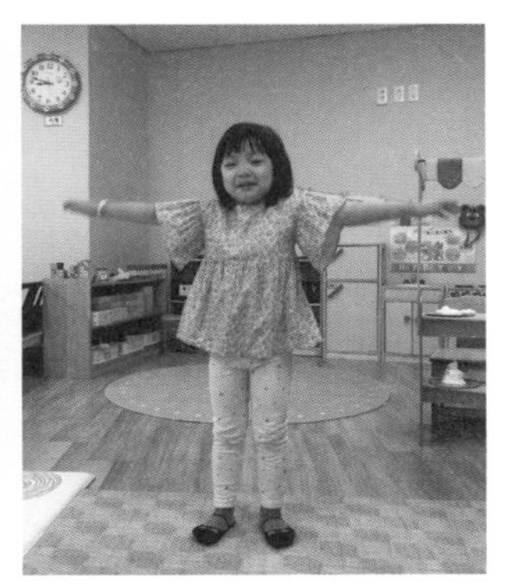

움직이면서 털기

요가

유치원에서 요가를 한다고 하면, 산만한 유아들이 어떻게 정적인 요가를 할 수 있을지, 동작을 잘 따라 할 수 있을지 걱정하는 교사가 많습니다. 처음에는 요가 동작을 부담스러워하고 어려워하는 유아가 있습니다. 그러나 점점 유아들의 몸도 유연해지고 동작은 처음보다 더 정확해지며 산만하던 유아들이 자신의 몸을 스스로 조절하여 움직여가며 동작을 따라 하게 됩니다.

요가 중에도 유아가 쉽게 따라 할 수 있는 동작이 많습니다. 대표적인 몇 가지 동작으로 산 자세, 나무 자세, 전사 자세 등을 소개합니다.

산 자세

다리 간격을 어깨너비로 넓히고
온몸을 바르게 섭니다.
두 손바닥은 가슴 가까이 모으고
숨을 깊이 들이마시고 내쉽니다.
손을 모아 위로 올리고 내리면서
기지개를 켭니다.

나무 자세

오른쪽 다리를 왼쪽 다리의 무릎에 올립니다.
이때 왼쪽 다리에 중심을 잡고 바르게 섭니다.
골반과 다리의 균형이 생길 수 있도록
바르게 서는 것을 연습합니다.
두 손바닥을 가슴 앞에 모읍니다. 반대쪽 동작을 합니다.

전사 자세

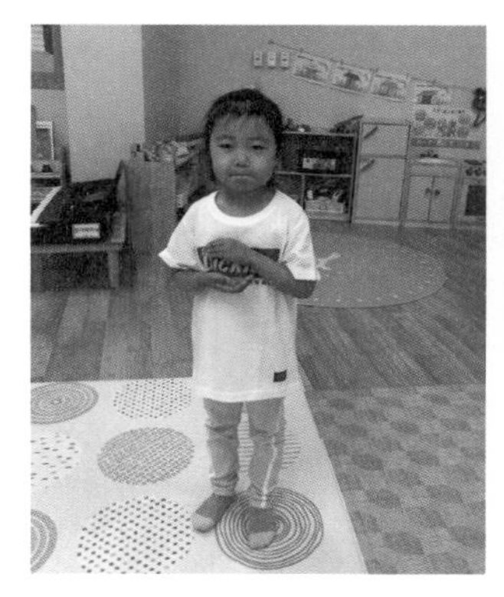
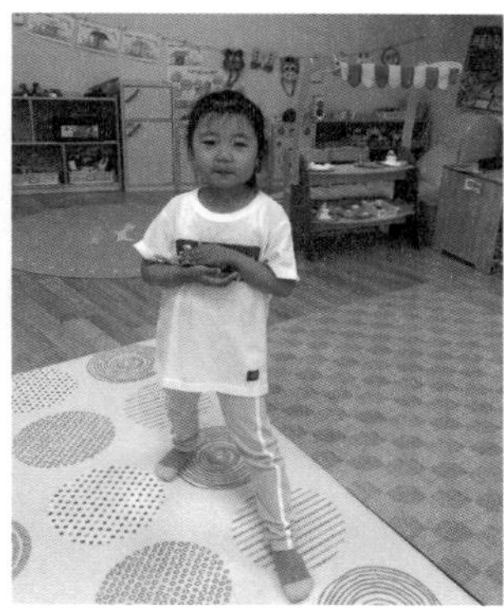

바르게 섭니다.
다리를 어깨 너비 두 배 이상 넓게 벌리고 왼쪽다리를 살짝 구부리고
오른발을 옆으로 길게 쭉 뻗습니다.
허리를 펴고 두 팔을 날개처럼 벌려 수평을 유지합니다.
몸은 정면, 시선은 왼쪽 끝을 봅니다.
반대쪽 동작을 합니다.

유의점

예방적 차원 안내

부딪치지 않도록 넓은 공간에서 넓은 간격으로 자리를 잡은 후 시작합니다. 요가 동작을 할 때는 매트가 있으면 좋습니다.

체계적 지도

처음 요가를 시작할 때는 정확한 동작을 지도하기보다는 유아들이 즐겁게 따라 하는 것을 목표로 합니다. 그리고 한 가지 동작을 소개하고 동작이 익숙해지면 동작 유지 시간을 늘리면서 유아들이 쉽게 따라 할 수 있도록 한 가지씩 차근차근 알려줍니다.

전사 자세의 경우, 두 팔을 수평이 되게 만드는 것이 처음에는 어렵지만 전신 거울을 보거나 사진을 찍어서 보여주면 점점 두 팔의 균형을 맞추게 됩니다.

명상과 호흡

'하' 호흡법

유아들도 감정이 격해지거나 갑자기 스트레스를 받으면 숨이 가빠지면서 공격적인 말과 행동이 먼저 나오게 됩니다. 이로 인해 다른 사람들과의 관계도 조화를 이루지 못하게 되기도 합니다. 이럴 때 유아들과 함께 자신의 몸과 마음을 잘 조절하도록 '하' 호흡법을 활용할 수 있습니다.

'하' 호흡법은 자연스럽게 숨을 들이쉬고 내쉬면서 긴장과 스트레스를 객관적인 눈으로 볼 수 있는 능력을 키워줍니다.

'하' 호흡법

1. **'하' 할 때는 숨을 입으로 내쉽니다. 내쉴 때는 배꼽이 등에 닿는다는 느낌이 들도록 천천히 5~10초간 내쉽니다.**
2. **'흠' 할 때는 숨을 코로 들이마십니다. 들이마실 때는 배에 커다란 풍선이 생긴다는 느낌이 들도록 천천히 5~6초간 들이마십니다.**

숨을 들이마시거나 내쉴 때 선생님은 더 크게 숨을 들이마시고 내쉬어 봅니다. 처음에는 의도적으로 유아들이 즐겁게 따라 할 수 있도록 호흡을 재미있게 '하(날숨), 흠(들숨)' 하면서 놀이하는 것처럼 합니다, 점차 자연스럽게 '하' 호흡법을 할 수 있도록 지도해줍니다. 어려워하는 유아들은 처음에 3초 이내에 끝나지만, 연습을 거듭할수록 점점 호흡하는 시간이 길어지면서 차분해질 것입니다.

또한 유아들 사이에서 갈등 상황이 발생했을 때 '하' 호흡법을 먼저 한 다음에 이야기를 하도록 지도하면 좋은 효과를 볼 수 있습니다. 유아들의 화가 난 감정 강도가 10이라고 한다면 '하' 호흡법을 하고 난 다음에는 8까지는 내려올 것입니다. 그런 다음에 이야기를 나누면 좀 더 진정되고 편안한 태도로 임할 수 있습니다.

더 나아가 '하' 호흡법이 습관화되면 친구와 다툼이 생겼을 때 자신의 감정을 먼저 조절하게 되어 친구를 공격하는 횟수가 점점 줄어듭니다. 선생님도 유아들 문제나 주변에 문제가 생겼을 때 '하' 호흡법을 먼저 해보세요. 문제를 좀 더 객관적으로 바라볼 수 있는 눈과 편한 마음이 생겨날 것입니다.

다음은 유치원에 오자마자 집에 가겠다는 철수의 이야기입니다.

유아의 떼쓰는 소리가 들려서 복도로 나가보았습니다. 선생님 세 분이 아이 한 명을 붙잡고 달래는데도 아이는 고성을 지르며 집에 간다고 떼를 썼습니다. 철수는 집에 가겠다는 생각뿐 세 분의 선생님이 어떤 이야기를 해도 듣지 않고 "집에 갈 거야"만 외치는 상태였습니다. 철수의 상태를 관찰해보니 내쉬는 호흡만 있고, 집에 가고자 하는 의지밖에 보이지 않는 터널 시야를 가진 상태였습니다. 철수의 손을 잡고 천천히 호흡을 해보자고 해도 손을 뿌리치며 집에 가겠다고만 했습니다.

"철수야, 집에 가고 싶구나. 집에 곧 갈 거니까 선생님 한 번만 바라봐줘. 자, 천천히 숨을 내쉬어보자. 고마워, 이제 천천히 숨을 들이 마셔보자."

철수가 숨을 천천히 들이마시고 내쉬기 시작했습니다. 그래도 흥분이 잘 가라앉지 않아 물을 좀 마시게 했습니다. 철수가 숨을 편하게 내쉬게 될 때 철수의 마음을 달래주기 위해 철수를 꼭 안고 편하게 이야기를 시도했습니다.

"철수야, 지금 엄마가 많이 보고 싶어서 집에 가고 싶은 거니?"

"네."

"혹시 집에서 엄마가 철수보다 철수 동생을 더 많이 안아주셔서 지금 집에 가서 엄마에게 더 안기고 싶어서 그런 거니?"

"네."

"그렇구나. 그럼 지금은 선생님이 엄마를 대신해서 철수를 좀 안아줘도 될까?"

"네."

"그래, 고마워 멋진 철수를 안고 있으니 선생님은 마음이 따뜻해져서 좋네. 철수야, 유치원에서는 선생님이 엄마처럼 너를 보호해줄 수 있는 사람이야. 철수가 마음이 아프거나 속상한 일이 있을 때 선생님께 엄마처럼 안아달라고 이야기하렴. 그러면 담임선생님이 널 꼭 안아주실 거야."

"네. 하지만 지금은 엄마한테 가고 싶어요."

"그래. 주말에 엄마랑 혹시 뭐 했니?"

"물놀이 갔어요."

"우와, 물놀이 진짜 재미있었겠다."

"네, 물놀이에서 미끄럼틀도 타고 수영도 했어요."

"그러면 유치원에서 쌓기 영역에 있는 블록으로 미끄럼틀 만들어서 선생님한테 보여주면 안 될까요? 엄마가 오시기 전에 블록 만들어보고 놀이하다가 엄마 오시면 그때 집에 가면 안 될까?"

"네, 알겠어요."

철수를 담임선생님 손을 잡고 보냈습니다. 수업이 끝나고 철수의 담임선생님이 찾아와서 이야기를 합니다. 30분을 실랑이 했는데 10분 안에 해결되었다며 감사하다는 말과 철수는 교실에서 블록으로 물놀이장을 만들고 놀이하며 친구들과도 즐겁게 잘 지내고 있다고 했습니다.

터널 시야로 한 곳만 몰두하게 되면 호흡도 원활하지 않고 마음이 조급해집니다. '하' 호흡법은 이런 상황을 좀 더 지혜롭게 다룰 수 있는 환경을 만들어줍니다.

시야 확장기법(하칼라우)

교실에서 친구가 가지고 노는 블록을 자기도 모르게 지나가다가 넘어뜨릴 때가 많습니다. 자기가 하고 싶은 놀잇감이 있으면, 다른 친구들의 감정과 입장을 생각하지 않고 자기가 하고 싶은 일에만 몰두한 나머지 놀잇감을 친구에게 묻지도 않고 그냥 빼앗기도 합니다.

비단 자기중심성이 강한 유아만 그런 것이 아닙니다. 교사도 매일 장난치고 친구를 때리는 유아가 있다면, 그 친구에게만 집중되어 다른 곳에는 시선이 들어오지 않게 되는 경우가 있습니다. 그런데 거기에만 몰두하다 보면 교실에서 발생하는 여러 문제 상황을 놓칠 수 있습니다.

『지니샘의 행복교실 만들기』에서는 이러한 문제 상황들을 보완하고 시야를 넓혀갈 수 있도록 '하칼라우 시야 확장법'을 소개하고 있습니다. 이를 활용하면, 교실 전체가 파악되고, 유아는 전후 사정을 좀 더 파악하게 되어 문제 상황이 점점 줄어듭니다. 하칼라우 시야 확장기법은 약 2분 정도 소요되며 타인조망수용능력이 향상될 수 있습니다. 시야를 확장해보면서 주변 상황을 객관적이고 넓은 안목으로 바라보며 마음의 여유를 느낄 수 있도록 도와주는 것이 필요합니다.

하칼라우 시야 확장기법

1. 허리를 펴고 고개를 바르게 한 상태에서 양손 검지를 펴서 모아 가슴 앞에서 두 팔을 끝까지 쭉 뻗어 약간 위로 올립니다.
2. 이 상태에서 손가락을 보고 다음에는 손가락 너머에 보이는 한 가지 물체를 정하여 그것을 봅니다. 그러면 두 손가락이 약간 흐리게 보입니다.
3. 시선은 앞의 초점을 보면서 동시에 손가락도 보면서 손을 양쪽으로 어깨너비까지 벌립니다. 중요한 것은 고개를 돌리지 않고 눈은 고정한 상태에서 자신의 손을 더 넓혀서 주변을 의식합니다.
4. 손을 뒤로 보내고 뒤에 보이지 않지만, 무엇이 있는지 느끼고 의식합니다. 선생님 옆에는 책상이 있고 뒤에는 칠판과 텔레비전이 있는데 유아들에게는 무엇이 있는지 물어봅니다. 유아들은 보지 않고 옆에는 미술 영역이 있고 뒤에는 쌓기 영역이 있다는 등 뭐가 있는지 이야기할 수 있습니다.
5. 이렇게 확장된 시야를 유지하며 깊은 호흡을 합니다.

손 가운데 모으기

손 어깨 넓이

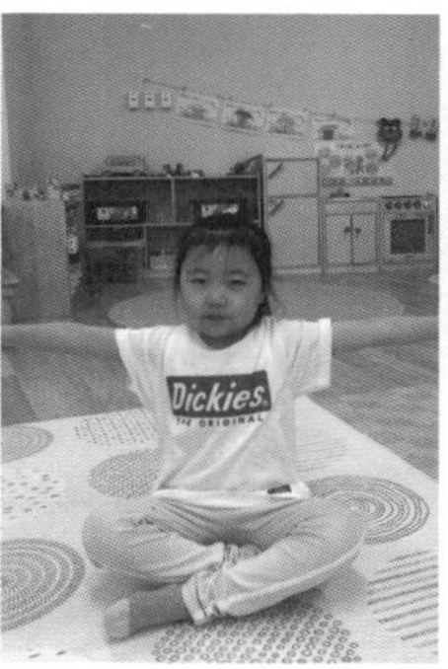

손 양옆

손 뒤로 보내기

스트레스를 받았을 때 하칼라우를 하면 빨리 안정을 되찾고 에너지와 심리적인 균형 상태를 이루는 데 도움이 됩니다. 이렇게 터널 시야와 확장 시야를 골고루 이용하게 되면 선생님도 유아들도 심리적인 균형이 잘 이루어질 것입니다.

치료쟁이 손 I

"믿음이 생각이 되고, 생각이 말이 되고, 말이 행동이 되고, 행동이 습관이 되고, 습관이 인격이 된다"는 말이 있습니다. 이렇듯 인격의 시작은 믿음과 생각입니다. 자신과 주변을 사랑하고 존중한다는 생각과 믿음을 가지고 말로 표현하면 실천이 됩니다.

EFT(Emotional Freedom Techniques)는 감정자유기법으로 마음과 몸의 문제를 손가락으로 두드려 자극하면서 문제와 관련된 것을 해결할 수 있도록 자신이 원하는 방향으로 말을 하는 것입니다.

손가락으로 우리 몸에 에너지 포인트의 통로인 경락을 두드려주는 것입니다. 이 경락의 부위에 한의사들은 침을 놓지만, EFT는 손으로 두드려 몸과 마음을 치유하는 기법입니다. 교실에서 유아들과 명상 후 3분 정도 긍정의 EFT를 하면서 자신의 몸과 마음을 다스립니다.

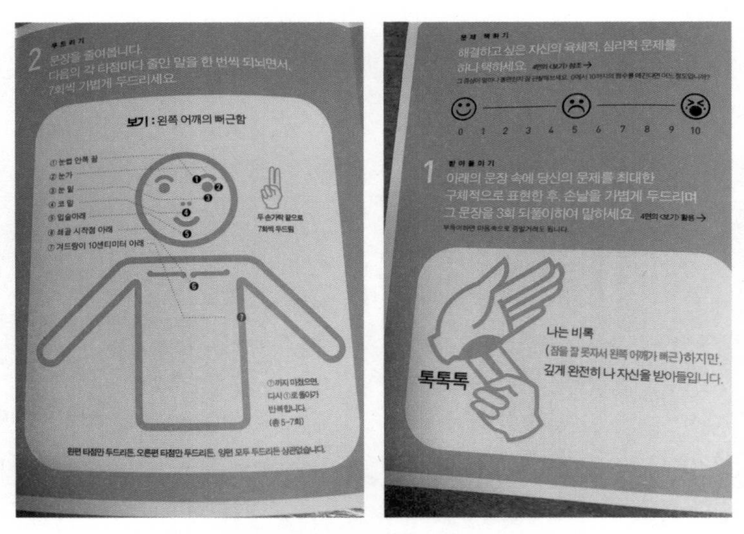

아침을 여는 치료쟁이 손, 출처『5분의 기적 EFT』

머리, 눈, 코밑, 입술 아래, 쇄골, 명치 옆을 한 개씩 손으로 두드리며 다음의 예시와 같이 확언합니다.

- 나는 참 소중한 사람입니다. 우리 반 친구들과 선생님은 참 소중합니다.
- 나는 나를 너무 사랑합니다. 나는 친구들과 선생님을 참 사랑합니다.
- 나는 유치원에서 즐겁게 놀이합니다. 나는 친구들과 선생님과 함께 즐겁게 놀이합니다.
- 나는 안전하게 행동합니다. 나는 친구들과 선생님이 안전하게 다닐 수 있도록 보호합니다.
- 나는 예쁘고 고운 말을 사용합니다. 나는 친구들과 선생님께 예쁘고 고운 말을 합니다.
- 나는 정말 멋집니다. 나는 친구들과 선생님과 함께 멋진 행동을 많이 합니다.
- 나는 모든 일이 감사합니다. 나는 친구들과 선생님에게 감사한 말과 행동을 많이 합니다.

치료쟁이 손 소개하기

정 선생님은 오늘 EFT를 시작하기 위해 치료쟁이 손을 소개하기로 했습니다.

"너희들의 손은 멋진 치료쟁이 손이야. 너희들의 손으로 가볍게 살금살금 두드리면서 자기 몸을 건강하게 만들어주렴. 자, 두 팔을 머리 위로 올려 손가락을 오므려서 피아노 치듯 움직여볼까요? 머리부터 톡톡톡 건드리면서 선생님의 말을 따라 해보세요. 그러면 점점 몸과 마음이 편안해지면서 건강해지는 소리가 들릴 거예요.

머리를 살살 톡톡 20번 정도 두드리며 '나는 참 소중한 사람입니다. 우리 반 친구들과 선생님은 참 소중합니다' 라고 말합니다. 잘했어요. 이번에는 눈앞 부분을 두드리며 '나는 나를 너무 사랑합니다. 나는 친구들과 선생님을 참 사랑합니다' 라고 합니다. 눈꼬리를 두드리며 '나는 유치원에서 즐겁게 놀이합니다. 나는 친구들과 선생님과 함께 즐겁게 놀이합니다' 라고 합니다. 눈 아래를 두드리며 '나는 안전하게 행동합니다. 나는 친구들과 선생님이 안전하게 다닐 수 있도록 보호합니다' 라고 합니다. 코 아래를 두드리며 '나는 예쁘고 고운 말을 사용합니다. 나는 친구들과 선생님께 예쁘고 고운 말을 합니다'라고 합니다. 입술 아래턱을 두드리며 '나는 정말 멋집니다. 나는 친구들과 선생님과 함께 멋진 행동을 많이 합니다'라고 합니다. 어깨와 가슴 및 쇄골을 두드리며 '나는 모든 일이 감사합니다. 나는 친구들과 선생님에게 감사한 말과 행동을 많이 합니다'라고 합니다. 손가락 두 번째 손가락으로 엄지손가락을 두드리며 '사랑합니다'라고 합니다. 엄지손가락으로 두 번째 손가락을 두드리며 '고맙습니다'라고 합니다. 엄지손가락으로 세 번째 손가락을 두드리며 '미안합니다'라고 합니다. 엄지손가락으로 네 번째 손가락을 두드리며 '노력하겠습니다'라고 합니다. 엄지손가락으로 새끼손가락을 두드리며 '행복합니다'라고 말합니다."

현장학습 갈 때 치료쟁이 손

현 선생님은 현장학습 출발 전에 유아들과 치료쟁이 손을 활용합니다. 확언 내용은 현장학습 상황에 맞게 적절히 수정합니다. 보통 이야기 나누기를 하면 지루해하지만, 손을 움직이는 이 의식에도 유아들이 쉽게 집중을 하고 새겨듣는 듯합니다. 선생님도 유아들도 편안하고 안전하게 체험하기로 합니다.

- 나는 현장학습에 즐겁게 다녀옵니다.
- 나는 현장학습에 안전하게 다녀옵니다.
- 나는 현장학습에서 선생님을 잘 따라다닙니다.
- 나는 현장학습에서 위험한 장소나 위험한 물건을 조심합니다.

교사 힐링을 위한 치료쟁이 손

유아들에게 지쳤을 때, 다른 선생님과의 관계나 많은 업무로 힘들 때 이 선생님은 치료쟁이 손을 활용합니다. 머리, 눈, 코밑, 입술 아래, 쇄골, 명치 옆을 한 군데씩 7회 정도 손으로 두드리며 확언합니다.

- 나는 참 소중한 사람입니다. 우리 반 아이들은 참 소중합니다.

- 나는 나를 너무 사랑합니다. 나는 최선을 다해서 살아왔고 잘하고 있습니다.
- 나는 모든 일이 감사합니다. 나는 우리 반 아이들과 여러 선생님께 감사한 말과 행동을 많이 합니다.

치료쟁이 손 II

건강이 가장 소중하다고 말하지만, 늦게까지 야근도 하고, 몸에 좋지 않은 음식을 먹고, 지나친 음주, 바르지 않은 자세로 누워있거나 앉아 있는 등 자신의 몸을 잘 돌보지 않는 경우가 많습니다. 나중에 몸이 아프다는 것을 느끼고 나서야 내가 내 몸을 혹사해서 아프게 만들었다는 것을 알게 됩니다.

자기 몸과 마음을 사랑하고 소중하게 대하는 태도가 필요합니다. 『뇌를 살리는 치유기술 CST』에서는 몸의 구조와 기능은 서로 연관되어 있고, 건강이나 질병 상태에서 몸은 하나의 단일체로 기능하며 스스로 치유하는 능력을 가지고 있다고 합니다. 그러므로 자기 몸을 매일 사랑하고 감사하는 마음으로 대하면 스스로 치유하는 능력이 생깁니다.

교실에서 할 수 있는, 내 몸을 사랑하고 아끼는 방법을 소개합니다. 내 몸을 두 손바닥으로 비비는 활동은 온몸에 따뜻한 기운을 전해줍니다.

- 두 손바닥을 10번 정도 비빈 후 열감이 느껴지면 "두 손바닥을 머리에 대고 생각주머니를 크게 만들어주는 내 머리야 고마워."
- 두 손바닥을 10번 정도 비빈 후 열감이 느껴지면 두 손바닥을 눈에 대고 "아름다운 세상을 볼 수 있게 만들어 주는 내 눈아 고마워."
- 두 손바닥을 10번 정도 비빈 후 열감이 느껴지면 두 손바닥을 양 코 옆 뼈에 대고 "아름다운 꽃향기, 맛있는 음식의 냄새를 맡게 해주는 내 코야 고마워."
- 두 손바닥을 10번 정도 비빈 후 열감이 느껴지면 두 손바닥을 양 귀에 대고 "아름다운 소리를 듣게 해주는 내 귀야 고마워."
- 두 손바닥을 10번 정도 비빈 후 열감이 느껴지면 두 손바닥을 입에 대고 "예쁜 말을 해주는 내 입아 고마워."
- 두 손바닥을 10번 정도 비빈 후 열감이 느껴지면 두 손바닥을 목을 감싸며 "아름다

운 목소리를 내게 해주는 내 목아 고마워."

- 두 손바닥을 10번 정도 비빈 후 열감이 느껴지면 두 손바닥을 가슴에 대고 "사랑하고 존중하는 마음을 가지게 해주는 마음아 고마워."
- 두 손바닥을 10번 정도 비빈 후 열감이 느껴지면 두 손바닥을 배에 대고 동그랗게 원을 그리며 배에 따뜻한 기운이 머무를 수 있도록 어루만지며 "맛있는 밥을 잘 소화해서 건강하게 만들어주는 내 배야 고마워."
- 두 손바닥을 10번 정도 비빈 후 열감이 느껴지면 왼손으로 오른쪽 어깨부터 손목까지 주무르며 "무거운 물건을 들 수 있도록 도와주는 내 팔과 손아 고마워."
- 두 손바닥을 10번 정도 비빈 후 열감이 느껴지면 오른손으로 왼쪽 어깨부터 손목까지 주무르며 "무거운 물건을 들 수 있도록 도와주는 내 팔과 손아 고마워."
- 오른쪽 엄지손가락으로 왼손바닥을 원을 그리듯이 누르며 주물러줍니다.
- 왼쪽 엄지손가락을 오른손으로 잡고 둥글게 비벼줍니다.
- 왼쪽 검지손가락을 오른손으로 잡고 둥글게 비벼줍니다.
- 왼쪽 중지손가락을 오른손으로 잡고 둥글게 비벼줍니다.
- 왼쪽 약지손가락을 오른손으로 잡고 둥글게 비벼줍니다.
- 왼쪽 새끼손가락을 오른손으로 잡고 둥글게 비벼줍니다.
- 왼쪽 엄지손가락으로 오른손바닥을 원을 그리듯이 누르며 주물러줍니다.
- 오른쪽 엄지손가락을 왼손으로 잡고 둥글게 비벼줍니다.
- 오른쪽 검지손가락을 왼손으로 잡고 둥글게 비벼줍니다.
- 오른쪽 중지손가락을 왼손으로 잡고 둥글게 비벼줍니다.
- 오른쪽 약지손가락을 왼손으로 잡고 둥글게 비벼줍니다.
- 오른쪽 새끼손가락을 왼손으로 잡고 둥글게 비벼줍니다.
- 두 손바닥을 10번 정도 비빈 후 열감이 느껴지면 앉은 상태에서 다리를 쭉 펴고 양다리를 허벅지에서 발목까지 주물러주며 "잘 뛰고 걸어 다닐 수 있도록 도와주는 내 다리와 발아 고마워."
- 두 발을 마주 대고 앉은 후 두 손바닥을 주먹을 쥐고 양발바닥을 통통통 하며 두드려줍니다.

치료쟁이 손 Ⅱ는 2분 정도 소요되며, 온몸에 따뜻한 기운을 만들어 기를 순환시키면서 몸이 더욱더 건강해집니다. 또한 내 몸에 감사하는 마음을 가지면 몸도 마음도 편안해집니다.

버피 운동

버피 운동은 온몸을 이용하는 전신운동으로 유산소 운동입니다. 처음에는 10개만 방법을 알려주고 유아들이 너무 재미있어 하면 20개까지 꾸준하게 할 수 있습니다. 3분 정도 소요되며 몸에서 약간의 열이 생겨 면역력 향상에 도움이 되고, 기초체력도 튼튼해집니다.

두 발을 어깨너비만큼
벌려 제자리 서기

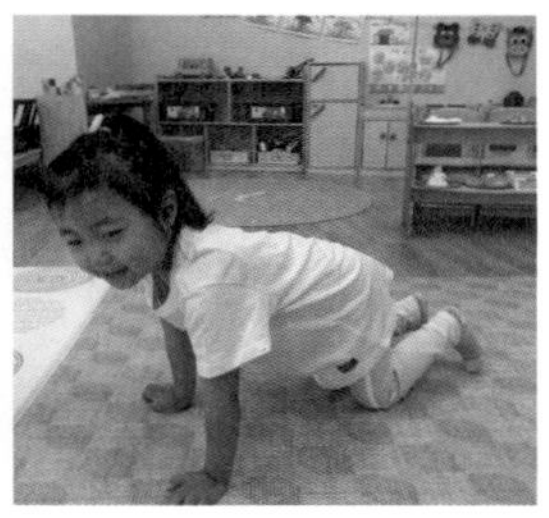
두 팔을 바닥에 대고
쪼그려 앉기

두 다리 뻗기

다시 쪼그려 앉기

일어서기

버피 운동 순서

1. 두 발을 모으고 바른 자세로 섭니다.
2. 두 팔을 바닥에 대고 무릎을 충분히 낮춰 쪼그려 앉습니다.
3. 두 팔은 바닥에 그대로 있고 두 다리를 끝까지 뒤로 쭉 뻗습니다.
4. 두 팔은 바닥에 둔 채 다시 쪼그려 앉은 자세로 돌아옵니다.
5. 일어남과 동시에 위로 높이 점프하며 숫자를 셉니다.

03

활동

올바른 가치관 형성하기

유아들은 주변에서 일어나는 일을 직간접으로 경험하면서 가치관을 형성합니다. 이 가치관은 유아 스스로 마음을 조절하고 다룰 수 있는 원동력이 됩니다. 부모와 교사의 가장 큰 과제는 유아가 가치관을 형성할 수 있도록 돕는 것입니다. 그래서 부모와 교사부터 흔들리지 않는 가치관이 잘 형성되어야 하고, 유아에게 명확한 가치관을 안내하여 일관성 있게 지도해야 합니다.

가치관의 기준을 잡기 위해서 교육이념을 살펴보았습니다. 교육기본법 제2조(교육이념)는 "교육은 홍익인간(弘益人間)의 이념 아래 모든 국민으로 하여금 인격을 도야하고 자주적 생활능력과 민주시민으로서 필요한 자질을 갖추게 함으로써 인간다운 삶을 영위하게 하고 민주국가의 발전과 인류공영의 이상을 실현하는 데 이바지하게 함을 목적으로 한다"고 밝히고 있습니다. 홍익인간은 '널리 인간을 이롭게 한다'는 뜻으로 인간은 존엄한 존재로서 인간 그 자체로서 다른 사람을 존중하고, 자기 정체성도 중시해야 한다는 의미가 내포되어 있습니다. 서로 존중하고 자신이 한 행동에 대한 책임을 져야 한다는 가치관을 유아기부터 가지고 있다면 성인이 되어 더욱더 민주시민으로서 필요한 자질을 갖추게 되어 민주국가 발전과 인류공영의 이상을 실현하는 데 이바지할 수 있습니다. 유아의 올바른 가치관 형성을 위해서 필요한 존중과 책임에 관한 활동을 소개합니다.

존중

존중은 한자로 높을 존(尊), 귀중할 중(重)으로 '높이어 매우 중요하게 대한다' 는 뜻입니다. 다른 사람을 중요하게 대하고 소중하게 대하는 존중은 인간관계에서 가장 우선시되는 덕목입니다.

교사가 먼저 유아를 소중하게 대하며 존중하자

영민이가 ○○선생님에게 "선생님, 저 옷 새로 샀어요"라고 말하자. ○○선생님은 "어쩌라고" 대답하자 영민이는 더 이상 아무 말 없이 자리를 피해 다른 곳으로 가버렸습니다. 영민이는 자신이 소중하게 생각하는 옷을 선생님이 알아봐주길 바랐을 텐데 말이죠. △△선생님은 학기 초에 아이들의 이름을 외우고 한 명씩 소중하게 이름도 불러주고 아이들의 이야기를 끝까지 경청하며 아이의 입장에서 생각하고 아이를 존중하며 대합니다.

교사는 아이들에게 친절하고 예쁘게 말하라고 지도하고, 친구를 따돌림 하지 마라고 하면서 동료 교사나 유아에게 친절하게 말하지도 않고 동료 교사를 따돌리거나 아이들을 격리한다면 아이들도 교사를 존중하지 않을 것입니다. 교사가 먼저 동료 교사나 유아에게 존중하는 마음을 가지는 것이 중요합니다.

▶ 이름 불러주기는 존중의 시작

김춘수의 시 '꽃' 에서처럼 누군가에게 이름을 불러주는 것이 존중의 시작입니다. 입학식 날부터 자기 이름을 선생님이 자연스럽게 알고 불러주면 유아들은 매우 좋아합니다. 학급에서 많은 유아와 상호작용하다 보면 교사는 유아들의 이름을 쉽게 외우는 편이지만, 유아끼리는 이름을 잘 모를 때가 많습니다. '이미 알겠지' 혹은 '서서히 알게 되겠지' 라고 생각하고 지나칠 때가 있습니다. 이름은 가장 중요하기 때문에 학기 초에 이름을 익히는 것을 간과하지 말아야 합니다.

학기 초에 아이들 사진과 이름을 작업하여 파워포인트로 만들어서 매일 이름을 소개

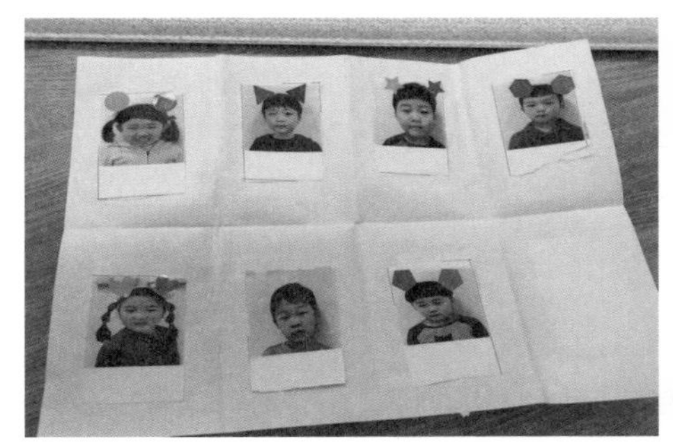

친구 책 만들기

하기, 사진과 이름이 들어가 있는 종이를 출력하여 언어 영역에서 편지 쓰기 활동을 할 수 있도록 제시하기, 앉아 있는 자리에서 '철수 옆에 민수, 민수 옆에 누구?' 인지 물어보는 활동하기, 동시나 노래를 부를 때 이름이 들어가는 곳에 우리 반 유아의 이름을 넣어 동시나 노래 부르기, 내가 좋아하는 친구 책 만들기, 친구가 좋아하는 음식이나 놀이가 무엇인지 물어보기 등의 활동을 합니다. 또한 교사가 유아들의 이름을 빨리 외우고 많이 불러주는 것이 중요합니다.

이러한 활동을 통해 소속감과 친밀감이 형성되어 다툼보다 서로를 이해하고 존중하는 마음이 더 커집니다.

누구나 존중받고 싶은 존재

내가 존중받기 위해서는 다른 사람을 먼저 존중을 하는 것이 중요합니다. 다른 사람을 존중하려면 그 이전에 자기 자신을 잘 알고 이해하며 소중하게 대해야 합니다. 자신의 소중함을 아는 사람이 다른 사람의 소중함도 존중해줄 수 있습니다. 이것이 자존감의 시작입니다.

자존감이 잘 형성된 만 5세 현아는 다른 친구들의 입장을 잘 이해하고 배려를 많이 합니다. 자기 의견이나 생각도 잘 표현할 뿐만 아니라, 부모님의 사랑도 많이 받아서인지 긍정적인 에너지가 많이 넘칩니다. 현아는 놀이할 때 다른 친구들의 의견을 먼저 물어보고 자기 생각을 항상 이야기하는 모습을 많이 보여서 모든 친구가 현아를 매우 따르고 좋아합니다.

반면 다른 사람의 입장을 잘 고려하지 못하는 수형이는 친구가 만든 작품에 대해 이상하다고 하고 친구에게 '넌 그것도 모르냐? 너랑 같이 안 놀아' 라고 하는 등 친구의 마음을 상하게 하는 말을 많이 합니다. 친구도 자신만큼 소중하다는 것을 이해할 수 있도록 수형이와 대화와 상황극을 많이 해보았고, 친구의 생각이나 말을 끝까지 듣기, 친구의 작품에 대해 '멋지다' 라고 말로 표현해보기 등 다양한 활동을 했습니다. 그런 덕분에 수형이는 점점 자신과 다른 사람을 존중하는 친구로 변해가고 있습니다.

교사인 우리는 유아 스스로 자신을 소중하게 여기고 나아가 다른 사람도 소중하고 존중하는 마음으로 가지도록 함께 노력하는 것이 중요합니다.

모두가 소중해

(존중 활동의 예)

친구의 말과 생각을 존중하는 것은 기본입니다. 유아기는 자기중심적인 사고가 강해 자기 입장에서만 생각하는 친구가 많습니다. 친구의 생각과 의견도 소중하다는 것을 배워가는 것이 중요합니다.

혼자만 장난감 가지고 놀 때

영철이가 가지고 노는 장난감을 철민이가 묻지 않고 그냥 빼앗아 갔습니다. 영철이는 혼자 레고를 하고 싶어서 레고박스를 통째로 들고 놀이를 합니다. 친구가 필요한 장난감을 나눠달라고 말해도 혼자서만 놀고 싶다며 나눠주지 않습니다. 이러한 문제 상황은 교실에서 흔히 나타날 수 있기 때문에 친구들이 모였을 때 이야기를 하였습니다.

교사: 애들아, 유치원에는 왜 오는 것일까?
유아: 놀이하려고요. 재미있는 장난감 가지고 놀려고요.

교사: 그래, 재미있는 장난감도 있고 즐겁게 놀이하려고 왔구나. 그런데 재미있는 장난감은 집에도 많은데 집에서 혼자 놀면 되는데 유치원에는 왜 왔을까?

유아: 친구들이랑 같이 놀려고 왔어요.

교사: 친구들이랑 같이 놀려고 왔는데, 나만 가지고 놀고 싶은 장난감이 있는데, 다른 친구들도 자기만 가지고 놀고 싶어 하면 어떡하지?

유아: 친구에게 양보해요.

교사: 나는 양보했는데 다른 친구가 혼자서 더 많이 놀면 어떡하지?

유아: 서로 한 번씩 가지고 놀다가 다른 친구들도 놀이할 수 있도록 놔둘게요.

교사: 나만 갖고 놀고 싶은 것을 좀 참고 친구와 함께 놀이하면 어떤 기분이 들까?

유아: 함께 놀아서 더 좋아요.

교사: 그래 내 생각도 소중하지만, 친구의 생각과 기분도 소중하게 생각해주어서 고마워.

소중한 물건

교실에서 유치원 물건을 파손하거나 훼손하는 등의 문제가 생겼습니다.

교사: 선생님이 어렸을 때 선생님의 엄마가 선생님이 태어난 기념으로 예쁜 반지를 선물로 주셨어. 지금은 선생님 손에 맞지도 않고 비싼 것도 아니고 예쁘지도 않지만, 엄마가 주신 선물이라 아직도 소중하게 보관하고 있단다. 너희들에게도 그런 소중한 물건이 있니?

유아: 네, 있어요. ○○카드요, 이불이요, 인형이요.

교사: 그래, 그 소중한 물건을 너희들은 어떻게 대하니?

유아: 예쁘게 안아주고 조심조심 만져요.

교사: 만약에 너희들이 소중하게 생각하는 것을 다른 사람이 때리고 버리거나 던지고 찢어버리면 어떨까?

유아: 너무 속상할 것 같아요.

교사: 그렇구나. 유치원에 있는 물건들도 아주 소중한데 그것을 함부로 다뤄서 망가지면 우리 마음이 어떨까?

유아: 속상할 것 같아요.

교사: 그래, 그러면 유치원에 있는 물건들을 어떻게 다루면 좋을까?

유아: 소중하게 만져요. 조심조심 다뤄요.

교사: 물건을 소중하게 다뤄준다는 너희들 생각이 너무 예쁘구나. 장난감을 소중히 여기면 모두가 기쁠 것 같아. 선생님은 너희들이 가지고 있는 소중한 물건들처럼 유치원 물건들도 소중하게 대해주어서 너무 고마워. 그런데 말이야. 선생님은 유치원에 있는 물건도 소중하지만 희망찬 1반 친구들도 정말정말 소중해. 선생님은 선생님 집에 있는 보석보다 희망찬 1반 친구들이 더 소중해. 그래서 (반 친구 이름을 하나씩 불러가며) ○○이 보석, ㅁㅁ이 보석, 너희들은 훨씬 귀한 보석들이야.

이렇게 유아들에게 소중함을 이야기해주었더니 자신이 보석이라며 아주 기뻐하였습니다. 그다음부터는 '보석들 모여라'라고 말하면 유아들이 아주 기분 좋게 달려와 폭 안깁니다.

친구 말을 끝까지 들어주기

자기 생각을 말하기 전에 먼저 해야 할 것은 다른 사람의 이야기를 들어주는 것입니다. 진심으로 이야기를 잘 들어주는 방법은 자신이 하고 있던 모든 행동을 멈추고, 오직 그 사람에게만 집중하여 눈과 귀를 상대방을 향하게 하고 온 마음과 몸으로 들어주는 것입니다.

교사는 교실에서 말하고 있는 한 유아에게 집중하여 이야기를 들으려고 하는데, 옆에 있는 친구들이 듣지 않고 다른 친구들과 떠든다거나 친구의 이야기를 듣지 않고 눕거나 움직이는 등 다른 행동을 합니다. 이런 상황에서 교사는 말하는 친구의 이야기를 듣지 못하게 됩니다. 유아들이 친구의 이야기를 잘 들을 수 있도록 도와주는 활동을 소개합니다.

▶ 듣기 훈련

"선생님이나 친구가 말을 할 때는 두 눈은 친구를 바라보고, 두 귀는 친구의 이야기를 끝까지 들으며, 두 손바닥은 무릎에 두고 아무 말 하지 않고 친구의 이야기에 귀 기울여 봅시다. 누워서 들으면 내 이야기를 열심히 듣지 않는 것처럼 느껴지니 바른 자세로 앉으면 좋겠는데, 어떻게 앉는 것이 바른 자세일까요?"

아이들과 바른 자세를 하는 방법을 함께 도출하여 듣기에 대한 약속을 할 수 있습니다. 이렇게 듣기를 하면서 떠들거나 끼어드는 친구가 있다면 교사는 말하는 친구의 이야기를 끝까지 들어주며 끼어드는 친구에게 말하는 친구의 이야기를 함께 들어보자고 제안합니다. 교사가 끝까지 들어주는 태도가 가장 중요합니다. 좀 전에 끼어든 친구가 먼저 말한 친구의 이야기를 끝까지 다 들어줄 때까지 기다려줍니다. 유아가 잘 기다려주었다면 교사는 그 친구에게 이야기를 끝까지 들어주어서 고맙고 기다려주어서도 고맙다고 말하며 무슨 말을 하고 싶었는지 물어보며 이야기합니다.

이렇게 말하고 듣는 순서를 지켜서 말하도록 훈련을 해보는 것이 중요합니다. 그러다 보면 아이들은 친구들의 이야기를 듣고 말하는 기술이 점점 늘어납니다.

▶ 주말 지낸 이야기

주말 지낸 이야기를 발표할 때 아이들은 자신이 경험한 것만 관심이 있고 자신의 경험만 말하기에 급급합니다. 친구가 하는 이야기에 관심을 가질 수 있도록 방법을 조금 바꾸어보았습니다. 작은 포스트잇에 자신이 주말 지낸 내용을 그림으로 그립니다. 그것을 짝에게 소개합니다. 짝은 내가 하는 이야기를 듣고 그 내용을 소개합니다. 짝은 내가 소개한 내용을 잘 들어야만 친구들에게 소개할 수 있기 때문에 더 경청을 해야 합니다. 또한 친구의 이야기에 좀 더 관심을 가지게 되고 서로 더 친한 사이가 됩니다.

▶ **너는 무엇을 좋아하니?**

우리는 사실 내가 무엇을 좋아하는지, 친구가 무엇을 좋아하는지 관심이 별로 없기도 하고 잘 표현하지도 않습니다. 관심은 듣는 것에서부터 시작됩니다.

유아들 사진과 이름이 들어있는 종이를 각각 오려서 비밀 주머니에 넣습니다. 유아들에게 비밀 주머니에서 자신을 제외하고 친구 사진을 뽑으라고 합니다. 모든 친구가 뽑았으면 유아들에게 미션을 줍니다. 자신이 뽑은 사진의 친구에게 가서 무슨 색깔을 좋아하는지 물어보고 다시 자기 자리로 돌아와 앉아있으라고 합니다. 모든 친구가 다 앉으면, 한 명씩 돌아가면서 자기가 뽑은 친구가 좋아하는 색깔을 소개합니다. 이렇게 다 소개하면 다음에는 같은 방식으로 친구가 좋아하는 음식, 친구가 좋아하는 놀이, 친구가 좋아하는 장난감 등을 물어봅니다.

친구가 좋아하는 것을 알고 나면 관계가 훨씬 돈독해져서 공격적인 문제행동이 줄어듭니다.

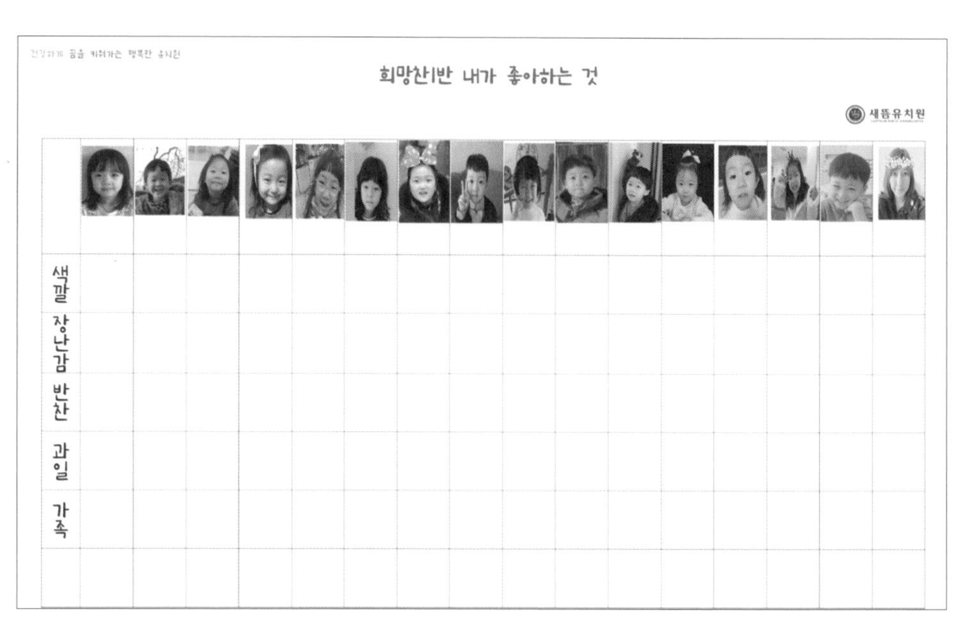

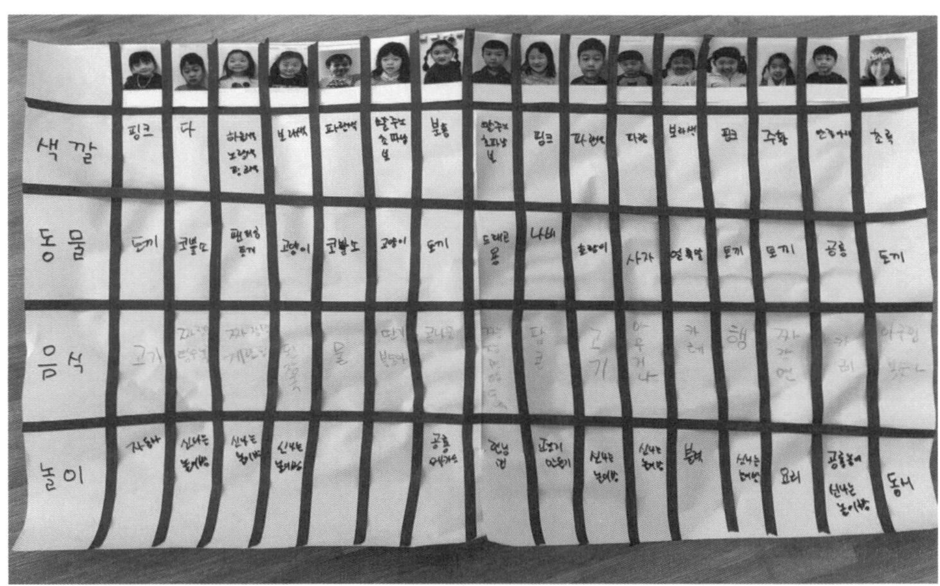

▶ 반 아이들이 집중을 안 해요

"얘들아, 모이자"라고 했는데도 아이들은 듣지 않고 놀이에만 집중합니다. 이야기 나누기를 하는데 다른 친구의 이야기를 듣지 않고 옆 친구와 장난을 치고 방해를 합니다.

교사는 아이들이 자신의 이야기를 듣지 않는 것도, 친구들의 이야기를 듣지 않는 것도 서로 존중하지 않는다는 느낌이 들어서 속상합니다. 집중이 되지 않고 소란스러운 상황이 속상하고 난감하고 어렵다 보니 교사는 갑자기 화를 내거나 소리를 질러서 아이들을 조용히 만들기도 합니다. 하지만 그러고 나면 교사와 유아의 관계가 좀 서먹해지고 불편해집니다. 교사와 유아의 좋은 관계는 유지하면서 유아들을 집중하게 하는 방법을 소개합니다.

"하던 일을 멈추고 선생님을 봅시다"고 말하면 유아들은 하던 일을 멈추고 두 눈은 선생님을 바라봅니다. 유아들이 10초 만에 멈추었다면 "친구들이 지금 10초 만에 선생님을 바라봐주어서 고마워요. 다음에는 5초 만에 선생님을 바라봐주면 더 고맙겠어요"라고 말하며 수업을 진행합니다.
이야기 나누기 시간에 발표하는 영희를 보지 않는다면 "하던 일을 멈추고 영희를 봅시다"라고 말하여 모두가 영희의 이야기에 귀를 기울이게 합니다.

말하기

▶ 예쁘게 말하고 행동해요

유아들이 친구들과 상호작용하는 것을 살펴보면 '넌 이것도 모르냐?' 등 친구에게 감정을 상하게 하는 말과 행동을 할 때가 있습니다. 허 선생님은 학기 초에 <친구를 잃어버리는 방법>, <세상에서 가장 힘이 센말> 등의 동화를 활용하여 수업을 많이 합니다. 이 동화를 듣고 나서 동화 내용과 비슷한 상황극을 만들어서 서로 입장에 대해 이야기를 나눕니다.

친구에게 듣고 싶은 말과 듣기 싫은 말을 구분하여 토론해보기도 합니다. 친구에게 듣고 싶은 말을 포스트잇에 쓰고 이것을 친구 얼굴에 붙입니다. 포스트잇이 붙은 친구는 입이나 안면근육을 움직여서 떨어지게 만듭니다. 떨어진 포스트잇을 자기가 가지는 게임도 합니다.

다양한 놀이와 활동을 통해 유아들이 예쁘게 말하고 행동하는 모습이 보이면, 즉각적인 칭찬과 격려를 합니다. 그러면 예쁘게 말하고 행동하는 모습이 처음보다 아주 많아질 것입니다.

▶ **상황에 맞게 행동해요**

많은 사람이 이용하는 곳에 다니거나 함께 있을 때는 다른 사람에게 방해되지 않게 행동해야 합니다. 존중의 기본이기도 하지요. 유치원 급식실이나 계단을 오르고 내릴 때 크게 노래를 부르거나 뛰다 보면 다칠 수도 있고 다른 사람에게 방해가 될 수도 있다는 것을 알려줍니다.

유아들이 상황에 맞게 말하고 행동할 수 있는 방법을 소개합니다.

목소리의 크기를 조절해요 다음과 같은 동화를 들려줍니다.

어느 가을날, 염소 할머니가 나들이를 가요. 코끼리가 아주 큰 소리로 인사를 했어요.

"안녕하세요?", "아이쿠 깜짝이야, 알맞은 소리로 해야지."

개미가 아주 작은 소리로 인사를 했어요.

"안녕하세요?"

"뭐라고? 안 들려."

파란반 친구들이 알맞은 소리로 인사를 하네요.

"안녕하세요?", "그래그래. 그렇게 알맞은 소리로 말해야지."

파란반 친구들은 칭찬을 받았대요.

어떤 소리가 알맞은 목소리일까요? "복도, 급식실에서의 우리 목소리의 크기는 0~4 중에서 어느 정도의 목소리 크기로 말하면 좋을까요?"라고 물어보며, 여러 가지 상황을 살펴보며 유아들과 토론해보고 목소리를 내어보며 연습해봅니다.

0- 친구가 말하는 것을 들을 때

1- 복도, 급식실, 도서관

2- 자유놀이를 할 때

3- 강당에서 놀이할 때, 노래 부르기, 발표할 때

4- 위험한 상황에서 도움을 요청할 때

공공질서 예절_침묵 게임 교실에서 유아들과 침묵 게임을 해봅니다.

"지금부터 선생님이 손가락으로 다섯을 셀 때까지 침묵하는 게임을 해볼 거예요. 침묵 게임은 몸은 '얼음' 상태에서 아무 말도 하지 않고 조용하게 기다리는 거예요. 침묵 게임에서 침묵을 깨트리면 어깨로 이름 쓰기(약간의 재미있는 벌칙)를 할 거예요"라고 말한 다음 다섯까지 세면 유아들은 침묵 게임을 완벽하게 해낼 것입니다.

"다섯까지 침묵 게임을 참 잘했어요. 이번에는 열 셀 때까지 해볼까요?"

수를 조금씩 늘려가면서 침묵 게임을 하면 교실 분위기도 조금은 차분해지기도 합니다. 침묵 게임처럼 정적인 활동도 게임으로 즐겁게 유도해볼 수 있습니다.

교실뿐만 아니라 복도를 지나거나 계단을 내려올 때도 자연스럽게 침묵 게임을 하면서 차분하게 내려올 수 있습니다

아이들은 즐거워야 한다

성경 구절에 '네 자녀를 노하게 하지 말라'는 내용이 있습니다. 서로 존중해주고 존중받는다는 것은 유아와 교사 서로에게 즐거움을 주기 위해 노력하는 것입니다. 아이들이 가정에서 받은 스트레스를 유치원에서 풀고 가도록 매일 한 가지씩 즐거운 신체놀이를 해보세요.

다양한 신체놀이는 아이들의 기분을 좋게 합니다. 친구들과 쉽게 친하게 만들어줍니

친구와 손잡고

신나는 파라슈트

친구에게 하고 싶은 말 붙이고
포스트잇 입으로 불어서 떼기

다 교사와 유아, 유아와 유아와의 상호작용도 활발해집니다.

여러 가지 성격 유형을 이해하고 존중하기

바쁜 현대사회에서 우리는 자신을 잘 모르고 살아갑니다. 자신의 성격 유형을 먼저 알고 다른 사람의 성격 유형을 파악하게 된다면 서로 더 잘 이해하고 존중하게 됩니다. 제 경우에는 에니어그램과 MBTI를 통해 다른 사람의 성격과 내 성향을 파악하고 이해하는 데 큰 도움이 되었습니다.

여러 가지 성격 유형을 알기 전에는 유아들의 문제 상황이나 갈등 상황에 규칙과 규범을 우선시하여 엄격한 잣대로 다루게 되지만, 유아의 성격 유형을 알고 있으면 융통성을 가지고 유아들을 이해하게 됩니다.

친구가 갖고 싶어 하는 장난감이 있을 때 무조건 양보하는 영수가 있는 반면, 무조건 차지하는 현진이가 있습니다. 장난감 양보를 잘하는 영수는 원래 배려심이 깊은 성향입니다. 하지만 항상 장난감을 가져가는 현진이가 당연하다는 듯 가져가면, 영수는 자신의 배려심을 몰라주어서 마음속으로 속상할 뿐 말로 표현하지 못하고 속앓이를 합니다. 반면 현진이는 친구의 것을 빼앗더라도 자기가 하고 싶은 대로 하는 성향으로 친구가 배려해준 것에 대한 고마움을 모릅니다.

이렇듯 유아들은 같은 연령과 성별이라 하더라도 개별 유아의 성격 유형은 다릅니다. 개별 유아의 성격을 이해하고 존중해주면 됩니다. 부모에게도 개별 유아의 성격 유형에 따른 행동 및 성향을 설명하고 이에 따른 지도 방법에 대해 상담을 합니다. 교사가 유아들의 성격 유형을 이해하게 되면 학급에 긍정적인 변화가 일어날 것입니다.

에니어그램에서는 성격 유형을 다음에 나오는 표와 같이 9가지로 봅니다. 물론 유아를 이 성격으로 나누기에는 섣부르지만, 크게 나타날 수 있는 것만으로 분류했습니다. 다음의 에니어그램 성격 유형은 아주 기본적인 설명입니다. 유아들을 보면 1번 유형처럼 보이기도 하고 2번처럼 보이기도 하고 1번과 2번을 같이 보이기도 하면서 좀 헷갈릴 수도 있습니다. 예시된 유형은 아주 기본 설명이므로 이것을 가지고 아이를 쉽게 판단해서는 안 됩니다.

구분	성격 유형	특징	유아에게 나타나는 특징
	2번 유형 조력자, 지지자, 신의 오른손, 도와주는 사람	● 동기: 사람들에게 사랑받고 가치 있는 사람으로 여겨지는 것 ● 특징 1. 자신의 이미지, 즉 다른 사람들이 자신을 어떻게 생각할지를 중요하게 여긴다. 2. 다른 사람들과의 관계에 집착하는 경향이 있다. 자신이 거부될 때 수치심, 서운함을 느낀다. 3. 정이 많고 곤경에 빠진 사람들에게 도움의 손길을 뻗치며 주변 사람들에게 도움이 되는 일을 마다하지 않는다. 4. 타인이 필요로 하는 것에 몰두하지만, 타인의 도움이 필요한 자신에 대해서는 자각하지 못하여 자신의 몸과 마음을 사랑하는 것에는 소홀하다. 5. 예리한 직감을 갖고 있고 주위 사람들의 기분을 이해하고 거기에 맞출 수 있기 때문에 적응력이 뛰어나다. 6. 다양한 자기 모습을 갖고 있어 상대방에 따라 다른 모습을 연출할 수 있다.	+ 교실에서 교사나 친구의 불편한 점을 먼저 파악하여 많은 도움을 준다. + 양보를 잘하고 아픈 친구를 보면 마음 아파하며 적극적으로 도와줌 + 수업시간에 긍정적인 반응을 보이며, 사람을 쉽게 잘 믿고 따름 - 자신이 잘한 부분을 '저 이거 했어요' 라고 말하며 인정받고자 하며, 자신의 마음을 잘 몰라줄 때 많이 속상해함 - 다른 사람은 잘 챙기나 자신의 물건과 자신의 몸과 마음을 스스로 챙기지 못함 - 친구들과의 관계에 많이 집착하여 인기가 많기를 원함
감정형 (사랑) 인정, 가치 수치심 적대감	3번 유형 성취가, 실행가, 동기 유발자, 끊임없이 행하는 사람	● 동기: 인정받고 성공적이며 효율적인 사람이 되고 싶은 욕구 ● 특징 1. 다른 사람에게 좋은 모습으로 보여지기를 원한다. 자신이 실제로 느끼는 것보다 밖으로 보여지는 것을 매우 중요하게 여긴다. 2. 효율을 중시하고 목표를 달성하기 위해서는 끊임없이 노력한다. 3. 자신이 속한 집단에서의 역할을 성공적으로 해내기 위해 노력한다. 4. 자존감은 성공적으로 해내기 위해 노력한다. 5. 외적인 성취와 자신을 동일시하는 경향이 있다. 6. 성공과 효율을 중요시하다 보니 실패할 것 같은 일이나 목표 달성에 방해가 되는 자신과 타인의 감정을 회피하는 경향이 있다.	+ 자신이 다른 사람에게 좋은 모습으로 보여지기를 원하여 옷을 멋지게 입고 겉으로 드러나는 이미지를 중요하게 여김 + 자신이 속한 모둠이나 학급이 최고가 되기 위해 열심히 노력함 + 그림 그리기나 만들기 등의 활동을 할 때 다른 친구들보다 좀 더 빠르게 잘하는 경향이 있음 - 할 수 있는 목표에만 도전 - 자신의 목표에 집중되어 있을 때는 타인의 감정을 회피하여 개인적이고 이기적으로 보일 때가 있음
	4번 유형 예술가, 시인, 독특한 사람, 낭만적인 사람	● 동기: 사람들에게 사랑받고 가치 있는 사람으로 여겨지는 것 ● 특징 1. 자신의 감정을 표현하려고 하며 특별하게 보여야 한다고 생각한다. 2. 항상 현실을 이상과 비교하기 때문에 자기 자신이나 자신이 갖고 있는 것에 대해 불만을 품는다. 3. 자신은 특별한 사람이라고 자부하고 있으며 무엇보다도 감동을 중시하고 평범함을 싫어한다. 4. 다른 사람들보다 슬픔이나 고독 등도 진하게 느낀다. 5. 거부당하는 것을 방어하기 위해 감정적 민감성을 사용하여 감정의 롤러코스터를 자주 경험한다. 6. 자신에 대한 사랑이 깊지만 자신이 사랑받지 못하면 어떡할까 두려움에서 시작한다.	+ 예술 감각이 뛰어나 미처 생각하지 못한 훌륭한 창의적인 결과물이 나옴 + 복잡한 것을 관찰할 때 섬세하게 특별한 것들을 잘 찾아냄 + 독특하고 특별한 것을 좋아하여 특이한 옷, 친구들과 다른 독특한 작품이 많음. - 다른 친구들보다 감정의 기복이 많고 슬픔이나 고독이 더 깊음 - 자신만이 느끼는 특별한 한 가지 문제로 인해 수업에 집중하거나 방해하기도 함

구분	성격 유형	특징	유아에게 나타나는 특징
사고형 (지혜) 신념 안정 두려움 불안 도피	5번 유형 사색가, 철학자, 현자, 관찰자, 탐구자	● 동기: 무엇이든 알고, 이해하며 독립적이고자 하는 욕구 그리고 자신의 감정에 휩쓸리거나 감정이 침해당하는 것을 피하고자 하는 욕구 ● 특징 1. 두려움이 많고 사람들에 대해 매우 민감하며, 정보를 축적하는 것을 좋아하고 혼자서 자신의 관심사를 추구하는 것을 좋아한다. 2. 분석력과 통찰력이 뛰어나며 객관적이고 초연한 태도를 일관되게 유지하려고 한다. 3. 자신의 내면으로 움츠려 들어서 이해하는 것으로써 두려움에 반응한다. 자신의 감정을 느끼는 것을 두려워한다. 4. 행동을 하기 전에 정보를 열심히 수합해서 상황을 정확하게 파악하려 하나 아무리 그래도 행동하기에는 부족하다고 생각한다. 5. 고독을 즐기는 경향이 강하고 자신만의 시간과 공간을 아주 중요하게 여긴다. 6. '지혜로운 사람', '현명한 사람', '무엇이든지 잘 아는 사람'이라는 자신의 모습에 가장 큰 만족을 드러낸다.	+ 공룡, 역사, 식물 등 알고 있는 지식이 많고 자신이 똑똑한 것을 주변에서 인정해주는 것을 매우 좋아함 + 일어난 상황에 대해 객관적이고 논리적으로 설명함 + 차분하고 조용한 성향이 있음 - 다른 성격 유형보다 다른 사람에 대한 공감 능력이 부족하여 친구가 속상함을 표현해야 이해함 - 책 읽기, 레고 놀이 등을 할 때 함께하는 놀이보다 혼자 놀이하는 공간을 좋아함
	6번 유형 헌신가, 수호자, 경찰, 탐정, 충실한 사람	● 동기: 안전하고자 하는 욕구, 공포형 6번은 두려움을 드러내고 승인을 구하려 하고 반공포형 6번은 대담하고 도전적이며 자신의 두려움을 숨김 ● 특징 1. 부정적인 시나리오를 예상하고 잘못된 일에 대피책을 세우는 것으로 자신의 걱정과 두려움에 반응한다. 2. 많이 생각하지만 결론이 나질 않는다. 충분히 생각한 후 행동을 하더라도 나중에 후회하기도 한다. 3. 공포형 6번은 조심성이 많고 불평이 많으며, 의존적이다. 무의식적으로 권위를 가진 인물의 보호를 얻으려고 애쓴다. 반공포형 6번은 도전적인 면 뒤에 공포를 숨기고 권위에 반항한다. 보통 공포형과 반공포형을 모두 갖고 있다. 4. 책임감이 강하고 안전을 추구하며 친구나 자기가 믿는 신념에 가장 충실한 사람들이다. 5. 전통이나 단체에 충성심이 강하며 공동체에 헌신한다. 6. 신중하며 거짓말을 모르고 협조적이며 조화를 이루며 믿음직스럽다.	+ 안전을 추구하며 유치원 활동에 헌신적으로 참여함 + 책임감이 강하고 친구와의 약속을 중요하게 생각함 + 신중하고 거짓말을 모르고 협조적임 - 겁이 많아 계단을 오르내릴 때 불안감으로 인해서 손잡이를 꼭 잡고 오르내림 - 신중하여 일의 추진이 느림
	7번 유형 낙천가, 모험가, 열정적인 사람, 엔터테이너, 르네상스맨	● 동기: 행복해지고 세상에 공헌하고, 고통을 피하려는 욕구 ● 특징 1. 겉으로는 두려워하지 않는 것처럼 보이지만, 실제로는 회피 반응으로써 두려움과 고통으로부터 도망치고 있는 것이다. 2. 많은 일을 계획하고 계속 바쁘게 움직임으로써 불안을 거부하거나 억누른다. 3. 모든 일을 낙관적으로 보려고 하며 밝고 명랑하다. 4. 자기 주변에서 즐거움을 찾아내는 능력이 뛰어나다. 5. 좋아하는 사람이 주변에 많이 있으며, 자기 자신도 매력적인 인간이 되려고 노력한다. 6. 아이디어와 상상력이 풍부하며 호기심이 많으며 '항상 즐겁다', '너무나 유쾌하다', '앞으로의 계획이 무궁무진하다'라는 것에 만족을 얻는다.	+ 밝고 명랑한 성격으로 다른 사람을 웃기게 만들고 싶어 함 + 에너지와 아이디어가 넘침 + 흥이 많고 매사에 긍정적임 - 넘치는 에너지로 일을 많이 벌이고 수습이 잘 안 됨 - 정리정돈이 어려움, 자유분방 - 집중이 어렵고 약간 산만함

구분	성격 유형	특징	유아에게 나타나는 특징
본능형 (힘) 자아 경계 무력 자력 분노 억압	8번 유형 지도자, 도전적인 사람, 리더, 주장이 강한 사람	● 동기: 독립적이고 강해지는 것, 세상에 영향력을 미치는 것 ● 특징 1. 강한 에너지를 가지고 있으며 자신감이 있고 적극적이다. 2. 진실하고 정의를 추구하는 경향이 있다. 3. 자신의 내면에 있는 감정, 여린 부분을 만나려 하지 않는다. 외강내유 4. 남에게 뭔가를 강요하고 강력하게 주장하는 경향이 있다. 5. 강한 경계를 갖고 있으며 경계 내에는 부드럽지만 경계 밖에는 강하며, 경계가 침해되는 상황이나 침해하려는 사람에게 분노한다. 6. 자신이 통제되거나 상황을 효과적으로 통제하지 못할 때 거짓말하는 사람이나 상황에서 분노하고 자신의 정의를 관철시키기 위해 복수심을 갖기도 한다.	+ 자신감과 당당한 에너지로 모든 일에 적극적임 + 자신보다 약한 친구에게 잘 도와줌 + 리더십이 강하여 따르는 친구가 많음 - 이기고 지는 게임을 좋아하며 게임에서 지는 것을 매우 싫어하며 이기기 위해서 때로는 반칙을 하기도 함 - 에너지가 넘쳐서 모든 일에 1등을 하고 싶어 하여 자신이 가장 빨리 가장 많이 하고 싶어 하며, 새치기를 많이 함 - 모든 것을 힘으로 제압하고 이기고 싶어 하여 다툼이 일어나기도 함
	9번 유형 중재자, 화해자, 평화주의자, 갈등을 피하는 사람	● 동기: 조화롭게 살고 다른 사람들과 화합하여 갈등을 피하는 것 ● 특징 1. 사람들과 잘 어울리고 이해하고 돌봐주며 조화롭고 타인의 영향을 잘 받는다. 2. 갈등 상황을 피하려 하며 결단을 내리거나 자기주장 하는 것을 어려워한다. 3. '안정감'과 '조화', '평화'로운 상태에서 가장 큰 만족을 느끼며 이에 집착한다. 4. 내면에서 일어나는 자신의 욕구를 잘 모르고 지나쳐 버리며 태만하기 쉽다. 5. 사람들은 9번이 분노하지 않는다고 생각하지만, 깊은 곳에서 부글부글 끓어오르다 가끔 폭발한다. 6. 분노를 직접 표현하기보다는 수동적으로 공격하는 경향이 있다.	+ 평화와 조화로움을 좋아함 + 활동적인 놀이보다 정적인 놀이를 선호함 + 양보심이 많고 신중하여 차분하게 천천히 말하고 행동함 - 블록을 친구와 함께 놀이하다가 자기도 놀고 싶지만, 싸움이 싫어서 친구에게 양보함 - 선택하는 것을 어려워하고 우유부단함 - 갈등보다 평화를 좋아하여 게임 활동 시 참여보다 중재 역할 선호
	1번 유형 개혁자, 재판관, 본보기, 이상주의자, 완벽주의자	● 동기: 자신을 발전시키고 바르게 살고자 하는 욕구 ● 특징 1. 모범적이고 바르게 행동하려고 노력하며 완벽하게 하려고 노력한다. 2. 모든 일을 완벽하게 하려고 최선을 다한다. 3. 높은 이상을 갖고 있고 이를 이루기 위해 최선을 다해 노력한다. 4. 공정함, 정의, 정직, 신뢰, 원칙을 추구하며 자신의 윤리관에 자신감을 갖고 있다. 5. 너무 높은 기준 때문에 자신이나 타인에 만족하기 어렵고 끊임없이 자신을 채찍질하고 기준에 미치지 못하는 자신과 타인에게 분노하고 비판한다. 6. 지나치게 엄격하며 타인을 판단하려고 한다. 7. 자신은 합리적이고 논리적이라고 생각하나 자기비판에 사로잡혀 있다.	+ 유치원에 들어와서 스스로 정리정돈을 잘하며 가장 모범적이고 바르게 행동하려고 노력하며 완벽하게 하려고 노력함 + 친구들이 잘못된 행동을 했을 때는 고쳐주려고 함 + 모든 활동에 최선을 다하며 잘하기 위해 노력함 - 자신의 실수를 용납하기 힘들어함 - 원리·원칙주의로 융통성이 부족

이 성격 유형을 소개한 이유는 교사 자신만의 잣대로 아이를 판단하지 말고 여러 성격 유형의 아이들을 인정하고 존중해주었으면 하는 바람 때문입니다. 에니어그램에 관심이 있다면, 이과 관련된 다른 참고도서 및 각종 연수를 통해 더 심도 있게 살펴보시기 바랍니다.

책임

책임이란 '맡아서 행해야 할 의무나 임무. 또는 그것에 대한 추궁이나 의무를 지게 되는 제재'를 의미합니다. 유아가 준비물 가져오지 않았을 때 '엄마가 안 챙겨줘서요'라고 하거나 친구가 가지고 놀던 장난감을 지나가다가 무너뜨리고 나서 거기에 대한 사과를 하지 않는 등 책임의식이 부족한 상황을 많이 볼 수 있습니다. 유아기부터 자신이 한 행동에 대한 책임의식을 길러주어야 합니다.

책임과 약속은 교사 먼저

약속이란 자신에게 주어진 역할을 정확하게 이행하여 자신의 장래의 일을 상대방과 미리 정하여 어기지 않을 것을 다짐하는 것으로서 자신의 능력을 조절하여 하고자 하는 임무를 완성하는 책임과 관련이 있습니다. 약속을 잘 지키는 사람은 책임감이 강해 신뢰감도 높아집니다.

유아들과의 약속도 마찬가지입니다. 유아들은 약속에 아주 민감하게 반응합니다. 학기 초에 유아들에게 하루 일과의 활동 순서를 알려주거나 협의를 했으면 활동 순서를 그대로 지켜야 합니다. 활동 순서는 교사와 유아들 사이의 약속이니까요. 활동 순서를 어기거나 교사 마음대로 변경하면, 유아들은 교사를 신뢰하지 않으며 교사와의 약속을 지킬 필요가 없다고 생각하게 됩니다.

예를 들어, 색종이 접기 영역에 빨간색 색종이가 없다고 유아들이 알려주어 내일은 빨간색 색종이를 가지고 오겠다고 약속했다면, 꼭 빨간색 색종이를 가져다 놓아야 합니다. 그러고 나서 "선생님이 너희들과의 약속을 지키기 위해서 빨간색 색종이를 자료실에 내려가자마자 챙겨두었어. 오늘 빨간색 색종이를 너희들이 잘 사용하는 모습을 보니 선생님은 너무 흐뭇해"라고 이야기해줍니다. 교사도 약속을 지키고자 노력하는 모습을 보여주는 것이 중요합니다.

만약 색종이를 못 가지고 왔다면 "선생님이 빨간색 색종이를 가지고 오려고 했는데 빨간색이 없어서 비슷한 색종이를 가지고 왔어. 정말 미안해. 다음에는 빨간색 색종이를 꼭 가지고 올게"라고 유아들과의 약속을 지키기 위해 최선을 다하는 모습을 보여줍니다. 그러면 교사와 유아와의 신뢰도 높아지고 유아들도 교실에서 지켜야 할 약속을 어기지 않고 지키기 위해 노력하게 됩니다.

적절하게 감정 표현하여 사과하기

친구를 놀리거나 때렸을 때 유아들은 그냥 단순하게 '미안해' 하고 지나가 버립니다. 맞은 친구는 단순한 사과를 받아들이기가 어렵습니다. 왜냐하면 진심이 없기 때문이죠. 그래서 친구의 감정을 이해하고 받아주는 활동을 많이 해야 합니다.

▶ 감정 카드로 표현하기

활동 후 평가 시간에 "오늘 미술 활동을 친구들과 해보았는데 어땠어요?"라고 물어보면 아이들이 대부분 "좋았어요" 또는 "재미있었어요"라고 말합니다. 감정 카드를 활용하여 유아들이 자신의 감정을 다양하게 표현할 수 있도록 도와주세요.

예를 들어, 카드의 그림처럼 얼굴 표정 지어보기, 자유선택활동했을 때 기분을 카드

감정 카드, 한국진로교육센터

를 이용해서 말해보기, 현재의 기분을 나타내는 카드를 하나 골라 그 감정이 든 이유 말해주기, 자신의 감정을 친구들에게 설명하고 그 감정을 맞춰보는 감정수수께끼, 친구의 감정을 듣고 내가 느끼는 감정을 카드로 표현해주기 등을 해보세요. 유아들의 감정표현은 더욱더 풍부해질 것입니다.

스스로 정리해요

놀고 난 다음에는 놀잇감을 유아들이 스스로 정리하는 것이 당연하지만, 유아들에게는 스스로 정리하는 것이 사실 어렵습니다. 교사가 함께 정리를 도와주며 정리를 잘할 수 있도록 지원하고 지지해주는 것이 좋습니다.

▶ 오늘은 쉽니다

자기가 놀이한 물건을 스스로 정리해야 한다는 것을 알면서도 어떨 땐 정리가 힘들기도 합니다. 정리하기가 싫을 때도 있습니다. 유아들이 스스로 정리하기 힘들 땐 교사가 도와주기도 하지만, 정리가 되지 않는 이런 상황이 습관이 될 수도 있습니다. 그래서 정리는 유아들의 몫임을 인지하게 한 후 정리하는 시간을 충분히 주고 그래도 안 되었을 때 유아들과 이야기를 나누었습니다.

교사: 선생님은 유치원 다닐 때 놀이하는 건 재미있는데, 놀다가 보면 정리하는 게 정말 힘들고 싫더라.
유아: 맞아요. 너무 많이 꺼내놓으면, 정리할 게 너무 많아서 정리하기가 싫어요.
교사: 그렇구나. 그러면 어떻게 정리하면 좋을까?
유아: 놀이한 장난감을 조금씩 꺼내고 놀이가 끝난 다음에는 바로바로 정리해요.
교사: 그렇구나. 너희들이 사용한 장난감을 정리하지 않고 그냥 가서 다른 사람이 정리하는 건 어때?
유아: 내가 만들고 놀이한 놀잇감은 내가 정리해야 해요.
교사: 정리 시간을 20분을 주었는데도 정리가 안 되고 계속 놀이하고 싶으면 어떻게 하지?

유아: 정리 약속을 지키지 않아서 다음번에는 쉬어야 할 것 같아요.

교사: 그래, 그래도 괜찮아?

유아: 네, 약속이니까요.

이렇게 약속을 하고 일주일이 지났을 때 정리정돈 시간을 주었는데 정리가 되지 않아 '오늘은 쉽니다' 라고 쓴 종이를 붙이고 그다음 날 역할 영역을 하루 동안 사용하지 않았습니다. 아이들은 자신들이 약속을 지키지 않아서 생긴 결과이기 때문에 어쩔 수 없이 받아들이고 그 이후로는 정리를 잘하게 되었습니다.

시간 조절

유치원 수업에서 유아들과 함께하는 하루 일과는 3~5시간입니다. 이 시간은 효율적으로 쓸 수도 있지만, 그저 때우면서 낭비하거나 지루한 시간이 될 수도 있습니다. 유아들이 스스로 시간을 잘 조절해서 사용할 수 있도록 도와주어야 합니다.

▶ 시간 벌레 이야기

아이들은 놀이를 할 때 몰입하다 보니 자유선택활동이 짧게 느껴질 때도 많습니다. 1시간 놀았지만, 부족하다고 말합니다. 강당에서 신나게 신체활동을 하거나 바깥 놀이를 할 때 30분을 놀았지만, 부족하다고 말합니다. 또한 화장실에 들어가서 쉬하고 나와서 손을 씻을 때 거품을 내며 놀다가 다른 놀이를 못 하게 되는 경우도 있습니다. 특히 전이시간(이동 전 화장실 다녀오기, 손 씻기 등)이 길어져서 본 활동을 못 하게 되면 아이들도 안타깝고 교사도 안타깝습니다. 그래서 유아들에게 이런 이야기를 해주었습니다.

"만약에 유치원에서 시간이 1에서 10까지 있다면 우리는 어떻게 사용해야 할까요? 그래서 선생님은 1에서 2까지는 화장실 다녀오는 시간으로 정하고, 2에서 5까지는 자유 선택하는 시간으로 하고 싶어요. 또 5에서 6까지는 점심 먹는 시간이고, 6에서 10까지는 강당에서 놀이하는 시간으로 생각하고 있었어요. 그런데 한 친구가 화장실 다녀오고 손 씻을 때 물장난을 치고 거품 놀이를 해서 시간이 4까지 가버렸어요. 그래서 자유선택활동 시간이 4에서 5까지만 놀이할 수밖에 없어요. 선생님은 친구들이 2에서 5까지 놀이할 수 있도록 도와주고 싶은데 참 안타깝네요. 점심 먹는 시간이 5에서 6까지인데 점심 먹으면서 이야기하다 보니 9까지 가버렸네요. 그래서 강당에서 놀 수 있는 시간이 점심 먹는 시간보다 더 줄어드는데 어떻게 하죠? 시간 벌레가 시간을 자꾸만 잡아먹네요. 우리가 놀이할 수 있는 시간이 하루 종일 있지 않고 시간 벌레가 자꾸 먹어서 없어지거든요."

화장실, 손씻기	자유선택놀이	손씻고 화장실 다녀오기	점심	양치하기	강당

화장실, 손씻기	자유선택놀이	손씻고 화장실 다녀오기	점심	양치하기	강당

이 이야기를 해주면 유아들이 시간을 좀 더 조절하고 필요 없는 시간을 쓰지 않는지 생각하게 되면서 시간을 효율적으로 쓰게 됩니다. 유아들에게 시간의 중요성을 알려주는 것은 매우 중요합니다.

준비물 챙기기: 엄마가 안 챙겨주셨어요

유치원에서 가정통신문에 월요일에는 가족사진을 보내 달라고 안내하고 아이들에게도 가족사진을 가져오라고 이야기합니다.

가족사진을 가지고 발표를 하는 사람은 유아 자신인데도 아이들은 "엄마가 안 챙겨주셔서 못 갖고 왔어요"라고 말합니다. 그래서 저는 이렇게 말합니다. "엄마가 찾아주시기도 하지만, 네가 준비해와야 할 물건이니까 엄마에게만 미루지 말고 네가 엄마에게 부탁을 해서 함께 가족사진을 찾아서 가방에 넣어두면 어떨까?"

책임은 자기 물건을 챙기는 것에서부터 시작입니다. 아이들이 스스로 챙길 수 있도록 알려주어야 합니다.

그 이야기를 한 후 칫솔모가 다 되어서 아이들에게 칫솔모가 다 마모되었으니 새 칫솔을 가져오라고 통신문에는 남기지 않고 말로 전달했는데 몇 명은 가지고 왔습니다. 유아도 스스로 책임감을 가지고 올 수 있다는 걸 알게 되었습니다.

행동 조절

인간의 뇌에는 감정을 조절하는 변연계, 도덕적 판단을 할 수 있도록 도와주는 전두엽이 있습니다. 생각이 가치관을 형성할 수 있도록 도와주고 그 가치관이 행동을 조절할 수 있도록 도와주어야 합니다.

계단을 오르고 내릴 때 위험하게 행동하는 친구들을 볼 수 있습니다. 여러 차례 이야기해도 아이들은 계단을 두 칸씩 내려오거나 난간을 타는 등의 위험한 행동을 하고 싶은 욕구가 있습니다. 이러한 감정과 욕구를 조절할 수 있도록 이끌어주고 도와주어야 합니다. 혼을 내거나 벌을 주는 방식이 아니라 계단을 안전하게 이용하는 방법을 알려주고 그래도 안 될 때는 반복 연습을 하여 스스로 행동을 조절할 수 있도록 합니다.

점심을 먹고 계단을 올라가서 양치를 하고 체육실에 가는 시간입니다. 체육실에 갈 들뜬 마음에 두 계단씩 올라가거나 급하게 뛰어가려는 친구들이 있습니다. "체육실에 가고 싶은 마음에 많이 기분이 좋구나. 그런데 두 계단씩 올라가거나 급하게 뛰어 올라오다가 다칠까 봐 너무 걱정이 되는구나. 오늘은 체육실에서 놀이하는 대신 계단을 안전하게 오르고 내리는 방법에 대해 다시 한번 연습해보아요"라고 하니 "아니에요. 연습하지 않아도 안전하게 걸을 수 있어요"라고 말하며 안전하게 걸어갑니다. 아이들이 안전하게 행동을 스스로 조절하여 실천할 수 있도록 도와주는 것이 교사의 역할이라고 생각합니다.

놀이

놀면서 배우는 시간

유치원에서 유아들은 언제 배울까요?

교사는 교육 목표 달성을 위해 적절한 발문을 고민하고 실물 매체를 준비하는 등 여러 노력을 기울입니다. 그러다 보니 자신이 정해놓은 수업 속에서만 교육 목표를 달성하려는 함정에 빠지기 쉽습니다. 유치원에서 유아들의 배움과 성장이 일어나는 순간은 놀이, 일상생활이라는 삶 전체에서 이루어진다는 것을 기억해야 합니다. 교육과정은 단위 수업뿐 아니라 하루 일과 전반에 걸쳐 이루어지는 것입니다. 교사는 개별 유아가 가지고 있는 목표에 관심을 가지고, 배움의 과정에 따라 계속해서 변화하는 목표를 파악하고, 지원해야 합니다.

유치원에서 유아들은 어떻게 배울까요?

유아들은 무엇을 할지 생각하고, 교실 속 다양한 자료를 활용하여 자유롭게 놀이합니다. 놀이 속에서 자료, 공간, 친구, 교사 등과 관계를 맺음으로써 자신의 경험을 꺼내고 교류하는 과정을 통해 배웁니다. 놀이는 유아가 경험을 통해 배운 것을 정교화하고 통합하며 확장하는 중요한 시간입니다. 놀이는 교육과정의 모든 영역을 통합하는 장입니다.

하지만 이렇게 중요한 놀이 시간은 교사가 어떻게 운영하는가에 따라 의미 있는 배움의 시간이 되기도 하고, 그렇지 못한 시간이 되기도 합니다. 놀이 시간을 '자유선택활동'이라고 불리던 시기, "선생님, 이제 놀아도 돼요?"라는 유아들의 말은 놀이중심 교육의 관점을 전환하는 계기가 되었습니다. 자유롭게 선택하는 놀이 시간임에도 불구하고, 놀이 영역을 형식적으로 선택하고, 교사가 준비한 활동을 수동적으로 경험하는 시간을 가져왔던 것입니다. 본래 '자유선택활동'은 놀이에서 유아들이 스스로 선택하고 책임 있는 존재로 성장하기 위한 시간이었습니다. 그러나 유아들의 관심과 흥미에 무관한 놀이를 진행하거나 영역별로 골고루 놀아야 한다는 강박 등의 한계를 드러내기도 했습니다.

선생님이 생각하는 놀이는 무엇인가요? 우리는 놀이의 기본적인 속성이 놀이 시간에 반영되어 있는지 돌아볼 필요가 있습니다.

놀이에 대해 생각해보기

- **유아들이 즐겁게 할 수 있는 놀이인가요?**
- **유아들이 스스로 시작한 놀이인가요?**
- **유아들이 주도성을 가지고 있는 놀이인가요?**
- **체험할 수 있는 놀이인가요?**
- **여러 가지 경험을 할 수 있는 놀이인가요?**
- **반복적으로 할 수 있는 놀이인가요?**
- **유아들이 과정을 즐기고 몰입할 수 있는 놀이인가요?**

놀이는 유아들의 발달을 반영하기도 하고 촉진하기도 합니다. 유아들은 자신의 흥미, 욕구, 발달 수준 등을 놀이로 표현합니다. 그래서 교사는 놀이하는 유아를 관찰하고 수준을 파악하여 지원해 나갑니다. 표면적인 수준에서 유아들의 놀이 장면을 바라보면 "도대체 무엇을 하고 있는 거지?" 하고 이해할 수 없지만, 깊이 들여다보면 내적으로 나름의 학습을 진행하고 있습니다.

반면, 정말 무엇을 해야 하는지 몰라서 교사의 도움을 필요로 하는 유아도 있을 것입니다. 교사는 상호작용을 통해 유아의 흥미를 이끌어내야 합니다. 그러기 위해서는 개별 유아들에게 다가가 그들이 가지고 있는 관심과 흥미를 발견하고, 이를 통해 배움의 계기를 마련해야 할 것입니다.

이때 교사는 일방적으로 무엇을 알려주려고 할 것이 아니라 유아들과 함께 깨닫고 발견하는 공동학습자가 되어야 합니다. 유아와 유아가 서로 생각을 나누면, 함께 배우는 과정에서 집단 역동성을 이루어갈 수 있을 것입니다.

놀이 공간을 자유롭게!

공간은 유아의 행동을 변화시킵니다. 놀이 공간은 크기, 구분 등에 따라 유아의 놀이 행동에 영향을 미치고, 역으로 유아들의 놀이 행동이 공간을 변화시키기도 합니다.

넓히거나 좁히거나

예전에는 '흥미 영역'의 인원수를 어떻게 제한할 것인가에 대한 관심이 많았습니다. 참여하고 싶은 유아가 너무 많은 경우를 예방하여 갈등 상황을 최소화하는 것이 우선시 되었던 것 같습니다.

유아들의 흥미와 참여도에 따라 놀이 공간의 크기는 언제든지 바꿀 수 있습니다. 놀이에 따라서 놀이 공간은 넓어지기도 좁혀지기도 합니다. 좁은 공간이 오히려 놀이의 재미를 높여주기도 하고, 놀이가 확장됨에 따라 교실 전체 공간을 하나의 놀이 공간으로 사용하는 것이 필요할 때가 있습니다. 더 나아가 복도와 강당 등 활동의 범위를 넓힐 수도 있을 것입니다.

놀이 공간의 크기에 대해 융통성을 가지면 참여 유아 수가 많을 때 생기는 문제를 쉽게 해결할 수 있습니다. 공간을 넓히면 됩니다! 교구장이나 책상을 벽 쪽으로 밀어 넣고 보다 넓은 공간을 이용하여 다 함께 놀이하거나, 집단을 나누어서 공간을 활용하는 전략을 사용할 수 있습니다.

공간 만들기, 공간 만들어가기

기본적인 흥미 영역 중심의 공간구성을 할 수 있습니다. 역할 놀이 영역, 쌓기 놀이 영역, 미술 영역, 수조작 영역, 언어 영역, 과학 영역, 음률 영역 등으로 배치할 수 있습니다. 하지만 배치 영역은 고정적인 것이 아니라 학급에서 이루어지는 경험과 놀이 전개에 따라 융통성 있게 조정할 수 있습니다. 예를 들어, 학기 초 안정적인 분위기와 정리정돈 습관 형성에 중점을 둔다면 영역을 좀 더 구분할 수 있고, 점차 사회적 상호작용이 증가하고 놀이가 확장됨에 따라 개방된 공간으로 바꾸어나갈 수 있을 것입니다.

유아들의 의견을 반영하여 함께 영역을 구성할 수 있을 것입니다. 유아가 영역 구성에 참여하면 의사결정능력, 자기주도성, 소속감 등을 길러줄 수 있습니다. 예를 들어, 유아들이 로봇에 흥미가 있다면 로봇 놀이를 할 수 있도록 '로봇 영역'을 구성해볼 수 있습니다. 영역 구성 자체가 놀이가 되기도 합니다. 자신이 놀 공간을 책상이나 의자로 배치하면서 재미있게 놀이할 수 있습니다.

섞어가며 놀기

통합이 쉽게 이루어지는 곳은 쌓기 놀이 영역과 역할 놀이 영역일 것입니다. 두 영역의 경계를 허물면 쌓기 놀잇감으로 만든 구조물(집, 식탁, 목욕탕 등)로 극놀이를 하는 모습을 볼 수 있습니다. 또한 역할 놀이 영역과 미술 영역을 통합하면 가게 놀이에 필요한 간판과 소품을 만들 수 있겠지요. 여기에 음률 영역이 포함되면 극놀이에 음향효과를 더할 수 있고, 음악회나 축제를 여는 등 놀이 전개가 풍성해질 수 있습니다.

공간이 갖추어졌다면 놀이자료가 적절하게 제공되어야 합니다. 놀이 영역에서는 주제에 따른 자료뿐만 아니라 기본적으로 제공되는 자료를 시기와 유아의 흥미에 따라 교체해주어 다양한 놀이를 할 수 있도록 지원해야 합니다. 또한 창의성을 발휘할 수 있는 비구조적인 자료, 스스로 놀잇감을 만들어 놀이할 수 있도록 합니다.

유아들은 놀잇감을 용도와 다르게 사용하거나 자료를 다양하게 활용하거나 다른 영역의 자료를 섞어서 사용하고 싶어 합니다. 음률 영역의 핸드벨을 수조작 놀이영역의 게임 신호로 사용하기도 하고, 미술 영역의 점토와 점토 놀이 도구를 역할 놀이 영역에서 사용하여 음식을 만들기도 합니다. 유아들이 놀잇감의 용도를 몰라 잘못 사용하고 있다면 교사의 시범이 필요하겠지만, 놀잇감, 자료를 다양하게 사용할 때 창의적인 놀이를 할 수 있습니다.

하지만 정리와 안전 문제가 발생할 수 있기 때문에 적절한 범위에서 허용해야 합니다. 너무 많은 놀잇감을 섞어 쓰거나 자료를 낭비하는 유아에게 "정리하기 힘들지 않겠니?", "필요한 만큼만 쓰자"라고 상호작용하여 생각할 기회를 주고, 놀잇감이 널려 있어 친구들이 밟을 위험이 있다면 정리하며 놀 수 있도록 해야 합니다.

선택도 자유롭게!

유아들은 교실에서 어떤 놀이를 할지 계획하고, 실행하며 평가를 합니다. 유아는 스스로 선택하고 결정하는 과정을 통해 의사결정능력을 기를 수 있고, 선택한 놀이에 집중하여 시간 내에 원하는 놀이를 할 수 있습니다. 하지만 계획과 평가에 많은 시간이 소요된다면, 유아들은 놀이를 만족스럽게 경험하기 어렵습니다. 따라서 놀이 시간이 충분히 확보되도록 하루 일과를 계획하여 유아들의 놀이가 단순한 수준에 그치거나 분절적으로 이루어지지 않도록 세심한 주의를 기울여야 합니다.

놀이 소개: 어떤 놀이가 있을까?

유아들은 스스로 놀이 공간과 자료를 탐색할 수 있지만, 교사가 영역별 놀이에 대해 안내해줄 수도 있습니다. 아침 모임 시간에 놀이 주제, 자료에 대해 알아볼 수도 있고, 유아들이 선택한 놀이 공간에 가서 소그룹으로 알아볼 수도 있습니다. 새로운 놀잇감을 보여주며 "○○라는 게임이 있어요. 이것은 어디에 둘까요?"라고 소개하거나, 구체적으로 활동 방법을 알려줄 수도 있습니다. 하지만 너무 오랫동안 진행하면 지루할 수 있으니 간단하게 소개하는 것이 좋습니다.

그리고 새로운 놀이자료를 교실에 미리 배치해놓아서 유아들이 스스로 발견하고, 탐색하게 하는 방법이 있습니다. 이러한 과정을 통해 유아들은 놀이에 대해 호기심을 갖고, 어떤 방식으로 놀이할지를 스스로 생각할 수 있습니다. 놀이 소개와 놀잇감 탐색이 충분히 이루어져야 놀이를 효율적으로 계획할 수 있습니다.

놀이 계획: 무슨 놀이를 할까?

교사가 소개한 놀이에 대해서 알아보았다면, 이제 유아들이 어떤 놀이를 할지를 계획해야 합니다. 정해진 시간 동안 하고 싶은 놀이를 효율적으로 할 수 있으려면 계획이 필요하겠지요. 그동안 유아들의 의사결정능력과 책임감을 기르기 위해 자유선택활동 계획표를 사용해왔습니다. 또한 교사들은 전인발달을 위해 골고루 놀이하는 것과 내가 선택한 놀이를 책임감 있게 실시하는 것이 중요하다고 생각했습니다. 하지만 우리는 좀 더 생각해보았습니다.

▶ 자유선택활동 계획표에 표시하는 것만 계획일까?

자유선택활동이라고 부르던 시기에 유아들은 계획표를 사용하여 '계획' 하는 것에 부담을 느꼈습니다. 만약 영역별로 인원수 제한이 있다면, 계획은 대충하고 하고 싶은 놀이 영역에 빨리 들어가고 싶어 했습니다. 놀이 계획에 시간을 너무 많이 할애하면, 실제로 놀이하는 시간이 부족해지는 경우도 있었습니다.

계획은 종이에 기록하는 것뿐 아니라, 말로 표현하기, 손 들어서 표현하기, 교실 둘러보다가 들어가기 등 다양한 방법으로 할 수 있습니다. 또한 모여서 이야기 나누기를 통해 계획하는 것을 생략하고 바로 놀이를 시작하여 발현적인 놀이를 진행할 수 있습니다.

▶ 골고루 놀이하는 것만 중요할까?

어떤 유아가 매일 쌓기 놀이 역에서만 놀면, 교사는 "쌓기 놀이 영역에서 많이 놀았으니 이번에는 다른 영역에서 놀이해보자"라고 제안하기도 했습니다. 유아는 하는 수 없이 교사의 권유를 받아들이지만, 놀이하는 것이 즐겁지 않았습니다. 하고 싶어서 하는 놀이가 아니었기 때문입니다. 유아들이 같은 놀이를 반복하는 것을 제한할 필요가 있었을까 반성해 봅니다. 유아들의 놀이는 반복을 통해 정교해지고 확장됩니다. 또한 유아가 좋아하는 놀이에 몰입하여 활동하는 것이 중요합니다.

놀이가 발전적으로 진행되지 못하고, 단순한 놀이에 그친다면, 교사가 직접 상호작용하여 유아들의 놀이 진행을 도울 수 있고, 놀이 평가 시간을 통해 지원할 수 있습니다. 평가 시간은 다른 유아들이 즐겁게 놀이했던 경험을 공유함으로써 새로운 놀이에 관심을 가질 기회가 됩니다.

▶ 계획은 변경할 수 없는 걸까?

유아는 배움의 과정을 거쳐 새로운 흥미를 갖게 됩니다. 놀이를 하다가 스스로 계획을 바꿀 수도 있고, 친구들과 협의하여 계획을 변경하기도 합니다. 신중하게 계획할 수 있도록 도와주되, 놀이의 즉흥성과 융통성을 인정해주는 허용적인 분위기를 형성해주는 것이 필요합니다.

놀이하기: 함께 놀아요

놀이의 주체는 유아입니다. 유아는 놀이 속에서 자신의 흥미와 관심을 충족시키고 재미있는 방법으로 학습하며, 친구들과 다양한 상호작용을 경험합니다. 하지만 놀이의 주체가 유아라고 해서 유아끼리만 놀게 놔두고 교사는 멀찌감치 지켜보고만 있어서는 안 되겠지요. 교사는 놀이하는 유아를 관찰하여 적절한 도움을 주어야 합니다.

학기 초에는 놀이에 참여하지 못하고 배회하거나 교사에게 의지하여 “선생님, 같이 놀아요. 선생님, 이것 보세요” 하는 유아들을 볼 수 있습니다. 새로운 환경으로 불안감을 느끼거나 사회적 기술이 부족한 것이 원인일 수 있습니다. 교사는 원인을 파악하여 유아들이 낯선 환경에서 잘 놀이할 수 있도록 함께 놀이하면서 정서적 지원을 하거나 시범을 통해 놀이하는 방법을 알려줄 수 있습니다. 유아들이 적응하여 스스로 놀이할 수 있게 되면, 교사는 놀이에 방해가 되지 않도록 자연스럽게 빠져나와야 합니다.

놀이 시간에 교사는 교실을 돌아다니며 유아들의 놀이 상황을 지켜보면서 놀이를 인정해주고 격려해주어야 합니다. 그리고 면밀한 관찰을 통해 놀이 수준을 파악하여 좀 더 발전된 놀이 형태로 나아갈 수 있도록 지원합니다. 놀이 시간은 교사가 개별적으로 유아와 상호작용하고 발달 상황을 파악하여 지원할 수 있는 기회이기도 하며, 갈등이 생겼을 경우 해결할 수 있도록 도움을 줄 수 있는 시간입니다. 또한 놀이 중 관찰을 통해 발견한 유아들의 특별한 말과 행동, 표정 등을 기록하여 유아의 성장을 지원하는 기초 자료로 활용할 수 있습니다. 유아의 놀이를 지원하기 위한 관찰 포인트를 제시하면 다음과 같습니다.

- 현재 진행되고 있는 놀이는 무엇인가요?
- 어떤 놀이자료를 주로 사용하나요?
- 누구와 놀고 있고, 집단의 크기는 어떤가요?
- 상호작용은 어떻게 일어나고 있나요?
- 놀이를 확장하는 데 필요한 지원은 무엇인가요?
- 놀이를 하고 싶어도 참여하지 못하는 유아가 있나요?

처음부터 유아들과 정리 시간을 정하면 유아들의 주도성을 기르고 실천력을 높일 수 있습니다. 하지만 유아들이 놀이에 몰입하다 보면, 시간을 잊곤 합니다. 교사는 정리 시간 10분 전에 놀이 시간이 곧 끝난다는 것을 안내하여 새로운 놀이를 시작하지 않고 마무리할 수 있도록 도울 수 있습니다. 놀잇감이 너무 많이 꺼내져 있어 단시간에 정리하기 어려운 영역은 미리 정리할 수 있도록 안내해주는 것도 필요합니다. 유아들이 아쉬워하거나 놀이 연장이 필요한 경우에는 상황에 따라 시간을 늘리거나 이후 놀이 시간을 기약할 수 있습니다. 정리를 하지 않고 놀이 흔적을 남겨두었을 때 이점은 이후 놀이를 원활히 이어갈 수 있다는 것입니다.

활동지가 필요할까?

교사들은 유아가 각 영역에서 스스로 알게 된 것을 다양한 방법으로 표현할 수 있도록 활동지를 비치해줍니다. 그리고 이러한 결과물들을 모아 포트폴리오 자료로 활용하곤 합니다. 포트폴리오는 유아들이 알게 된 것의 과거, 현재, 미래를 연결해주는 중요한 매체가 됩니다. 그런데 활동지를 하는 과정에 초점을 두는 것이 아니라 결과물에 초점을 둘 때 문제가 발생합니다. 유아들이 탐색한 것을 표현하는 것이 아니라, 정해진 순서와 방법에 따라 활동지를 수행하는 것은 유아에게 단순한 '일'로 느껴질 수 있기 때문입니다. 교사의 실적을 위해서, 학부모에게 보여주기 위해서가 아니라, 활동 기록지로서 유아들이 생각을 표현하는 도구로 유아의 자발성이 포함되어야 할 것입니다.

모두가 공유하는 평가 시간

평가에 대해 막연한 생각을 갖고 계신가요? 평가는 놀이 시간에 있었던 일을 되돌아보는 시간입니다. 혼자 생각해볼 수도 있고, 친구들과 이야기를 나눔으로써 감정을 공유하고, 더 즐겁게 놀이하는 방법을 생각해볼 수 있습니다. 또한 평가 시간을 계기로 놀이 상황에서 있었던 문제 상황을 함께 해결해볼 수 있습니다. 예를 들어, 혼자 놀아서 속상했던 유아가 있다면 어떻게 해결할지 다 함께 이야기해보고 다음 놀이에 적용해보는 기회로 삼을 수 있습니다.

- 얼굴로 말해요 짠~: 손바닥으로 얼굴을 가린 뒤 ', 얼굴로 말해요 짠~' 을 외치며 앉은 자리에서 각각 기분을 표정으로 나타내요.
- 한마디로 말해요: 아이들과 동그랗게 앉아, 마이크를 들고 자신의 기분을 한마디로 말한 뒤, 옆 친구에게 마이크를 전달해요.
- 사진을 보고 말해요: 친구들과 함께 놀이를 사진으로 찍은 장면을 살펴보면서 경험을 회상해요. 어떻게 하면 더 재미있게 놀 수 있을지를 생각해요.
- 선생님과 단둘이 이야기를 나눠요: 개별적으로 교사와 함께 놀이 시간에 느꼈던 기분을 말해요.

유아 · 놀이중심 2019 개정 누리과정이 고시되면서 교사들은 놀이를 이해하는 관점과 실행 방법의 변화를 맞이했습니다. 교사는 앞으로도 계속, 유아들과 놀면서 잘 배울 수 있는 방안에 대하여 고민해야 할 것입니다.

놀이 후 정리정돈

정리정돈, 고민에 빠지다!

놀이 시간은 즐거운데 정리 시간만 되면 유아들이 하나, 둘 자리를 피합니다. 특히 3월 초에는 뒤죽박죽 섞여 있는 놀잇감에 교사와 유아 모두 난감해할 때가 많습니다. 그래서 우리 반 정리 시간을 관찰하면서 원인을 찾아보았습니다.

▶ 정리 정돈을 하지 않는 원인

1. '빨리 정리하라' 고 말하지만 어른들이 대신 치워주어 스스로 정리의 필요성을 느끼지 못했을 때
2. 정리정돈을 지나치게 강요하여 유아들이 정리정돈에 대한 부담감이 커 정리 할 엄두를 못 느낄 때
3. 어떤 순서로 어떻게 정리해야 하는지 등 방법을 모를 때
4. 놀잇감을 너무 많이 꺼내 놓아 정리하기가 힘들 때

▶ **생생 인터뷰**

정리를 잘하지 못하는 원인을 파악해보면서 유아들은 정리정돈에 대해 어떤 생각을 하고 있는지 궁금했습니다. 그래서 정리를 잘하는 유아와 정리를 잘 못 하는 유아 각 3명을 선정하여 인터뷰를 했습니다. 이와 더불어 교사와 유아와의 인터뷰를 통해 정리가 안 되는 원인과 지도 방법을 구체적으로 알아보았습니다.

유아 인터뷰 - 만 5세

▶ 정리를 잘하는 유아

교사: 정리를 왜 하나요?

유아: 정리를 하면 물건 찾을 때 안 힘들어요. / 내가 갖고 논 거니까요.

교사: 정리를 할 때 어떤 기분이 드나요?

유아: 교실이 깨끗해지니까 좋아요. / 하나씩 제자리에 놓으니까 내가 멋져요.

교사: 정리를 안 하는 친구를 보면 어떤 생각이 드나요?

유아: 미워요. / 정리 안 하고 돌아다니면 싫어요! / 정리하라고 말해주고 싶어요.

▶ 정리를 하지 않는 유아

교사: 왜 정리를 하지 않나요?

유아: ○○도 같이 놀았는데 정리 안 해요! / 정리할 게 너무 많아요. 힘들어요.

교사: 정리할 때 왜 시간이 오래 걸릴까요?

유아: 정리 시간에 정리 안 하고 계속 놀아서요. / 정리 안 하고 다른 곳으로 가서요. / 블록이 여기저기 있어서요.

교사: 정리를 잘하려면 어떻게 해야 할까요?
유아: 필요한 만큼 꺼내서 놀아요. / 놀고 난 다음에 바로 정리해요. / 내가 갖고 놀지 않아도 도와줘요.

교사 인터뷰 - 경력 3년 차

▶ 가장 정리가 안 되는 영역은 어디인가요?
- 쌓기 영역, 역할 영역, 미술 영역입니다.

▶ 왜 정리가 안 될까요?
- 쌓기 영역에서 많은 블록을 꺼내서 놀이하다 보니 종류별로 분류하여 바구니에 정리하기를 어려워합니다.
- 역할 영역에서 놀잇감을 다 꺼내 늘어트려 놓는 유아의 성향 때문에 정리가 잘 안 됩니다.
- 미술 영역에서 유아마다 필요한 재료를 사용하면서 서로 섞습니다. 정리를 할 때 내가 사용한 것이 아니라며 서로 미룹니다.
- 교구 놀이를 할 때 두 개의 교구를 섞어서 놀이하다 보니 정리할 때 헷갈려 합니다.

▶ 유아에게 정리 지도를 어떻게 했나요?
- 정리하는 데 오래 걸리는 쌓기 영역이나 역할 영역은 다른 영역보다 5분 전에 미리 정리를 시작하도록 신호를 줍니다!
- 유치원에서 배운 새 노래 또는 정리 노래를 연주하며 "오늘은 정리 노래

3번 부를 동안 정리 다 하고 모여요."라고 말합니다. 즉, 정리 완료 시간을 노래로 정해줍니다.

- 정리정돈을 안 하는 모습을 사진 찍어 평가 시간에 사진을 보며 서로의 생각을 나눕니다.

토의와 실천을 통한 해결책 찾기

▶ 함께 나누기

유아들과 함께 다음 주제를 가지고 이유기를 나누어봅니다.

- 언제 정리를 해야 할까요?
- 정리할 때 어떤 기분이 드나요?
- 정리하기 싫을 때는 언제인가요?
- 사람들은 왜 정리를 할까요?
- 정리를 하면 어떤 점이 좋나요?
- 정리를 잘하려면 어떻게 해야 할까요?

▶ 유아들이 제시한 해결 방법

함께 이야기를 나누면서 유아들은 다음과 같은 해결 방법을 제시했습니다.

- 필요한 만큼만 놀잇감을 꺼내 사용해요.
- 정리를 못 할 경우 기회를 3번 주고, 3번 기회가 끝나면 놀이를 하루 쉬어요.
- 정리를 안 하는 친구에게 "◯◯야! 정리하고 가면 좋겠어"라고 말해요.
- 내가 사용한 게 아니어도 친구를 도와줘요.
- 정해진 자리에서 놀이하고, 놀이가 끝나면 바로 정리해요.

▶ 교사가 제시하는 해결 방법

놀이 뷔페(정리 뷔페) 뷔페 사진을 제시하여 뷔페에 가본 경험을 함께 말해본 후, 이렇게 음식을 조금씩 덜어 먹으면 어떤 점이 좋은지 이야기 나눠봅니다. 뷔페에서 원하는 음식을 조금씩 가져다 먹듯이 내가 원하는 놀잇감을 적당하게 선택하여 놀이한 후, 제자리에 정리할 수 있도록 놀이 뷔페를 열어봅니다. 이때 놀이 뷔페 바구니를 만들어 그 바구니에 조금씩 담아가서 놀이할 수 있도록 하며, 놀이가 끝난 후에는 놀이 뷔페 바구니를 정리 뷔페 바구니로 바꾸어 내가 놀이한 놀잇감을 다시 담아 제자리에 정리합니다.

배달합니다 놀잇감은 스스로 자기 자리를 찾아가지 못하므로 유아들에게 물건이나 음식을 원하는 곳에 배달해주듯, 사용한 놀잇감을 제자리에 정리해주는 '배달합니다' 놀이를 제안합니다. 정리 시간이 되면 교사는 악기를 이용하여 정리 신호음을 울리면서 "지금부터 놀잇감을 배달하는 시간이에요! 누가 제자리에 배달해 줄까요? 놀잇감이 기다리고 있대요"라고 말하며 좀 더 즐겁게 정리할 수 있도록 도와줍니다.

칭찬합니다 자신이 놀이한 놀잇감뿐만 아니라 친구들이 놀이한 놀잇감까지도 정리한 유아를 칭찬함으로써 다른 유아들에게 모델링이 될 수 있도록 도와줍니다.

정리 망원경으로 찾아라 휴지 속대로 정리 망원경을 만들어 '우리 반 정리 망원경'이라는 이름표를 붙인 후, 도우미 유아들이 가장 정리가 안 된 곳을 찾도록 합니다. 또 정리가 안 되는 영역의 해결 방법을 유아들과 함께 다시 찾아보면서 지속적으로 정리가 잘될 수 있도록 안내합니다.

게임을 통한 정리 쌓기 영역에서 놀이한 유아들이 릴레이로 블록을 전달하여 정리하는 '릴레이 정리 놀이'와 팀을 나눈 후 쌓기 영역에 정리할 블록을 정하여 제한된 시간 안에 빨리 정리하는 팀에게 박수를 쳐주는 '팀별 정리 놀이'가 있습니다.

하루 쉽니다 유아와 함께 사전에 정리가 안 될 경우 어떻게 할지 이야기 나누고, 3번의 기회를 상실했을 경우 '정리를 하지 못해 오늘 하루 쉽니다!' 라는 멘트를 부착하여 정리정돈의 중요성을 알려줍니다.

실천! 그 이후 - 함께 즐거운 정리정돈 시간

▶ 유아들의 변화

- 유아들이 정리도 하나의 놀이라는 인식을 갖고 즐겁게 참여합니다.
- 유아들이 블록을 필요한 만큼 꺼내서 놀이하려고 노력합니다.
- 사용한 놀잇감을 바로 정리한 후, 다른 영역으로 이동합니다.
- 정리 안 하고 가는 친구가 있으면 정리하고 가야 됨을 말로 알려줍니다.
- 정리를 도와주고 도움을 받음으로써 친구의 마음을 공감하고, 친사회적 언어를 사용하는 태도를 기르게 됩니다.

▶ 교사의 변화

- 정리가 안 되는 원인과 해결 방법을 교사 주도적으로 지시하기보다 유아와 함께 모색해 봄으로써 정리정돈에 대한 인식이 긍정적으로 변화되었습니다.
- "정리하세요!", "정리하고 모이세요!"라고 목소리를 높여 외치는 횟수가 줄어들었습니다.
- 정리가 안 되는 원인을 다양하게 파악할 수 있습니다.(환경문제, 정리 방법 문제, 유아 성향 등)

바깥 놀이

바깥 놀이의 목적

어린 시절 "친구야~ 놀~자" 하며 부르는 말에서 '놀자'는 대부분 바깥 놀이를 의미했습니다. 어른이 되어서도 문제가 안 풀리거나 기분이 우울할 때 산책을 하거나 '바람쐬러' 가는 등의 방법으로 심신의 안정을 찾기도 합니다. 이렇듯이 유아들도 자연이 주는 햇빛과 바람으로 심신의 안정을 찾고 건강하게 성장을 할 수 있습니다.

유아들은 실내에서 받은 긴장과 억압으로부터 자유로워지고 자연이 준비한 규격화되어 있지 않은 무한한 놀잇감 속에서 마음껏 놀이하게 됩니다. 주변의 자연물을 보고, 듣고, 만지고, 느끼고, 냄새 맡으며 자극을 받아들이고, 맘껏 달리고 소리 지르며 스트레스를 해소합니다.

배움에서 가장 중요한 자발성과 집중력을 가장 잘 발휘할 때도 바깥 놀이를 할 때입니다. 정서적인 부분뿐만 아니라 바깥 놀이를 통하여 몸의 균형감각과 조절 능력을 키우고, 또래와의 놀이를 통하여 협의와 규칙을 익히며, 갈등을 통하여 화해하고 용서하는 사회성과 소통, 공감 능력을 배우게 됩니다. 유아들은 바깥 놀이를 통하여 자연과 교감하고 사람과 교감하는 능력을 배우게 됩니다. 그러므로 교사는 아이들과 더 자주 더 오래 바깥 놀이를 할 수 있도록 계획합니다.

바깥 놀이를 위한 환경

깨끗한 모래는 기본!

모래 놀이를 가장 많이 하는 4월부터 11월까지는 2~3달에 한 번 정도 모래 소독을 합니다. 전문 모래 소독은 장비를 이용해 굳은 모래를 뒤집어 유연하게 만든 후 100℃ 이상의 고온 수증기를 이용해 모래 속에 있는 각종 세균을 박멸하는 것으로 소독과정이 인체에 무해합니다. 또한 중금속 검사와 연 2회 기생충란 검사도 실시하면 좋습니다.

그늘막도 필수!

유아들이 모래 놀이를 주로 하는 계절이 봄을 지나 가을까지라고 볼 때 꼭 필요한 것이 그늘막입니다. 5월부터 그늘막 없이 놀이하기에는 너무 뜨겁습니다. 휴식공간과 모래놀이터에는 그늘막을 설치하는 것이 좋습니다.

휴식공간에서 쉬는 것도 바깥 놀이

바깥 놀이가 뛰어노는 것만을 의미하는 것은 아닙니다. 친구들이 뛰어노는 것을 보며 눕거나 앉아 쉴 수 있는 시간도 유아들에게는 의미 있습니다. 또한 신나게 뛰어놀다가 힘들어지면 편안하게 휴식하는 것도 바깥 놀이에서 꼭 필요합니다. 유아들이 편안하게 눕거나 앉아 있을 수 있도록 돗자리나 의자를 준비합니다. 휴식공간에도 그늘막이 필수입니다.

물놀이 시설

물은 형태가 정해져 있지 않고 투명하며 매끄러운 감촉을 느낄 수 있어서 유아들이 매우 좋아합니다. 물놀이 영역에서는 유아들이 물을 이용하여 다양한 탐색과 구성 놀이, 역할 놀이를 활발하게 합니다. 물은 정형화되어 있지 않으므로 다양하게 탐색하는 과정에서 문제해결력과 창의성이 발달합니다. 또한 유아들은 물을 가지고 부담 없이 놀이를 하면서 불안이나 긴장감, 공격적 성향이 해소되어 정서적 안정을 얻게 됩니다. 친구들과의 물놀이를 통해 협동하기, 나누기 등의 사회적 상호작용을 경험함으로써 사회성이 발달합니다.

물놀이는 모래 놀이와 함께하는 경우가 많기 때문에 모래 놀이 영역과 가깝게 배치하는 것이 좋습니다.

바깥 놀이 도구함

바깥 놀이에서 다양하게 사용할 수 있는 모래 놀이나 물놀이 도구들을 보관할 수 있는 도구함이 가까이에 설치되어 있어야 합니다. 유아들이 쉽게 넣고 뺄 수 있도록 유아의 키를 고려하여 설치하고 관리해야 합니다.

- 모래: 곱고 이물질이 섞이지 않은 깨끗한 모래, 모래의 양은 30~40cm 높이가 좋습니다.
- 물 · 모래 놀이 도구함에 비치할 수 있는 도구들
  - 시중에 판매되고 있는 다양한 물 · 모래 놀이 도구들
  - 소꿉놀이 도구
  - 주방기구나 다양한 재활용 도구들
  - 물을 담을 수 있는 커다란 수조

- 호스, 주전자, 스펀지, 물통, 닦을 때 사용할 자루걸레, 플라스틱 용기와 뚜껑, 플라스틱 접시, 빗, 빨대, 비누, 비눗방울, 식용색소, 작은 스펀지, 나뭇조각, 스티로폼 등

화단과 텃밭

다양한 꽃과 나무 등 식물이 자라는 화단과 유아들이 직접 식물을 키워볼 수 있는 텃밭이 있으면 좋습니다. 자연스럽게 식물과 곤충을 관찰하고 키우며 생명의 소중함을 느낄 수 있습니다.

모래놀이터

물놀이 시설

먼지 털어주는 에어

수도시설

도구함 설치

텃밭

바깥 놀이의 다양한 형태

유치원 놀이터 놀이기구 놀이

▶ 미끄럼틀

올라가는 곳과 내려가는 곳은 달라요 미끄럼틀은 여러 명의 유아가 함께 놀이할 수 있는 기구입니다. 그러다 보니 안전사고가 자주 일어나기도 합니다. 타고 내려오는 곳으로 올라가는 유아가 생각보다 많아 부딪치는 일이 종종 발생합니다. 학기 초부터 계단이나 오름대를 이용해서 올라가는 것이라는 약속이 필요합니다.

타고 내려오는 방법 미끄럼틀을 많이 타다 보면 유아들은 다른 방법으로 타고 싶은 유혹이 생기는 것 같습니다. 거꾸로 타고 내려오거나 엎드려 내려오기도 하고 서서 내려오려고 하는 등 다양한 방법을 시도하는 유아들이 있습니다. 위험한 행동을 호기심과 도전정신으로 오해하는 일이 없도록 합니다. 나뿐만 아니라 다른 사람도 다치게 할 수 있는 행동은 하지 않도록 지도합니다.

멍이 자주 들어요 다목적 놀이기구는 다양한 안전바가 설치되어 있습니다. 유아들이 놀이에 집중하다 보면 안전바를 의식하지 못해 부딪쳐서 멍이 드는 경우가 많습니다. 유아들은 놀이 중에 부딪쳐도 교사에게 이야기하지 않고 넘어가는 경우가 종종 있습니다. 정리할 때 부딪치거나 긁힌 곳은 없는지 눈으로도 살펴보고 물어보기도 하여 확인하는 것이 필요합니다.

▶ 그네

그네는 아이들이 가장 좋아하는 놀이기구 중 하나입니다. 그러나 놀이터에 그네를 보통 두 개 정도 설치하다 보니 서로 타겠다고 많이 다툼이 일어나게 됩니다. 따라서 그네를 타기 전에 얼마나 탈것인가에 대한 약속을 미리 해야 합니다. 그리고 그네를 타는 곳을 지나가다가 움직이는 그네에 부딪쳐서 다칠 수 있으므로 그네가 움직이는 영역 안에는 절대 들어가거나 지나가지 않도록 철저한 약속이 필요합니다.

<그네 놀이터에서의 약속>

- 차례를 지켜 탑니다.
- 약속한 만큼 탑니다.
- 그네 안전바 안으로 들어가지 않습니다.

<그네 타는 시간>

- 시간은 유아들과 함께 확인하기 어려우니 보통 그네 타는 횟수로 약속을 정합니다.(예: 20번 타기)

▶ **시소**

시소는 몸무게가 비슷한 유아들이 둘 또는 여럿이 탈 수 있는 놀이기구로 크게 다칠 위험이 있지는 않지만, 상대편에 대한 이해가 부족한 유아들이라 의외로 다치는 상황이 발생하기도 합니다. 반대편 유아가 안전하게 타기 전에 움직이거나 다리를 안쪽으로 넣고 타서 발을 다치는 경우가 생깁니다. 따라서 안전하게 타는 방법에 대한 지도가 필요합니다.

- 바르게 앉아 손잡이를 꼭 잡습니다.
- 친구가 완전히 탈 때까지 기다립니다.
- 다리는 옆이나 앞으로 벌리고 탑니다. 아래로 다리를 오므리지 않습니다.
- 내릴 때는 친구에게 먼저 말하고 천천히 내립니다.
- 그네 위에는 서지 않습니다.

물·모래 놀이

물 · 모래 놀이는 유아들이 좋아하는 놀이 중 하나입니다. 정형화되어 있지 않은 물과 모래는 가지고 노는 것만으로도 유아들이 정서적 안정감을 갖게 됩니다. 물과 모래를 붓고 만지고 쌓고 옮기는 등 물이나 모래 하나만으로도 놀이가 가능하지만, 물과 모래가 함께 있을 경우 더 다양한 형태의 구성과 창의적인 활동이 가능합니다. 물 · 모래 놀이는 유아들이 실패를 경험하지 않으면서 다양한 형태를 만들어볼 수 있어 두려움 없이 시도해볼 수 있고, 물과 모래를 매개로 하여 친구들과의 사회적 관계도 자연스럽게 익힐 수 있습니다.

<모래 놀이에서의 약속>

- 모래를 던지지 않습니다.
- 모래를 친구들 머리 위로 들지 않습니다.

<모래 놀이에서의 응급상황>

- 모래가 눈에 들어갔을 때: 손으로 눈을 비비지 않게 하고 곧바로 물로 씻어 낸 후 인공눈물을 넣어서 눈 속에 있는 모래를 나오게 합니다.
- 모래가 머리나 옷 속에 들어갔을 때: 모래 놀이를 하다 보면 유아들이 땀을 많이 흘려 모래가 머리나 몸에 묻었을 경우 잘 털어지지 않습니다. 가볍게 털어 낸 후 땀이 마른 다음 털어내면 됩니다.

산책하기

유치원에서의 산책 활동은 특별한 활동이 아니라 일상적인 교육 활동으로 실시해야 합니다. 학기 초에는 유치원에서 가까운 곳에서부터 시작하여 점차 넓혀 나갑니다. 장소는 어떤 곳이든 가능하지만, 자연을 많이 접할 수 있는 곳이 더 좋습니다. 산책은 유아들이 자연을 직접 보고, 만지고, 듣고, 냄새 맡을 수 있는 시간입니다. 따라서 좋은 날뿐만 아니라 흐린 날, 비 오는 날도 유아들에게는 다양한 자연의 모습을 경험할 수 있는 소중한 시간이 됩니다. 일상적인 산책 활동을 통하여 유아들은 자연의 변화를 자연스럽게 발견하고 체험하게 됩니다.

<산책에 필요한 준비물>

- 산책 가방: 유아들이 산책 활동에서 얻게 되는 다양한 자연물을 담을 수 있는 가방
- 곤충 · 식물도감: 산책 활동에서 발견하는 동식물에 대한 궁금증을 찾아볼 수 있는 도서
- 비상 구급약: 산책 활동에서 발생할 수 있는 상처(찰과상, 벌레나 벌에 쏘였을 때 등)에 바를 약품들

산책 후에는 산책에서 수집한 자연물들을 어떻게 할지 유아들과 협의하여 관찰을 하거나 자연물을 이용해 하고 싶은 활동을 이야기하고 다양한 활동을 할 수 있도록 기회를 제공합니다.

04

일상생활습관

기본생활습관 지도

사전적 의미를 살펴보면 기본은 '근본이나 기초가 되는 것' 이며, 생활습관은 '사람의 실제 생활에서 자연스럽게 만들어진 습관' 이고, 지도는 '남을 어떤 목적이나 방향으로 가르치어 이끄는 일' 을 의미합니다. 그렇다면, 기본생활습관 지도란 '일상생활에서 생활하는 데 기본이 되는 습관을 자연스럽게 만들어지도록 가르치어 이끄는 일' 이라고 정리해볼 수 있습니다.

사람이 가장 기본적으로 갖추어야 할 생활습관에는 어떤 것이 있을까요? 일반적으로 유아에게 가르쳐야 할 기본생활습관은 예절, 질서, 절제, 청결 등의 항목으로 나누어집니다. 이 책에서는 기본생활습관의 모든 항목을 다루지 않기 때문에 '일상생활습관' 이라는 용어를 사용하려고 합니다. "유아들은 기본생활습관이 부족해서 가르쳐야 돼"라

는 생각이 아니라 "스스로 자신의 기본적인 욕구를 충족하기 위해서 일상생활에서 어떤 습관을 가지면 좋을까?"라는 관점으로 바꾸어봅시다.

사람의 기본적 욕구 충족은 의식주의 해결에서부터 시작되므로 일상생활지도를 의식주와 관련하여 분류하고, 그중에서도 유치원의 일상생활에서 선생님들이 지도에 어려움을 느끼고 있는 부분에 대해 다루고자 합니다.

일상생활습관 지도가 필요한 이유

'세 살 버릇 여든까지 간다'는 말이 있듯이 어릴 때 기른 습관이 평생에 영향을 미칩니다. 유아기에 좋은 습관을 길러주어야 한다는 것은 평소의 경험을 통해, 그리고 학교에서 배워 익히 알고 계실 것입니다. 하지만 실제 교육 현장에서는 다른 활동에 밀려 일상생활습관 지도가 등한시되는 경우가 많습니다.

예를 들어, 손 씻기가 매우 중요하다며 유아들에게 자주 알려주고 지도해 주었다가도 빨리 손 씻기를 하고 나가야 하는 등의 갑작스러운 일이 생기면 대충 씻고 가자고 하는 경우가 생깁니다. 유아의 입장에서는 선생님이 어떨 때는 손을 비누칠해서 깨끗하게 씻으라고 하다가 어느 날은 급하니까 물만 묻히고 오라고 하는 것에 혼란을 느낍니다. 또 평상시에는 실내화를 제자리에 바르게 놓으라고 하다가 늦었을 때는 대충 벗어놓아도 괜찮다고 하는 상황이 이상하다고 생각하고, 어떤 것이 맞는지 헷갈리게 됩니다.

유아들이 일상생활에서 좋은 습관이나 태도를 기르도록 이끌어주려면 일상생활습관 지도의 목적을 정확하게 인식하고 좀 더 시간적 여유를 두고 일관성 있게 반복적으로 지도해주어야 할 것입니다.

일상생활습관 지도도 교육 활동이다

그동안 좋은 수업을 위한 연구는 활발히 이루어졌지만, 일상생활습관 지도에 대한 연구는 소홀했습니다. 대학에서도, 현장에서도 자세한 방법을 배울 기회가 없었습니다. 연구대회나 연수에서도 수업 연구를 강조하여 이야기 나누기, 동화, 게임 등 단위 활동을 잘하는 교사가 유능한 교사라고 인식되었습니다.

유아 시기에 지식과 내용을 습득하는 것과 기본 인성과 바른 생활 태도를 형성하는 것 중 어느 것이 더 중요할까요? 주제 중심 교육과정을 운영하다 보면, 주제에 나와 있는 재미있는 활동을 하는 것이 더 중요하다는 생각으로 일상생활습관은 뒷전에 미뤄두는 경향이 있습니다.

다음 중 어느 것이 바람직하다고 보시나요?

| 상황 A | 바깥 놀이에서 봄에 피는 꽃을 보는 시간을 계획했습니다. 꽃을 보는 것만 중요하다고 생각한 교사는 화장실을 빨리 다녀오고 옷을 급하게 입고 나와서 신발을 구겨 신고 놀이터에 질서 없이 뛰어가서 꽃을 보게 하고 꽃과 관련된 활동을 합니다. 이 활동이 끝난 후 아주 잠깐 놀이를 합니다. 짧은 놀이시간을 끝내고 점심 먹을 시간이 가까워지니 뛰어와서 손을 대충 씻고 밥을 먹으러 오는 경우가 생깁니다.

| 상황 B | 바깥 놀이를 하기 전에 유아들에게 바깥 놀이를 하러 갈 것에 대해 이야기하며 준비할 사항과 지켜야 할 약속을 충분히 이야기 나누었습니다. 그리고 질서 있게 화장실에 다녀와 옷을 입고, 신발을 바르게 신고, 질서를 지켜 줄 서서 나갔습니다. 밖에 나가서는 꽃도 보고 친구들과 사이좋게 놀이한 후 바르게 줄을 서서 돌아옵니다. 신발을 바르게 정리하고, 옷을 벗어 차례대로 옷걸이에 건 후 화장실에 가서 손을 깨끗이 씻습니다.

A 상황에서는 지식 중심 활동으로 일상생활습관 지도가 간과되고 있습니다. 이러한 상황을 겪으면 유아들도 일상생활습관을 '뭐하러 지켜?' 하며 우습게 생각하게 됩니다. 교육 활동과 일상생활습관을 별개로 생각해서는 안 됩니다. 생활 중심의 유아교육에서는 일상생활습관 지도가 활동이고 곧 교육입니다. 일상생활습관이 형성되면 유아는 자기 스스로 할 수 있는 일이 있다는 것을 느끼고 긍정적인 자아존중감이 생깁니다. 그리고 다른 사람과 더불어 살아가는 데 지켜야 하는 기본 예의로써 바른 생활습관이 형성될 수 있습니다. 즉, 일상생활습관 지도는 교사의 통제가 아닌 유아의 자율성에 바탕을 둔 민주시민 교육으로서 접근해야 합니다.

성취감을 느껴요

일상생활습관이 잘 형성된 유아들은 자신감이 있습니다. 항상 부모에게만 의존하던 신발 신기를 혼자 할 수 있고, 옷을 혼자 입을 수 있고, 지퍼를 올리지 못했는데 도움 없이 혼자 올릴 수 있게 되면 '할 수 있다'는 자신감이 생깁니다. 하지만 처음부터 스스로 하기는 어렵습니다. 어떤 부모님은 크면 저절로 다 잘하게 된다고 생각합니다. 하지만 매일 신발을 신겨주다가 갑자기 신발 끈을 혼자서 매라고 하면 유아가 할 수 있을까요? 스스로 하지 못했던 대변 후 처리를 혼자 시도해본 것만으로도 유아들은 굉장한 성취감을 느낍니다.

스스로 할 수 있기까지는 부모나 교사의 적극적인 지원과 지지가 필요합니다. 유아에게 스스로 해볼 기회를 주고, 그 과정에서 시행착오를 겪을 때 점점 잘할 수 있을 거라고 격려해주어야 합니다. 이를 통해 느낀 성취감은 자신감을 높이는 데도 도움이 됩니다.

건강과 안전을 위해 바른 생활습관 지도가 필요해요

성장이 급속하게 이루어지는 유아기에 음식을 골고루 먹는 것은 유아의 성장에 큰 영향을 미칩니다. 또한 유아기에 편식하는 습관이 성인이 되어 갑자기 음식을 골고루 잘 먹게 되는 경우는 드뭅니다. 손을 씻을 때 비누를 묻히지 않고 대충 씻는 경우 수족구병이나 눈병 등 각종 세균성 질병에 걸릴 가능성이 큽니다. 유아기에 손을 바르게 씻는 습관이 잘 형성되면 자신의 건강을 스스로 보호하게 됩니다. 이렇듯 유아 자신의 건강과 안전을 위해 바른 생활습관 지도는 꼭 필요합니다.

효과적으로 지도하는 방법

해마다 학기 초가 되면 나름대로 열심히 일상생활습관을 지도하는데, 왜 우리 반은 아직도 여전히 줄을 못 서는지, 급식실에서 뛰어다니면서 소란스럽게 하는지, 다른 사람에게 방해가 되거나 위험한 상황이 생길까 봐 불안하고 걱정이 됩니다. 그럼 이제부터 일상생활 지도를 잘하는 방법을 알아봅시다.

왜 지켜야 하는지 이유를 알려주세요

생활습관 지도가 잘되지 않는 가장 큰 이유는 지금까지 가정에서의 생활과 다르게 여러 사람과 함께 생활해야 하는 상황으로 변화되기 때문입니다. 유치원이라는 공동체에서 유아들은 다른 사람들과 환경을 공유해야 하고, 때로는 기다림을 감수해야 합니다.

왜 해야 하는지에 대한 인식과 이해가 부족한 경우도 있습니다. 유아들은 왜 줄을 서야 하는지 모릅니다. 그저 교사가 서라고 하니까 줄을 섭니다. 교사도 줄을 세우는 것이 유아들을 통솔하기에 편하다는 생각 외에 해본 적이 없습니다. 왜 줄을 서는 것이 중요한지 그 이유를 알아보는 활동을 통해 교사의 일방적인 지시가 아닌 유아 스스로가 인식하여 실천해볼 수 있습니다.

방법 1. 블록으로 계단을 만든 후 모형인형을 올려둔다. 거기서 인형 하나가 넘어지면 도미노처럼 넘어지는 모습을 보여준다. "만약 친구들이 여기에 서 있었다면 어떻게 되었을까?"

방법 2. 모형인형으로 급식실에서 배식을 받는 상황을 묘사한다. "음식을 나눠주시는 분은 한 분인데 서로 자기가 먼저라고 싸우면 어떻게 될까?"

위와 같은 방법으로 유아들이 줄서기의 필요성을 알고 실천할 수 있도록 합니다. 이러한 이야기 나누기를 해보면 줄서기 이외에도 계단에서 올라갈 때 넘어지지 않으려면 손잡이를 잡고 가야 한다, 앞 친구와 간격을 유지해야 한다 등의 다양한 약속도 나올 수 있습니다. 동화, 노래, 동시 등의 다양한 유형의 활동으로 지도하면 유아들이 더욱 즐겁게 일상생활습관을 배울 수 있습니다.

유아의 발달 수준을 고려해주세요

만 3세 유아에게 스스로 치약을 짜서 양치하라고 하면 치약을 짤 수는 있겠지만, 양을 조절하는 것과 치약 뚜껑을 열고 닫는 것도 어려워합니다. 만 4세 유아는 치약 양 조절과 치약 뚜껑 열고 닫기를 연습을 통해 2학기 정도에는 스스로 할 수 있습니다. 만 5세 유아는 소근육이 좀 더 발달하여 만 4세보다 빨리 습득하여 이 닦기를 할 수 있습니다.

또한 같은 연령이라 하더라고 생년월일, 개인별 발달 속도 등의 다양한 요인에 의하여 발달 수준에는 개인차가 있습니다. 연령이 어릴수록 같은 해에 태어난 유아라도 1월생과 12월생의 발달 수준에 차이가 날 때도 있습니다. 그러나 12월에 태어난 아이라도 1월생보다 언어, 인지, 운동 능력이 더 뛰어난 친구들도 있습니다. 따라서 유아들의 발달 수준을 고려한 일상생활습관 지도가 필요합니다.

꾸준한 지도가 필요해요

학기 초가 되면 교사들은 새로운 환경에 적응할 수 있도록 일상생활습관을 지도합니다. 유아들도 낯설고 익숙하지 않은 환경에서 교사의 지도대로 잘하려고 하는 모습을 볼 수 있습니다. 그래서 처음에는 잘 되는 것처럼 보이지만, 얼마 가지 않아 일상생활습관 지도는 다른 교육 활동에 밀려 강조되지 못하고 유아들도 다른 사람을 배려하기보다는 자신에게 편한 대로 행동하게 됩니다. 그러나 일상생활습관은 3월에만 지도하는 것이 아니라 일 년 내내 꾸준히 지속해야 합니다. 안 되고 있다는 생각이 들면 반복해서 친절하게 지도해야 합니다.

예를 들어, 실내에서 아이가 계속 뛰어다니는 모습을 생각해보세요. 뛰지 않는 것이 우리 교실의 약속이라고 말해도 계속 뜁니다. 몇 번을 말했는데도 지키지 않아서 다칠까 봐 걱정이 됩니다. 또한 뛰는 행동은 위험하고 친구들에게 방해가 됩니다. 이러한 모습은 교사를 속상하게 합니다. 칭찬스티커를 떼어내거나 타임아웃을 하는 등 여러 가지 방법을 사용해도 잘 되지 않습니다. 유아들은 원래 뛰는 것을 좋아합니다. 그래서 뛸 수 있는 곳에서는 마음껏 뛰고 뛸 수 없는 곳에서는 안전하게 걸어 다니는 방법을 구분하여 다닐 수 있도록 안내해야 합니다. 그런데 여기서 중요한 것은 뛰지 못하게 하는 것이 아니라, 안전하게 걸어 다니게 지도하는 것입니다. 밥 먹고 교실로 들어오는데 뛰어서 들어왔다면 천천히 걸어오도록 다시 한번 알려주어야 합니다.

그리고 바른 생활습관이 잘 형성되고 있는지 지속적으로 유아와 이야기 나눌 필요가 있습니다. 교사의 지시에 의해서만 바뀌는 것이 아니라 대화를 통해 자연스럽게 형성되도록 꾸준히 안내하고 지도합니다. 꾸준한 대화로 지도하면 유아들도 바람직한 행동과 그렇지 않은 행동을 구분할 수 있습니다. 두 행동 중에 어떠한 행동을 해야 할지를 스스로 선택하도록 지도해주는 것이 중요합니다.

구체적으로 알려주고 체계적으로 지도해요

손 씻기 지도 그림, 화장실 사용법 그림, 발바닥 스티커, 이 닦는 순서도 등을 붙이는 것만으로 일상생활 지도가 가능할까요? 멀티미디어 자료에 손 씻기 방법이 잘 나와 있으니 이것만 보여주면 다 지도했다고 할 수 있을까요?

물론 그림이나 멀티미디어 자료만 보고도 스스로 손 씻기를 하는 유아도 있습니다. 그러나 모든 유아가 그렇지는 않습니다. 예를 들어, 손 씻고 오라고 하면 비누 거품을 많이 내거나 대충 비비고 대충 헹구고 나오기도 합니다. 그래서 교사는 유아가 손 씻기를 잘할 수 있도록 구체적으로 알려주고 체계적으로 지도해야 합니다.

손을 씻기 전 옷을 걷고, 손을 씻을 때의 거품 양, 비비기, 헹구기, 손을 다 씻은 후 뒤처리까지 구체적이고 체계적으로 알려주고 유아들이 손을 잘 씻고 있는지를 확인하며 꾸준히 잘할 수 있도록 격려해줍니다.

아래의 백워드 채이닝 방법처럼 구체적이고 체계적으로 지도합니다.

백워드 채이닝
(Backward chaining)

일상생활습관과 같이 꼭 배워야 할 기술을 지도하는 데 유용한 교수법입니다. 일상생활습관을 지도할 때 유아들이 수행해야 할 과제를 단계와 순서로 분석하고, 한 번에 한 단계씩 차근차근 가르칩니다. 백워드 채이닝은 마지막 단계에 도달할 때까지 과제를 역순으로 수행해보도록 하는 것입니다. 1~5의 단계가 있다면 교사가 1~4단계까지 해주고 5단계는 유아가 합니다. 5단계가 숙달되면 1, 2, 3단계는 교사가 해주고 4, 5단계는 스스로 해볼 수 있도록 합니다. 이런 식으로 역순으로 나아가 1단계에 도달하면 유아는 1, 2, 3, 4, 5단계의 모든 것을 스스로 할 수 있게 되지요. 예를 들어, 용변 지도의 경우 바지 내리기, 용변 보기, 휴지로 닦기, 물 내리기 등의 일련의 절차가 있을 것입니다. 그러면 처음에는 교사가 바지를 내리는 것부터 휴지로 닦는 것까지 도와주고 물 내리기는 유아 스스로 해보게 합니다. 이것이 익숙해지면 휴지로 닦는 것과 물 내리기를 스스로 하도록 하는 것이지요. 휴지로 닦는 것도 처음에는 교사가 닦아주지만, 마지막 1번은 유아가 닦아보도록 하고 점차 수행의 횟수를 늘려갑니다.

선생님도 함께해요

교사도 복도에서 무심코 뛸 때가 있습니다. 이 모습을 본 유아들은 그대로 따라 하기도 하고 어떤 아이는 "왜 선생님은 뛰어요?"라고 말하기도 합니다. 특히 급식실에서 교사는 편식하면서 유아들에게는 다 먹으라고 하기도 합니다. 교사가 먹지 않으면서 유아들에게는 골고루 먹으라고 말할 수 있을까요? 교사가 골고루 먹고, 입안에 밥이 있을 때는 입을 가리거나 음식을 다 삼킨 후 아이들과 대화하는 모습을 보여주며, 다 먹은 음식은 한곳에 모아서 정리하는 모습을 먼저 보여주어야 합니다.

교실에 아이들 개인 손수건이 있다면, 교사도 개인 손수건을 두어서 교사도 손을 씻은 다음 개인 손수건으로 손을 닦아야 합니다. 그렇게 아이들의 눈높이에서 아이들에게 모델링이 되면 아이들도 교사의 말과 행동을 좀 더 신뢰하고 따르게 됩니다.

가정과 연계해요

일상생활습관은 유치원에서의 지도만으로는 쉽게 익히기 어렵습니다. 유치원과 가정이 연계해야 더욱더 효과가 커집니다. 교사와 학부모가 협력하는 것은 매우 중요합니다. 예를 들어, 이를 닦을 때 칫솔을 계속 물어서 칫솔모가 빨리 벌어지는 유아가 있다면 가정에서도 그럴 것입니다. 학부모와의 상담을 통하여 유아가 칫솔을 물지 않고 올바르게 칫솔질을 할 수 있도록 안내하고 지도하면 유아가 보다 더 칫솔질을 잘하게 됩니다.

차례 지키기 지도

줄서기? 차례 지키기!

줄을 서지 않으면 어떤 점이 불편할까요? 교사들이 많은 유아를 안전하게 인솔하고, 안전사고를 예방하기 위해 줄을 세우는 경우가 많습니다. 하지만 줄 서는 것이 꼭 필요하지 않은 상황도 있습니다. 산책할 때는 줄을 서는 것보다 주변의 자연을 관찰하고 친구들과 소통하는 것이 중요할 것입니다.

줄서기의 목적은 차례 지키기입니다. 여러 명이 함께 생활하는 공간에서 배려를 통해 불편함을 느끼지 않도록 기다리는 것입니다. 예를 들면 화장실, 급식실, 현관 출입 시, 바깥 놀이터 놀이기구를 이용할 때 등 차례를 기다려야 하는 상황이 여러 번 있습니다. 유치원 바깥에서도 마트에서 물건을 계산할 때, 영화관에서 표를 구매할 때와 같이 여러 사람이 이용하는 장소에서는 공중도덕을 지켜야 하는 상황이 많습니다. 더불어 함께 생활하려면 서로 배려해야 한다는 것을 차례 지키기를 통해 가르쳐야 합니다.

줄서기는 '선착순'이 아니라 '배려'입니다. '배려'라는 차례 지키기의 본래 목적을 간과하고 줄서기만을 강조하면 유아들은 왜 줄을 서야 하는지 모를 뿐 아니라 거부감을 느낍니다. 또 유아들이 서로 먼저 서겠다고 경쟁하거나, 새치기를 하면서 다투는 등 줄서기에 대한 잘못된 인식을 가지게 됩니다. 평소의 차례 지키기 습관 지도가 이루어지면 물건 나누어 쓰기와 같은 친사회적 행동이나 의사소통의 차례 지키기도 형성될 수 있습니다.

배려에 의한 줄서기를 어떻게 해야 할까요?

스스로 차례를 지킬 수 있도록 환경을 마련해주세요

그저 말로만 차례를 지켜야 한다고 설명하는 데서 그치기보다는 바닥에 발 모양의 스티커를 붙이거나 선으로 표시해주는 등 환경을 만들어주는 것이 좋습니다.

줄서기에 대해서 유아들과 이야기 나누세요

유아들에게 유치원에서 어떤 약속을 지켜야 하는지 물어보면 "새치기하지 않아요",

안정감 있게 앉아서
기다리기

줄 서는 장소를
선으로 표시하기

화장실 앞
한 줄서기

이동 경로
표시하기

"친구를 밀지 않아요", "차례차례 천천히 걸어가요" 등과 같은 대답을 합니다. 그러나 유아들의 대답은 스스로 사고하고 친구들과 함께 찾아낸 것이기보다는 지금까지 교육기관에서의 일방적인 지도에 의한 것일 확률이 높습니다. 일상생활습관은 스스로 필요성과 의미를 갖지 않으면 실천하기 어렵습니다. 따라서 유아들이 실천의 필요성과 의미를 이해할 수 있는 시간이 필요합니다. "여러 사람이 있을 때는 너희들이 무엇이 불편했니?", "불편함을 느끼지 않으려면 어떻게 할까?"라는 질문을 통하여 질서의 가치와 줄서기에 대한 의식이 공유된다면 자연스럽게 실천할 것입니다. 줄서기 방법을 유아들과 상의하여 적용해보고, 잘되지 않을 때 다시 협의하고 더 나은 해결 방법을 찾아가는 것은 의미 있는 과정입니다.

학기 초에는 줄 따라 걷기놀이를 통해 줄서기에 익숙해져요

현장학습을 갈 때 차량에서 내려서 체험장까지 이동하는 경우처럼 꼭 줄을 서서 이동해야 하는 상황이 있다면 줄서기 지도가 필요할 것입니다. 평소에 화장실이나 급식실 등에서 차례 지키기를 충분히 경험한다면 이것도 자연스럽게 이루어질 일이지만, 어려울 경우에는 다양한 활동을 통해 배울 수 있습니다. 교실에서 아이들과 카펫 주변을 돌거나 테이프로 바닥에 선을 만들어 그것을 따라 순서대로 걸어보는 연습을 할 수 있습니다. 코끼리처럼 쿵쾅쿵쾅 걷고, 토끼처럼 깡충깡충 뛰며, 나비처럼 팔랑팔랑 날아가는 모습을 표현해보는 것도 재미있습니다.

줄 서서 이동하기가 필요한 우리의 현실

한 학급의 20여 명의 유아를 교사 1명이 인솔해서 이동하기에는 어려움이 많습니다. 뒤쪽의 유아들은 교사의 보호를 받기 어려우며, 계단을 오르거나 모퉁이를 돌 때는 일부 아이가 시야에서 벗어나게 됩니다. 뒤쪽 유아들의 줄은 흐트러지기도 하고 친구랑 장난을 치며 따라오지 않는 경우도 생기지요. 교사의 시야에서 벗어난 유아들은 안전사고의 위험이 있습니다.

☞ 현실적인 팁!

- 2~4줄 서기로 교사의 시야 가까이에 두세요.
- 모둠끼리 이동하면서 유아들이 서로 챙겨주게 하세요.
- 여러 층을 이동할 경우에는 엘리베이터를 활용하세요.

화장실 사용 지도

화장실 사용 지도를 왜 해야 할까요?

유아들은 화장실을 이용하고 싶으나 구체적인 방법을 모르는 경우도 있고, 화장실을 가야 할 시기를 놓쳐서 실수를 하기도 합니다. 또한 교실에서 수업 중 유아가 화장실을 가고 싶다고 할 때가 있는데, 장난인지 아니면 진짜로 가고 싶은지 진의를 파악하기 어려울 때가 있습니다. 한 명의 유아가 화장실을 가고 싶다고 하면 여러 명이 화장실에 가고 싶다고 하여 수업의 흐름이 깨어지기도 합니다.

화장실 사용 지도의 목적은 다음과 같습니다.

첫째, 유아의 용변을 위한 욕구 충족

둘째, 스스로 용변 처리하는 자조능력 발달

화장실 이용 및 지도를 위한 환경

- 화장실 이용 순서도 게시
- 등원 전 화장실에 휴지가 있는지 확인
- 화장실 청결 유지

최근 성 관련 문제가 사회적으로 대두되면서 유치원에서의 성교육이 강조되고 있습니다. 예전과 다르게 성별에 따른 화장실 예절이 필요합니다. 지금까지는 남아들이 엉덩이를 보이고 소변기를 사용하는 것에 익숙했습니다. 또한 지금도 칸막이가 없는 남자 화장실, 남녀가 구분되지 않는 화장실이 있습니다. 그러나 남녀를 불문하고 자신의 몸을 소중히 여기고 보호되어야 하며, 성별을 떠나 모두가 존중받는 환경을 마련해야 합니다.

남녀가 구분되어 있지 않은 화장실이라면, 교사가 의도적으로 시차를 두어 보내고, 남아의 경우라도 소변을 눌 때, 집에서처럼 좌변기를 사용할 수 있음을 안내해주어야 합니다. 호기심으로 다른 사람이 사용하는 화장실 칸에 기웃거리지 않도록 지도하는 것은 필수겠지요! 특히, 한 칸에 두 명의 유아가 들어가지 않도록 신경 써야 합니다.

화장실 이용 방법

유아들과 함께 화장실 이용에 대해 알아봅니다. 아래의 질문으로 유아들과 이야기 나누어보세요.

- 화장실을 왜 사용할까?
- 화장실은 언제 사용할까?
- 화장실을 이용하기 전에 필요한 준비물은 뭐가 있을까?
- 화장실을 어떻게 사용할까?

화장실 이용하는 방법을 순서대로 정리하면 다음과 같습니다. 지도 중점을 살펴보면서 유아들이 스스로 화장실을 잘 이용할 수 있도록 지도해주세요.

1단계. 준비 및 줄서기

- 줄서기: 화장실 바깥에서 한 줄 서기로 기다리도록 지도합니다.
- 실내화 신기: 화장실에 맨발로 들어 가지 않고 실내화를 신도록 지도합니다.
- 노크하기: 문을 두드려 비어있는지 확인합니다.
- 문 닫기: 문을 닫지 않고 볼일을 보는 경우가 있으니 문을 닫고 용변을 볼 수 있도록 안내합니다.

2단계. 앉기

- 옷 내리기: 옷을 뭉쳐서 내리지 않고 하나씩 천천히 내릴 수 있도록 합니다.
- 변기에 앉기(여아)
  - 변기 뚜껑을 열고 바지와 팬티를 무릎 아래까지 내립니다.
  - 엉덩이를 변기에 깊숙이 걸터앉습니다.
  - 볼일을 볼 때는 윗옷이나 원피스가 변기에 들어가지 않도록 들어 올려서 잡고 있습니다.
- 변기에 서기(남아)
  - 두 발을 변기에 가까이 대고 섭니다.
  - 소변이 변기 바깥으로 튀지 않도록 손으로 성기를 잡고 변기의 가운데에 볼일을 봅니다.
- 용변 보기: 화장실에 너무 오랫동안 앉아 있는 친구들이 있습니다. 다음 친구를 위해 용변을 본 후 바로 나올 수 있도록 안내합니다. 변비에 걸린 유아가 있을 경우 부모님과 상담합니다.

3단계. 닦기

- 휴지 뜯기: 휴지를 사용하다 보면 유아들이 몇 장을 사용해야 할지 몰라서 둘둘 말

아서 사용할 때가 있습니다. 적당량을 사용하여 처리할 수 있도록 합니다.(예: 소변을 볼 때는 1번 감기, 대변을 볼 때는 3번 감기)

※ 휴지 두께나 크기에 따라 양을 조절하여 사용할 수 있도록 안내합니다.

- 휴지로 닦기
  - 휴지를 반으로 접어서 닦는다.
  - 한 번 닦은 곳은 또 한 번 더 접어서 닦는다.
  - 닦았는데도 잔여물이 있으면 휴지를 다시 뜯어서 닦는다.
  - 어린 유아 및 학부모의 요구 시 유아 스스로 닦은 후 교사가 물티슈로 한 번 더 닦아 준다.

  ※ 요로감염 예방을 위해 항문을 닦을 때는 요도에서 항문 방향으로 닦도록 안내합니다.(손을 엉덩이 뒤쪽으로 보내 앞에서 뒤로)

  - 사용한 휴지는 휴지통에 버리거나 변기에 넣는다.(바닥에 버리지 않도록 유의합니다)
- 남자 유아 소변 처리: 소변을 본 후에는 소변 잔여물을 텁니다.

  ※ 남자 유아의 경우 소변 후 휴지로 닦는 경우가 있습니다. 닦은 휴지를 남자 소변기에 버리면 소변기가 막힙니다. 소변 후 휴지로 닦는 남자 유아가 있다면, 소변기가 막히지 않도록 양변기를 이용하게 지도합니다.

4단계. 물 내리기

- 옷 입기: 겨울철에는 여러 겹의 옷을 입습니다. 여러 겹의 옷을 한꺼번에 올리면 제대로 입을 수 없으니 팬티, 내복, 바지 또는 치마를 차례로 올릴 수 있도록 합니다. 치마를 입었을 경우에는 스타킹과 팬티를 내리고 치마는 허리 위로 올려서 볼일을 보는 것도 가르쳐줍니다.
- 물 내리기: 볼일을 다 본 후 물 내리는 것을 잊는 유아가 많습니다. 다음 사람을 위해 꼭 물을 내릴 수 있도록 안내합니다. 마지막 퇴실 전에는 변기 물이 다 내려가 있는지 확인하는 것도 잊지 마세요.

5단계. 마무리

- 손 씻기: 화장실을 이용한 후에는 꼭 손을 깨끗이 씻도록 지도합니다.
- 실내화 정리하기: 다음 사람을 위해 실내화를 정리하도록 지도합니다.

함께 생각해보기

화장실을 이용한 후에 유아들과 함께 화장실을 이용하면서 불편한 점은 없었는지 이야기를 나누어보세요. 문제 상황이 있었다면, 유아들과 함께 토론하여 해결책을 찾아봅니다. 이야기를 나눌 때 실수에 관한 이야기나 교사의 경험을 들려주는 것도 좋습니다.

용변 실수를 해서 창피해요

"선생님은 어렸을 때 놀이하다가 화장실 갈 시간을 놓치고 그만 실수를 했습니다. 친구들이 놀릴까 봐 너무 창피했어요. 그리고 옷이 축축해서 너무 싫었어요."

- 나에게 이런 일이 일어나면 어떤 기분이 들까요?
- 친구에게 이런 일이 있다면 어떻게 하면 좋을까요?

화장실에 가고 싶은데 참아서 실수를 했어요

"놀다가 쉬를 급하게 하여 바지에 실수한 적이 있어요."

- 쉬가 마려우면 언제든지 가야 하고 미리 가야 해요.
- 선생님은 친구들이 쉬하고 싶을 때 시간을 충분히 주었다고 생각하는데 혹시 쉬가 마려운 친구는 이야기해주세요. 마음 편하게 쉬를 하고 올 수 있도록 도와줄게요.

용변 후 닦지 않았어요

"선생님의 딸이 어렸을 때 응가를 하고 옷을 그냥 입었는데 응가에 묻어있던 세균들이 쉬가 나오는 곳에 들어가 몸에 열이 나고 많이 아파서 응급실에 갔었어요. 병원에서 치료를 받았고 약도 먹었어요."

- 왜 세균들이 쉬가 나오는 곳에 들어갔을까요?
- 화장실에서 어떻게 하면 될까요?

휴지를 너무 많이 썼어요

"화장지를 둘둘 말아서 너무 많이 쓰면 어떨까? 선생님은 지구가 아플 것 같기도 하고 필요 없는 곳에 너무 많이 쓰고 나면 정말로 휴지가 필요할 때 못쓸까 봐 걱정이 되어요. 휴지는 나무로 만들었는데 나무에게도 미안한 마음이 들어요."

– 쉬할 때는 휴지를 얼마큼 사용하면 좋을까요?

– 한번 감아 반을 접어서 손을 엉덩이 뒤로 해서 쉬한 곳을 톡톡톡 두드리듯 닦습니다.(요로감염 예방을 위해 소변이든 대변이든 엉덩이 뒤에서 닦아주는 연습이 필요합니다)

– 응가를 했을 때는 휴지는 얼마큼 사용하면 좋을까요?

– 3번을 감아서 손을 엉덩이 뒤로 해서 쉬한 곳에서 응가한 곳으로 닦아줍니다. 다시 반을 접어 한 번 더 닦고, 또 반을 접은 다음 한 번 더 닦습니다.

– 어? 이상하다 응가가 남아 있는 것 같아요. 그럴 땐 한 번 더 휴지를 떼어서 응가가 남아 있지 않도록 닦아줘요.

– 다 사용한 휴지는 변기에 넣고 물을 내려요.

– 그런데 잠깐, 물티슈는 변기가 막혀요. 어떻게 하면 좋을까요? 휴지통에 버려요.

기타 다양한 상황

"지아와 지선이는 같은 반 친구예요. 어느 날 지아가 "지선아. 우리 화장실에 같이 들어가서 놀이하자"라고 했어요."

– 이럴 때는 어떻게 하면 좋을까요?

– 왜 그렇게 생각했나요?

"정완이는 현선이가 쉬하는 게 너무 궁금해서 칸막이 아래에서 "우와 현선이 보인다. 팬티랑 바지를 내리고 있네"라고 말했어요."

– 현선이는 기분이 어땠을까요?

– 정완이는 왜 친구의 쉬하는 모습을 보려고 했을까요?

"아침에 유치원 교실에 들어왔는데 화장실에서 이상한 냄새가 났어요."

– 왜 그랬을까요?

"화장실이 놀이터처럼 문 안쪽에서 바깥쪽으로 두드리기 놀이, 문 아래에서 눈 마주

치며 이름 부르기, 화장실 칸막이 문에 매달리기 등의 놀이를 하네요."

– 화장실은 무엇을 하는 곳일까요?

– 화장실에서 이런 놀이를 하면 어떤 일이 생길까요?

순	내용	비고
1	화장실 사용 방법을 아는지 유아들의 사전 지식 알아보기	10분, 1일
2	화장실 사용을 잘하는지 유아들이 실천하고 있는 모습을 파악하기	10분, 1일
3	유아들이 사용 시 미흡한 부분에 대한 토론하기를 통한 문제 분석 및 사용법 재구조화(화장지 사용법, 옷 입고 벗는 방법, 변기 물 내리는 방법)	각 10분씩, 3~4일
4	화장실 사용을 실천한 후에 경험에 대한 토론하기(호기심을 가지고 친구가 본 사례, 친구가 두 명이 들어가는 것, 화장실이 급할 때)	20분, 2일
5	화장실 사용이 습관화가 되도록 관찰 및 격려(귀가 전 유아들이 사용하는 모습을 찍은 사진을 보여주며 격려하기)	5분, 1일

화장실 지도 계획의 예

화장실과 관련된 다양한 상황 대처 방법

학기 초에 또는 유아의 성향에 따라 대소변을 실수하는 경우가 있습니다. 대소변을 실수했을 때는 유아가 수치심을 느끼지 않도록 조용히 장소를 이동하여 처리합니다. 여벌 옷으로 갈아입히고 귀가 시간에 부모님께 알려주세요. 더러워진 옷은 간단히 애벌빨래하여 보내는 것이 좋습니다.

혼자서 뒤처리를 하다가 팬티에 용변이 묻어나는 경우가 생길 수 있으니 대변 후에는 선생님이 한 번 더 확인하는 것이 필요합니다.

가정에서처럼 화장실 입구에서 실내화를 신으며 바지를 내리는 경우가 있고, 화장실 이용은 잘하지만 화장지 사용법, 옷 입고 벗기, 뒤처리가 부족한 경우도 있으니 유아들이 화장실을 이용하는 모습을 개별적으로 관찰하여 지도해야 합니다.

전이시간이 두려워요

이야기 나누기나 바깥 놀이를 하러 가기 전에 화장실을 다녀와야 하는 경우, 밥 먹기 전 손 씻고 화장실을 가는 시간 등 교사 혼자서 화장실과 교실 두 곳을 관리해야 할 때는 참 난감하고 어려운 상황이 많습니다.

이럴 때는 교실에는 교사를 대신하는 도우미가 배운 노래를 함께 불러보도록 하고 교사는 화장실 지도를 하는 것도 좋습니다. 이외에도 화장실에 간 친구들이 다 모일 때까지 수수께끼, 끝말잇기, 말 전달하기, 책 읽기, 마음 모으기 등의 활동을 하기도 합니다.

교사는 활동 중에도 화장실에 몇 명의 유아가 갔는지, 시간은 얼마나 지났는지 생각하고 있어야 합니다. 유아들이 화장실에서 너무 오래 머무른다면 문제가 생길 수 있습니다. 칸막이나 문에 매달려 장난을 치다가 다치는 경우도 생깁니다. 또한 유아들 사이에 다툼이 일어나는 경우도 있으니 화장실을 사용하는 유아들에게도 주의를 기울이고 수시로 체크해야 합니다.

손 씻기 지도

왜 손을 씻어야 할까요?

손 씻기의 가장 큰 목적은 청결을 통해 자신의 건강을 지키는 것입니다. 손은 외부와 직접 접촉하는 부위이고, 각종 세균과 바이러스를 인체로 전파하는 매개체입니다. 대부분의 감염성 질환은 공기를 통해 코나 입으로 병균이 직접 침입하기보다는 청결하지 않은 손에 의해 눈이나 코, 입으로 감염되는 경우가 더 많습니다. 질병의 70%가 손을 통해 전염되는데, 특히 이질, 감기, 눈병 등은 평소에 손만 제대로 씻어도 예방할 수 있다고 합니다.

세균은 눈에 보이지 않기 때문에, 눈에 크게 이물질이 보이지 않는 이상 교사도 아이들도 손이 더럽다고 생각하기 어렵습니다. 그래서 비누칠도 하지 않고 물만 살짝 묻혀서 그냥 나오기도 하고, 손을 씻다가 장난만 치고 다시 나오기도 하며, 손을 씻은 후 계단이나 복도의 난간, 신발 등을 다시 만지고서도 자기 손에 세균이 붙어있는 걸 모르는 경우도 있습니다.

손 씻기 지도의 목적은 다음과 같습니다.

첫째, 손의 세균을 제거하여 질병 예방
둘째, 스스로 손 씻기를 습관화하는 자조능력 발달

손은 언제 씻을까요?

- 급 · 간식 먹기 전
- 대소변 처리 후
- 요리 활동 전
- 기침했을 때
- 바깥 놀이 후
- 미술 활동 후 등

손 씻기 이용 및 지도를 위한 환경

- 세면대
- 물비누 또는 비누
- 손 씻기 순서 그림: 손 씻기 이용 순서를 그림을 보고 따라 할 수 있도록 배치
- 물기 닦는 재료: 손수건 또는 티슈 및 건조기
- 물막이: 세면대에 닿아 옷이 젖는 것을 방지

세면대, 비누, 물막이

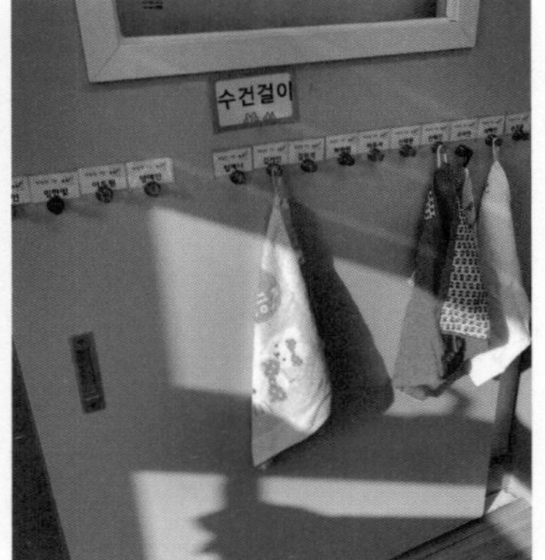

물기 닦는 재료

손 씻기 방법

유아들과 함께 손 씻는 방법에 대해 알아봅니다. 유아들과 아래의 질문으로 이야기 나누어보세요.

- 손 씻기를 왜 할까?
- 손 씻기는 언제 할까?
- 손 씻기에 필요한 준비물은 뭐가 있을까?
- 어떻게 하면 깨끗이 씻을 수 있을까?

옷소매 걷기

비누칠 거품 1번

비비기

헹구기

물기 제거-손 털기

물기 제거-손 닦기

신발 정리

손 씻는 방법을 순서대로 정리하면 다음과 같습니다. 지도 중점을 살펴보면서 유아들이 스스로 손을 씻을 수 있도록 지도해주세요.

1단계. 옷 걷기

- 손을 씻기 전에 두 팔을 먼저 걷습니다.

2단계. 손 씻기

- 물을 틀어 손 적시기
  - 손에 물을 충분히 적십니다.
  - 물을 너무 세게 틀지 않도록 유의합니다.
  - 왼쪽 오른쪽의 더운 물과 차가운 물을 트는 방법도 함께 알려주면 좋습니다.
- 비누 묻히기
  - 비누를 사용할 경우 비누가 미끄러지지 않도록 두 손으로 잡고 두 번 정도 문지른 후 비누를 내려놓게 합니다.
  - 물비누나 거품비누를 사용할 경우 한 손은 비누가 나오는 곳에 대고 다른 한 손은 손잡이를 위에서 아래로 한 번만 꾹 누르도록 합니다.
- 비비기: 손가락을 비비며 거품을 만드는 방법을 알려줍니다.

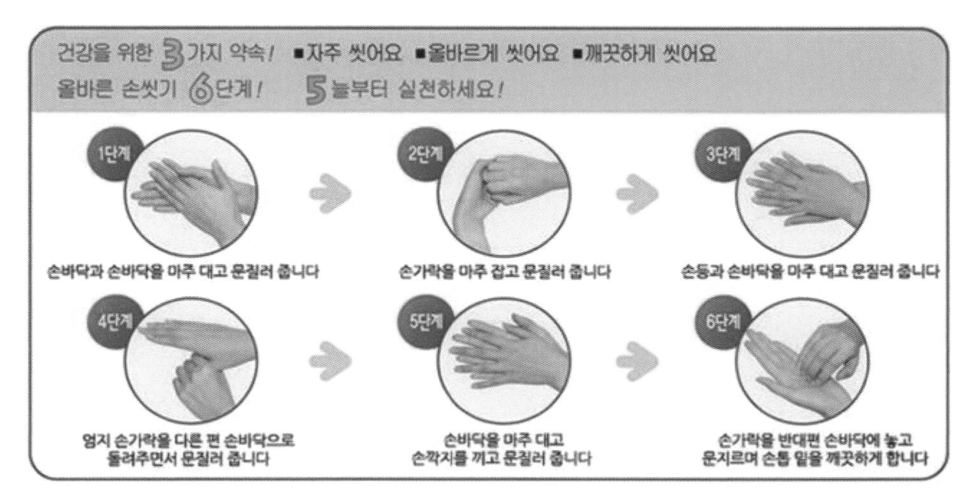

올바른 손 씻기 6단계 <출처: 범국민손씻기운동본부(대한의사협회, 질병관리본부)>

3단계. 헹구기

- 헹구기
  - 물을 틀어서 거품이 없어질 때까지 헹구도록 합니다.
  - 손목에 거품이 남아 있을 때가 있으니 주의합니다.
- 물 잠그기
  - 비누 잔여물이 없으면 수도꼭지를 잠급니다.
  - 수도꼭지에 비누 잔여물이 있다면 제거하고 물로 손을 한 번 더 헹구고 물을 잠그도록 합니다.
  - 수도꼭지를 잠그지 않으면 물이 낭비된다는 것을 알려줍니다.

4단계. 닦기

- 물기 털기: 손 씻기 후 물이 바닥에 떨어지거나 친구에게 뿌리지 않도록 세면대 안에서 물기가 다 털릴 때까지 털게 합니다.
- 물기 닦기: 물기 닦는 재료(손수건, 티슈, 건조기 등)로 닦도록 합니다.
  - 티슈의 경우 한 장만 뽑아서 닦습니다.
  - 건조기의 경우 손이 다 마를 때까지 구석구석 잘 말리도록 합니다.

5단계. 정리하기

- 물기 닦은 재료 정리
  - 손수건은 닦고 제자리에 걸어둡니다.
  - 티슈를 사용하는 경우에는 부피를 줄일 수 있도록 공처럼 만들어서 휴지통 안에 잘 넣도록 합니다.
- 신발 정리하기

손 씻기 활동을 마친 다음에는 유아들과 함께 손 씻기를 잘했는지 평가합니다.

- 손을 씻으면서 불편한 점은 없었나요?

- 문제 상황에 대해 유아들과 이야기 나누기
  - 물기를 터는데 어떤 친구가 손을 높이 올리고 털어서 눈에 물이 들어갔어요.
  - 손 씻기를 하면서 물장난을 하다가 머리에도 물을 묻혀 와서 생쥐가 되었어요.
  - 손 씻기를 다한 친구가 심심하다고 다른 놀잇감을 만지면 어떻게 될까?
  - 휴지를 바닥에 버려요.
  - 손을 씻은 후 바닥과 세면대에 물이 너무 많아요.
  - 친구들이 비누 거품으로 장난을 쳐요.
  - 건강한 손 씻기를 위한 우리들의 약속 만들기

함께 생각해보기

손! 왜 씻어야 할까?

- 선생님은 화장실을 다녀오고 나서 손에 아무것도 묻어있지 않고 깨끗하게 보여서 사실 손 씻는 걸 깜빡합니다. 그냥 씻지 말말까요? 눈에 보이지도 않는데… 안 씻으면 안 되나요?
- 손을 씻지 않아서 아팠던 사례 나누기
  - 사실 선생님은 어렸을 때 화장실 갔다가 손을 안 씻고 밥을 먹은 적이 있어요.(세균 그림을 보여주며) 그런데 갑자기 배가 아파지더니 열이 나고 너무 아파서 데굴데굴 구르며 '배가 너무 아파요' 라고 소리를 지르다가 응급실에 간 적이 있어요. 그때 의사 선생님이 손을 깨끗하게 씻지 않아서 장염이라는 병에 걸렸다고 말해주셨어요. 병원에서 커다란 주사도 맞고 병원에서 5일 동안 입원해 있었어요. 손을 열심히 씻지 않은 걸 후회했었죠. 혹시 손을 안 씻어서 배가 아파본 적이 있는 친구 있어요?

손 씻기를 어떻게 할까?

- 화장실에 다녀올 때, 밥 먹기 전 말고 또 손은 언제 씻어야 할까?
- 손 씻기에 필요한 준비물은 뭐가 있을까?
- 어떻게 하면 손을 깨끗이 씻을 수 있을까?

- 손을 씻을 때 제일 먼저 어떻게 하면 좋을까? 손에 물을 묻히는데 옷이 젖었네. 어떻게 하지? (옷을 걷으면서) 다 같이 옷을 걷어볼까요?
- 비누를 여러 번 많이 사용해서 세면대에 거품이 가득 찬 것을 본 적이 있어요. 비누를 많이 사용하여 거품이 많으면 더 깨끗해질까요? 비누를 많이 사용하면 물을 깨끗이 하는 데 더 많은 시간과 돈이 들어간대요. 그러면 비누는 얼마만큼 쓰면 좋을까요?
- 선생님이 한 가지 궁금한 게 생겼어요. 밥 먹으러 가기 바쁘고 급한데 손 씻을 때 물로 그냥 헹구고 가면 될 것 같은데 왜 비누칠까지 할까요? 물로만 씻었을 때도 세균이 조금 사라지긴 하는데, 세균 100마리 중 20마리 정도만 사라진대요. 비누칠을 하고 씻으면 세균 100마리 중 99마리가 사라진대요. 바르게 손 씻는 방법 그림이나 사진을 보면서 비벼요. 거품비누가 세균을 잡아주고 있네요.
- 이제 비누 거품을 없애려면 어떻게 해야 할까요? 물을 틀어서 헹구어 보아요. 손을 씻었는데 손목에 거품이 묻어있네요. 어? 다른 곳에는 없나요? 혹시 거품이 남아 있어서 미끄럽지는 않나요?
- 손을 다 헹군 다음은 어떻게 해야 하나요? 물을 꼭 잠가야 해요.
- 손을 다 씻었는데 손에서 물이 뚝뚝 떨어지네요. 이대로 그냥 나가면 바닥에 물이

순	내용	비고
1	손 씻기 방법을 아는지 유아들의 사전 지식 알아보기(손 씻기 왜 해야 하나?)	10분, 1일
2	손 씻기 잘하는지 유아들이 실천하고 있는 모습을 파악하기	10분, 1일
3	유아들이 손 씻기 시 미흡한 부분에 대한 토론하기를 통한 문제 분석 및 사용법 재구조화(비누칠하기, 손 비비기, 닦기, 정리하기)	각 10분씩, 3~4일
4	손 씻기 실천한 후에 경험에 대한 토론하기(손 씻을 때 세면대 옆에 물이 넘쳐요, 친구들이 물장난해요, 거품을 너무 많이 내요)	20분, 2일
5	손 씻기가 습관화가 되도록 관찰 및 격려(귀가 전 유아들이 사용하는 모습을 찍은 사진을 보여주며 격려하기)	5분, 1일

손 씻기 지도 계획의 예

떨어질 텐데 어떻게 하면 좋을까요? 손을 털다가 옆에 있는 친구에게 물이 튈 것 같기도 한데, 어디에다 손을 털면 좋을까요? 몇 번 정도 털면 물이 튀지 않을까요?
- 손을 털었는데 아직도 손에 물기가 있네요. 수건으로 닦아요.
- 이제 손이 깨끗해졌나요? 세균아 안녕~! 손에 향기도 맡아보세요. 너무 좋은 향기가 나네요.

이 닦기 지도

이 닦기는 왜 해야 할까요?

유아들에게 이 닦기는 썩 유쾌한 경험은 아니라서 자발적으로 하기가 쉽지 않습니다. 때로는 이 닦기를 강하게 거부하는 유아도 종종 있습니다. 그림이나 동화를 통해 유아들에게 이 닦기의 중요성을 이야기해주어도 스스로 이 닦기를 하게 되기는 어렵습니다.

유아들의 이 닦기 지도가 어렵지만 꼭 해야 되는 이유가 있습니다. 유치 때부터 치아 관리를 하지 않아 충치가 생기면 음식물을 잘 씹을 수 없게 되어 턱의 구조가 제대로 자리 잡지 못한다고 합니다. 또한 유치에 충치가 생기면 잇몸에 침투하여 영구치에도 악영향을 끼친다고 합니다. 따라서 튼튼한 영구치가 나올 수 있도록 유치부터 잘 관리해주어야 합니다.

이 닦기 지도를 위한 환경

- 이 닦기 컵은 칫솔소독기에 사용이 가능한 것이면 됩니다.
- 어린이 칫솔은 성인 칫솔에 비해 부드럽고 칫솔 헤드가 작은 것이 좋습니다. 또한 유아마다 칫솔 마모 시기가 다르므로 수시로 확인하여 교체해줍니다.
- 치약에는 충치를 예방해주는 불소 성분, 음식물 찌꺼기를 닦아주는 세정제, 거품이 나서 잘 닦이게 하는 계면활성제, 변질을 막아주는 보존제 등의 많은 화학성분이 함유되어 있습니다. 유아용 치약은 일반 치약보다 세정제와 연마제 등 화학성분이 적고, 특히 불소 함유량이 적습니다. 따라서 유아들에게 적합한 유아용 치약

을 사용할 수 있도록 학부모님께도 안내해야 합니다.

- 칫솔소독기는 칫솔을 자외선이나 원적외선을 이용해 건조, 살균해주는 것으로 칫솔을 건조시켜 세균의 번식을 막아줍니다. 그러나 칫솔소독기도 청결하게 관리하지 않으면 오히려 세균번식의 온상이 되기도 한다는 것을 기억하시기 바랍니다.
- 이 닦는 공간이나 장소에 유아들이 쉽게 보고 익힐 수 있도록 이 닦기 순서를 게시해줍니다.
- 모래시계는 유아들이 충분하게 이를 닦는 시간을 알려주는 데 아주 유용합니다. 유아들은 시간을 알 수 없을 뿐만 아니라 실제로 이 닦기를 시작하고 나서는 몇 번만 하고는 바로 물로 헹구는 경우가 대부분입니다. 모래시계를 이용하여 즐겁게 이 닦는 습관을 만들어주면 좋습니다.

연령	특성	교사의 역할	비고
만 3세	· 이 닦기의 중요성 인식 · 칫솔 조작 및 치약량 조절 능력 미숙	· 자신의 칫솔을 찾을 수 있도록 개별지도 · 처음에는 교사가 치약 짜주기 · 유아가 이 닦기 한 후 교사가 한 번 더 이 닦기 해주기 · 이 닦기 도구 씻어서 정리할 수 있도록 안내	
만 4세	· 이 닦기 순서 인지 · 이 닦기 도구 관리 능력 부족 · 치약량 조절 어려움	· 학기 초에는 교사가 치약을 짜주고 2학기부터 치약을 스스로 짜고 정리할 수 있도록 지도 · 칫솔 사용 후 깨끗하게 관리하는 방법 지도 · 모래시계를 이용하여 3분 동안 이 닦기 할 수 있도록 안내	화장실에서의 문제 발생 예방을 위해 수시 체크
만 5세	· 이 닦기 능숙함 · 장난을 많이 함	· 스스로 치약 짜기 가능 · 치약 양을 조절하여 짤 수 있도록 안내 · 물장난하지 않도록 안내 · 칫솔모가 벌어지면 칫솔을 갈아야 하는 시기임을 안내	

연령별 특성에 따른 이 닦기 지도

이 닦기 지도

이 닦기, 꼭 해야 하나요?

이를 닦지 않아서 아팠던 사례를 이야기 나눕니다.

"선생님은 저녁에 밥을 먹고 나서 '조금 이따가 이 닦기 해야지' 하고 생각하다가 너무 피곤해서 그냥 자버린 적이 많아요. 어렸을 때는 이가 썩은 게 없었는데 어른이 되어서 이 닦기를 게을리하니까 이가 썩어서 입에서 고약한 냄새가 나더니 잇몸이 붓고 이가 아프기 시작했어요. 치과에 가기가 너무나 무섭고 며칠 있으면 낫겠지 싶어서 그냥 두었죠. 그랬더니 잇몸은 물론이고 턱 아래까지 부어서 너무나도 많이 아파서 병원을 가게 되었어요. 의사 선생님께서 이가 잘 닦지 않아서 이가 썩었고 잇몸까지 염증이 생겨서 치료해야 하는데 많이 아프다고 했어요. 마취를 할 때는 커다란 주삿바늘 때문에 조금 아팠지만 참고 치료해서 지금은 아프지 않게 되었어요. 친구들 중에서도 치과 진료를 받은 적이 있나요?"

이 닦기는 언제 할까?

- "이 닦기는 언제 하면 좋을까요?"
  – 밥 먹고 바로 해요. 잠자기 전에 이 닦기를 해요.
- 이를 닦지 않으면 시간이 지날수록 치아가 어떻게 될지 유아들과 예측해보고 실제 자료를 보고 이야기를 나누어봅니다. (탄산음료 및 사과를 먹었을 경우 상아질이 마모되기 때문에 30분 후에 이 닦기를 하도록 합니다)

이 닦기에 필요한 준비물은 뭐가 있을까?

- 이를 닦을 때는 무엇이 필요할까요?
  – 치약, 칫솔, 이 닦기 컵

칫솔을 바르게 사용하기

"(벌어진 칫솔을 보여주며) 이 칫솔의 모양은 어떤가요?"

"망가졌어요."

"이 칫솔은 왜 이렇게 망가졌을까요?"

"오래 썼어요. 이로 깨물었어요."

"칫솔이 망가지지 않도록 잘 사용하려면 어떻게 해야 할까요?"

이 닦기는 이렇게~

"이 닦기는 어떻게 하면 좋을까요? "

"윗니, 아랫니, 옆쪽, 안쪽, 혀를 닦아요."

"이 닦기 하는 시간은 얼마큼 해야 할까요?"

"모래시계가 다 내려갈 때까지 3분 동안 해요."

"물로 입안을 헹군 후에는 어떻게 뱉을까요?"

"세면대 안에 친구들에게 튀지 않도록 뱉어요."

"물로 몇 번을 헹구는 것이 좋을까요?"

"다섯 번이요."

칫솔 꺼내기 / 이 닦기 / 음식 잔여물 확인 및 헹구기 / 이 닦기 도구 씻고 털기 / 정리하기

이 닦기 순서

1단계. 옷소매 걷기

- 이 닦기 전에 옷이 젖지 않도록 소매를 먼저 걷습니다.

2단계. 준비하기

- 칫솔, 치약, 이 닦기 컵 준비
  - 칫솔의 경우 같은 종류가 있을 수 있으니 이름을 꼭 확인합니다.
  - 마모된 칫솔은 수시로 갈아줍니다.
- 치약 뚜껑 열기: 뚜껑의 모양에 따라 여는 방법이 다름을 알려줍니다.
- 치약 짜기(새끼손톱만큼 짜기)

항목		묻고 답하기
뚜껑 열고 닫기		Q: 치약 뚜껑의 모양에 따라 어떻게 열고 닫을까요? A: 위쪽으로 올려서 열고 닫아요. A: 엄지와 검지로 뚜껑의 양옆을 꾹 눌러서 열고 딱 소리가 나게 닫아요. Q: 계속 뚜껑을 열어두면 어떻게 될까요? A: 치약이 굳어요. 세균이 들어가요.
치약 짜기		Q: 치약을 짤 때 어디를 어떻게 누를까? A: 아래를 누르면 치약이 나와요. 그런데 너무 세게 누르면 치약이 너무 많이 나와요.
치약의 양 조절하기		Q: 치약을 얼마나 쓰면 좋을까? A: 새끼손톱만큼 작은 양으로 짜요.
치약을 먹으면?		Q: 치약에서 이렇게 맛있는 향기가 나는데 먹을 수 있을까요? A: 배가 아파지고 몸이 아파져서 먹으면 안 돼요.

– 이를 닦기에 적당한 양을 보여주고 유아 스스로 짜도록 지도합니다.

– 치약의 사용량이 많으면 오히려 치아를 상하게 만들기도 합니다.

3단계. 닦기

- 이 닦기 순서
  - 순서대로 이 닦기를 한 후 컵을 이용하여 입안을 헹구어줍니다.
  - 잔여물을 확인하고, 잔여물이 있으면 다시 헹구도록 합니다.
  - 입 주변에 묻은 치약을 씻을 수 있도록 안내합니다.
- 이를 닦을 때 칫솔을 물지 않고 바르게 이를 닦을 수 있도록 안내합니다.

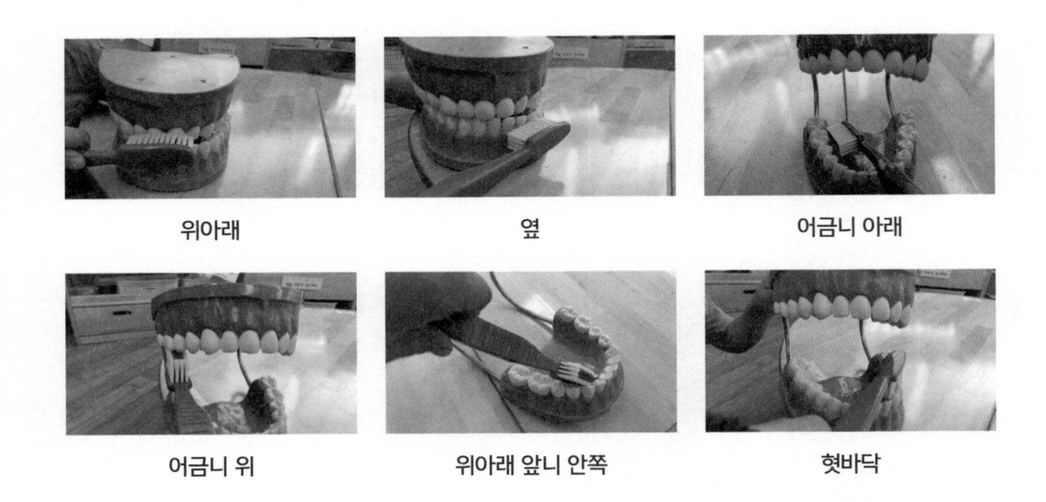

위아래 / 옆 / 어금니 아래

어금니 위 / 위아래 앞니 안쪽 / 혓바닥

4단계. 정리하기

- 이 닦기 도구 씻고 털기
  - 사용한 칫솔은 흐르는 물에 한 손은 칫솔을 잡고 다른 한 손은 칫솔모를 잡고 칫솔에 치약이 없어질 때까지 씻어줍니다.
  - 씻은 칫솔은 물기가 흐르지 않도록, 세면대에 옆 친구에게 튀지 않도록 조심조심 10번 정도 털어줍니다.
- 이 닦기 도구 정리하기
  - 씻은 칫솔은 칫솔 소독기에 꽂거나 이 닦기 컵에 꽂아두는 등 학급에서 정한 방법에 따라 정리합니다.
  - 치약은 사용한 후 뚜껑을 꼭 닫게 하고, 제자리에 갖다 놓습니다.
  - 이 닦기 컵은 자신이 입댄 곳을 손으로 비비며 헹구어줍니다.

함께 생각해봅시다

- 이 닦기를 다한 친구가 혼자 심심한가 봐요. 무엇을 하고 있을까요?
- 남자 화장실과 여자 화장실에서 구분되어 두 곳을 다니면서 이 닦기를 지도하니 선생님이 모두 다 챙겨주기가 어려워요. (도우미가 할 역할 협의해서 도우미 친구가 이 닦기 시간 조절, 치약, 마무리 등을 도와주는 방법도 있습니다.)

순	내용	비고
1	이 닦기에 대한 유아들의 사전 지식 알아보기	10분, 1일
2	유아들이 이 닦기 하는 모습을 파악하기	10분, 1일
3	이 닦기와 관련된 다양한 상황을 유아들과 함께 토론하기 (치약 뚜껑 열고 닫는 법, 치약 양 조절하여 짜는 법, 이 닦기 하는 방법, 헹구기, 이 닦기 도구 씻기, 정리하기)	각 10분씩, 8~10일
4	이 닦기를 실천한 다음 상황에 대해 토론하기(칫솔에 치약이 많이 묻어있어요, 물을 헹굴 때 친구가 물을 튀겨요, 친구가 칫솔을 털어서 물이 튀겼어요)	20분, 2일
5	올바르게 이 닦기 할 수 있도록 관찰 및 격려(유아들이 이 닦기 하는 모습을 보여주며 격려하기)	5분, 1일

이 닦기 지도 계획의 예

개인 물건 정리

1. 신발 정리

유치원 신발장은 운동화, 구두, 장화, 슬리퍼, 샌들, 부츠 등 여러 종류의 신발로 알록달록합니다. 신발장의 신발을 보면 어떤 친구가 먼저 왔는지 교실에 들어가 보지 않아도 미리 알 수 있습니다. 이렇게 신발은 분신처럼 신발장 안에서 나를 대변하는 존재감을 발휘하기도 합니다.

아침에 마음에 드는 신발을 신고 유치원에 오면, 유아는 어떤 일을 제일 먼저 해야 할까요? 마주친 사람들과 인사도 하고, 신발장에 자기 신발을 정리해야 하지요. 그런데 신발을 벗어서 정리하는데 나와 다른 사람을 불편하게 한다면 아침부터 분신같이 여기던 내 신발도 원망스러워집니다.

유치원에 오고 갈 때마다 신발을 들고 마주할 이 행복을 지켜주려면, 교사가 어떻게 도울 수 있을까요?

신발 어디 놔요?

▶ 신발 자리는 명확하게 표시

유아가 신발장에서 자기 신발 자리를 잘 찾을 수 있도록 명확하게 반과 유아 이름을 표시해주어야 합니다. 그리고 여러 학급이 있는 유치원의 경우 우리 반 신발장이 어디인지부터 익히게 합니다. 유치원 신발장 중에서 우리 반 신발장의 위치와 우리 반 신발장 속에서 내 신발 자리를 찾을 수 있도록 말입니다.

▶ 연령별 신발 자리 익히기 노하우

만 3세는 특히 자기 신발 자리를 익히도록 하는 데 중점을 둡니다. 이름 옆에 유아 사진을 붙여주는 것이 가장 확실한 방법이지만, 개인정보보호 등의 이유로 사진 부착이 어려울 경우 유아만 알 수 있는 그림이나 스티커를 이름 옆에 붙여 잘 찾을 수 있도록 도울 수 있습니다.

만 4, 5세 역시 학기 초에는 자신의 신발장 자리를 익히는 시간이 필요합니다. 공간 감각을 활용하여 어디쯤 내 자리인지 기억하고 얼른 다시 찾아보도록 게임처럼 연습하면 직관적으로 자기 자리를 인식하므로 쉽게 익힐 수 있습니다.

학부모 오리엔테이션과 같이 입학식 전 학부모님과 먼저 유치원을 방문할 기회가 있다면, 유아가 학부모님과 함께 자기 자리를 찾아보고 한번 연습해보는 것도 좋습니다.

신발은 이렇게!

자기 신발 자리를 익혔다면, 만 3세는 여러 가지 신발 정리 모습을 보며 어떤 것이 바르게 정리한 것인지 함께 알아보는 정도가 좋습니다. 신발을 올바르게 정리할 것을 강요하는 것은 유아에게 과한 과제가 됩니다.

만 4, 5세는 학기 초에 여러 가지 신발 정리 사진을 보며 바르게 정리된 사진을 찾아보고 실천해보도록 할 수 있습니다. 여기서 바르게 정리된 신발이란 신발 두 짝이 나란히 붙어있는 것, 이름을 가리지 않도록 안쪽으로 놓은 것 등 구체적이고 명확하게 안내해줍니다. 만 5세는 왜 바르게 정리해야 하는지 이야기 나누며 정리의 좋은 점을 유아가 인식하도록 하면 실천으로 이어지기가 쉽습니다.

척척 신발 신기

유치원에 매일 등 · 하원하고 바깥 놀이하며 체험학습 가는 날도 있으니, 적어도 하루 두 번 이상 신발을 신고 벗어야 합니다. 그런데 이때는 반 유아들이 한꺼번에 줄지어 나와서 신어야 하므로 순서를 두고 다투는 일도 흔하고 신고 벗는 과정에서 부딪치고 넘어지기 쉽습니다. 입학한 다음날부터 우선적으로 신발 유형별 신고 벗는 방법 동영상 보여주기, 시범 보이기, 직접 연습하기 과정을 거치면서 이때 지켜야 할 안전 약속을 충분히 이야기 나누어야 합니다.

▶ 차례대로 신발 꺼내기

한꺼번에 신발장 앞에 몰리지 않도록 줄지어 기다리는 자리를 정하고 차례대로 2~5명의 유아만 신발장에서 신발을 꺼내도록 합니다. 물론 현관의 공간과 상황에 따라 한 번에 신을 유아의 수를 조정합니다.

▶ 신발 신을 장소 안내

신발을 신을 때, 우리 반 신발장 앞에서 신는 것이 아니라 현관에 나가서 신을 수 있다는 것을 안내해야 합니다. 어릴수록 주저앉아서 신발을 신기 때문에 다른 사람에게 방해되지 않도록 출입로를 막지 않는 자리를 잡게 하고 친구와 부딪치지 않도록 한걸음 떨어져서 신게 합니다.

▶ 연령별 지도 노하우

특히 만 3세는 늘 가정에서 신겨주던 것에 익숙해져 스스로 신기 어려워하는 유아가 많이 있습니다. 그래도 사전에 알려준 방법을 상기시켜 주고 스스로 신어 보도록 격려해줍니다. 사전에 신발 유형별 신고 벗기 방법 동영상을 보며 익히고, 연습해보았다면 더욱 수월하게 잘 해냅니다.

만 5세는 자신의 신발 벗기 노하우를 소개하고 친구의 방법을 토대로 연습하는 것도 재미있어합니다. 더 나아가 경험을 바탕으로 동생들을 위한 신발 신고 벗기 방법 소개 동영상을 촬영하면 아주 흥미 있는 학습 자료가 됩니다.

▶ 충분한 시간 확보

교사가 꼭 준비할 것도 있는데요, 시간이 조금 걸리더라도 유아들이 스스로 신도록 기다려주는 여유로운 마음과 시간을 확보하는 것입니다. 초기에는 신발을 신는 데도 시간이 꽤 걸리므로 시간을 넉넉하게 확보하고 사전에 유의사항을 충분히 지도해야 안전사고를 예방할 수 있습니다. 큰 유아들은 급하게 신느라 구겨 신거나 반대로 신는 때도 종종 있는데, 이럴 때도 조바심을 내지 않고 다시 와서 바르게 신게 합니다. 그렇지 않으면 서두르는 분위기 때문에 허둥대느라 다른 유아들까지 불안해질 수 있습니다.

▶ 대기 장소 지정하기

마지막으로 중요한 점은 신발을 먼저 신은 유아들이 대기할 장소를 정해주는 것입니다. 신발을 다 신고 다른 친구를 기다리는 것이 지루해서 주변을 뛰어다니거나 다른 장소로 이탈하는 경우가 많기 때문에 반드시 기다리는 장소를 강조해서 안내해야 합니다. 그래야 또다시 친구들을 불러 모아 줄 서는 수고를 하지 않고 더 빨리 출발할 수 있으니 결국 더 오랜 시간 놀 수 있다고 동기부여 할 수 있습니다.

이렇게 정해진 장소에서 기다리는 습관을 잘 들여 두면 바깥 놀이할 때뿐 아니라 각종 행사, 현장체험학습 시 신속하고 질서 정연하게 이동할 수 있습니다.

2. 외투 정리

춥고 서늘한 계절이면 유아들은 자신의 몸집만 한 외투부터 가벼운 점퍼에 이르기까지 참 다양한 외투를 입고 등원을 합니다. 집에 들어가면 그렇듯, 유치원 역시 실내로 들어오면 놀기 편하게 외투를 벗고 놀이하도록 지도합니다.

그런데 가정에서 유아들은 스스로 외투를 벗어서 옷걸이에 정리할까요? 아마 그런 경우는 극히 드물 겁니다. 대부분 부모님이 입혀주고, 정리해줄 뿐 아니라 집에서 아동용 옷걸이를 쓰지 않는 경우도 많기 때문입니다. 그러니 유아 스스로 외투를 입고 벗고 옷걸이에 정돈까지 하는 일은 당연히 어색하고 난감한 일입니다.

그럼에도 불구하고 유아는 입학 다음 날 아침부터 낯선 유치원에 등원하자마자 자기 외투를 스스로 정리해야 합니다. 따라서 입학 전 학부모 오리엔테이션 등을 통해 유아 스스로 옷 입고 벗기 연습 지도를 사전에 안내하면 유치원에서의 외투 정리가 매우 수월해집니다.

외투 정리는 3월에 꾸준히 임장 지도하면 금방 습관이 잡히다가도 외투 없이 여름 한 철 보낸 후 쌀쌀한 가을이 되었을 때는 다시 잊어버리므로 당황하지 마시고 다시 차분히 지도하셔야 합니다.

지퍼 VS. 단추

같은 동네, 같은 나이, 같은 반 유아들이건만 외투는 유아들 얼굴만큼 정말 다양합니다. 디자인, 소재, 크기, 두께, 길이, 색깔, 장식 등 참 각양각색이지요. 그래도 옷을 여미기 위한 장치는 크게 지퍼와 단추로 나눌 수 있습니다. 종종 벨크로나 똑딱이 단추, 끈으로 여미는 옷도 있지만 감사하게도 지퍼나 단추와 함께 달려있기 때문에 두 종류만 다룰 줄 안다면 외투 잠그고 여는 데는 큰 무리가 없습니다.

친구들의 외투를 유형별로 몇 벌 골라서 여미는 잠금장치가 지퍼인지 단추인지에 따라 분류해보는 활동을 해본다면 잠금장치에 관심을 갖고 외투를 정리하는 것에 흥미를 느낄 것입니다.

선생님, 잠바 어떡해요?

▶ 첫 단추부터 확실히

유치원마다 외투를 정리하는 장소가 다를 것입니다. 행거를 필요한 계절에만 꺼내어 공용으로 사용하는가 하면 개인 옷장이 있기도 하고, 어느 유치원은 옷걸이에 걸지 않고 개인 사물함에 개서 정리하기도 합니다. 따라서 꼭 만 3세 유아가 아니더라도 유치원을 옮겨 입학한 만 4, 5세 유아에게도 외투 정리법은 학기 초에 구체적으로 알려주어야 합니다.

앞서 다룬 신발 정리와 더불어 외투 정리 방법도 입학 직후에 반드시 지도해야 할 사항인 만큼 따로 시간을 내어 방법을 시범 보이고 이야기 나누는 등 관심을 가지고 지도해야 합니다. 이 일들은 하루의 첫 단추를 끼우는 일인 만큼 중요한 일이며, 매일 반복될 일상이므로 가볍게 넘기면 두고두고 어렵습니다.

▶ 재미있게 익히기

외투 정리를 지도하는 방법은 다양하지만, 종종 옷걸이에 관심을 보이는 유아도 있으니 옷걸이를 탐색하며 왜 이런 모양일지, 어떻게 사용하면 좋을지 등을 이야기 나누는 것도 괜찮습니다. 비밀 상자에 지퍼나 단추를 넣어 흥미 유발하고 어떻게 다루는지 전개할 수도 있습니다. 같은 유치원 만 5세 반에서 촬영한 외투 정리 동영상을 활용하면 유아들이 매우 흥미를 보이므로 효과적입니다.

한번 보아서 방법을 익히기 어렵기 때문에 직접 교사가 시범을 보이고 다시 유아가 시범을 보인 다음 스스로 직접 해보게 할 수 있습니다. 그리고 외투 정리를 확실히 익히려면 등원 시간대에 교사가 옷 정리하는 곳에서 유아들을 맞이하며 그 자리에서 1:1 임장 지도를 학기 초에 꾸준히 해야 합니다.

▶ 연령별 지도 노하우

연령별 외투 정리 지도 방법은 발달 수준에 따라 차이가 있습니다.

어린 연령은 행거에 외투 걸기부터 만 3세는 외투를 바닥에 펼치고 옷걸이를 옷에 끼운 후 맨 위 첫 단추 또는 벨크로를 채우고 행거에 걸도록 합니다. 스스로 외투 정리를 할 수 있다는 자신감을 갖는 데 주안점을 두되, 외투를 벗다가 뒤집힌 소매는 교사가 뒤집어 줍니다.

학기 초에 만 3세는 지퍼나 단추를 스스로 잠글 수 있는 유아가 많지 않습니다. 그러므로 단추 잠그기에 집착하기보다는 옷걸이를 옷에 걸리도록 놓는 것과 옷걸이를 행거에 거는 것을 해보도록 지켜봐 주고 격려해주어야 합니다. 하지만 만 3세도 2학기가 되면 스스로 지퍼나 단추를 끼울 수 있기 때문에 가르쳐주고, 스스로 해보도록 기다려주고 칭찬, 격려해줍니다. 지퍼의 경우 선생님이 시작 부분을 끼워주고 스스로 올려보도록 난이도를 조절해줄 수 있습니다.

옷장에 옷걸이의 고리가 떨어지지 않게 걸도록 외투 걸기 시범도 보여주어야 합니다. 공용 행거라면 고리가 밖에서 안쪽을 향하도록 같은 방향으로 걸도록 해야 빽빽이 걸린 두꺼운 옷들 사이에서 자신의 외투를 걸고 빼기 쉽습니다. 또한 행거 위 바구니에 빈 옷걸이를 모아 두기로 약속하면 앞에서부터 차곡차곡 순서대로 외투를 걸게 되어 편리할 뿐 아니라, 옷 사이에 숨은 옷걸이를 찾기 위해서 걸려있는 옷들을 밀고 빈 옷걸이를 일일이 찾는 수고도 덜게 됩니다.

큰 연령은 아는 것을 스스로 실천 만 4~5세는 학기 초부터 지퍼와 단추를 끼울 수 있는 유아가 많지만, 안내하지 않으면 하지 않는 경우가 대부분입니다. 옷걸이에 외투를 거는 방법은 알지만, 뒤집어진 옷을 확인하지 않고 걸려고 하다가 어려워하는 경우도 흔하므로 옷을 벗은 후 외투가 바르게 벗겨졌는지 한 번 더 확인하게 합니다. 공용 옷장을 사용하는 경우에는 걸어 놓은 외투가 다른 외투를 걸다가 떨어지지 않도록 지퍼를 끝까지 올려야 하며, 단추나 벨트로가 있는 경우 맨 위 첫 번째 것을 채우도록 지도합니다.

만 4세는 수준별로 도전 만 4세는 지퍼와 단추를 스스로 채우도록 기회를 주며, 실패를 하더라도 노력 자체를 격려하여 지속적으로 시도할 수 있도록 하는 것이 중요합니다. 지퍼는 처음 고정하는 방법을 교사가 시범 보인 뒤 지퍼 윗부분은 스스로 올리도록 하고, 단추 역시 시범 보이기, 함께 손을 잡고 잠그기를 시작으로 점차 자발적으로 시도하도록 하여 성공하는 기회를 주어야 합니다. 뒤집힌 소매도 손을 넣어서 스스로 빼놓고, 뒤집히지 않도록 조심히 벗는 등 옷을 벗으며 생긴 작은 결과도 스스로 책임지도록 합니다. 계속 어려워하는 유아는 등원 시간 외에도 자유선택활동 시간을 활용해 개별지도 할 수 있으며, 가정과 연계하여 관심을 가지고 지도하면 금방 터득합니다. 또 다른 방법으로 지퍼와 단추 여미기에 능숙한 유아를 도우미로 활용하면 또래 교수를 통해 더 재미있게 배우고 동기부여도 잘 되어서 스스로 집에서도 연습해 오기도 합니다.

한편, 교사가 아침 정리시간을 짧게 계획한다면 교사뿐 아니라 유아들 역시 조급한 마음이 들기 쉽습니다. 따라서 특히 학기 초에는 하루 일과를 계획할 때 아침 정리에 시간적 여유를 두고 지도해야 시행착오를 겪으며 스스로 성취하는 기쁨을 선물할 수 있습니다. 사소하고 번거로운 작업이지만, 일 년 기본생활습관의 토대가 되는 자율성을 키우는 과정이니 정성을 들일 가치가 충분히 있습니다.

만 5세도 반복 지도 만 5세의 경우 옷걸이에 옷을 걸어야 하는 이유를 이야기 나누고 교사와 유아가 시범을 보인 후 소매가 뒤집혔을 경우 어떻게 해야 하는지 이야기 나눕니다. 동생들을 위해 올바른 외투 정리 방법 소개 동영상을 만들어보는 것도 매우 효과적입니다. 만 5세 역시 한번 이야기해주어도 모든 유아가 완벽하게 실천하기 어려우므로 정리가 습관화되려면 무엇보다 학기 초에 교사가 그 자리에서 그때그때 반복 지도하는 것이 효과적입니다.

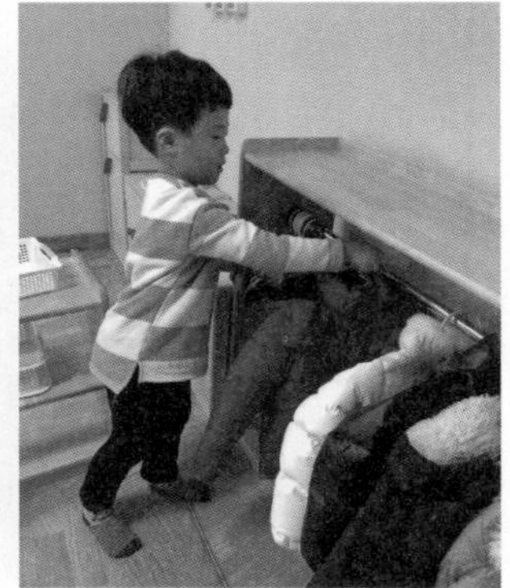

느려도 괜찮아

나이가 같아도 소근육 발달 정도는 어릴수록 개인차가 큽니다. 단추나 지퍼를 잠가 외투를 여미는 데도 꽤 정교한 소근육 조작이 필요하기 때문에 교사는 개인 발달 수준에 적절한 도움을 주어야 합니다. 따라서 유아마다 외투 정리 시 교사의 역할이 다릅니다. 그러나 개인차를 존중해주고 그에 맞는 적절한 도움을 준다는 것이 느리고 자신 없어 하는 유아를 배려하여 교사가 대신해주어야 한다는 것을 의미하지는 않습니다. 오히려 실패를 하더라도, 시간이 다소 걸려도, 교사가 유아의 시도 자체를 격려하고 지지할 때 자율성이 길러지기 때문입니다. 따라서 발달 수준에 적절한 목표를 제시하고 그것을 달성하기 위한 노력을 지지하고 격려하는 교사의 역할이 매우 중요합니다.

척척 외투 입기

걸어두었던 외투를 꺼내 입는 경우는 보통 바깥 놀이나 귀가 시입니다. 따라서 외투를 다시 입을 때는 반 유아들이 같은 시간대에 입어야 합니다. 안전하고 질서 있게 준비하려면 한꺼번에 옷걸이에 몰려들지 않도록 순서를 정해야 하고, 외투를 입는 장소는 옷걸이 앞이 아닌 다른 곳(교실 안으로 옷을 가지고 들어와서 입기 등)을 미리 약속해 두어야 합니다. 반 유아 전체가 시차를 두고 순차적으로 옷을 입기 때문에 시간적 여유를 두어야 차분하고 질서정연하게 준비할 수 있습니다.

▶ 옷걸이 정리

외투를 옷장에서 꺼내어 입을 때도 정돈할 것이 있습니다. 공용 옷장을 사용하는 경우 외투를 빼고 옷걸이를 바구니에 정리하도록 하면 다른 유아들이 외투를 빼면서 걸려 있는 옷걸이를 떨어뜨리거나 옷걸이 봉에 가지런히 정리되지 않는 경우를 미연에 방지할 수 있습니다. 옷걸이 바구니를 사용하지 않는 만 4, 5세의 경우 따로 옷걸이 정리 도우미를 정해 도우미가 마지막에 옷걸이를 가지런히 정리하도록 할 수도 있습니다. 물론 개인 옷장인 경우는 옷걸이는 제자리에 걸도록 하는 것이 좋습니다.

▶ 흔한 문제

그리고 어린 연령에게 자주 발생하는 문제로 외투를 입을 때는 벗을 때와 달리 티셔츠 소매가 외투 소매 안으로 밀려 들어가는 경우가 많습니다. 그러므로 외투를 입을 때는 티셔츠 소맷자락을 주먹 쥐듯 손가락 끝으로 꼭 잡고 입도록 따로 연습해보고 그때그때 반복 지도해야 합니다. 한편 외투를 입을 때는 위에서 아래를 내려다보며 잠가야 하기에 지퍼나 단추를 잘 끼우지 못하는 경우가 많습니다. 이때 교사가 지퍼의 시작 부분을 끼워준 다음 유아가 올려보게 하거나 첫 단추를 끼워주고 잘 보이는 아래 단추를 스스로 끼워 보도록 도움을 줄 수 있습니다.

3. 가방 정리

유아들에게 유치원 가방은 소속감의 상징이자, 소중하고 사적인 물건(유치원에서 친구에게 받은 편지, 유치원에서 만든 작품 등)을 담을 수 있는 중요한 물건입니다. 대부분 유치원은 같은 디자인의 가방을 맞추어 사용하기 때문에 유아들은 똑같이 생긴 가방 중에서 자기 가방을 찾아야 하는데 그것도 매일, 신속하게 해내야 합니다. 매일 쉽게 자기 가방을 찾으려면 가방 정리가 필수적입니다.

내 사물함은 어디에?

신발장이 그렇듯, 가방을 넣는 사물함 역시 자기 자리를 잘 찾을 수 있도록 교사가 미리 유아 이름을 표시해주어야 합니다. 특히 학기 초에 자기 사물함 자리를 공간적 감각으로 익히도록 다양한 방식으로 반복 지도하면 매일 정리하고 준비하는 시간이 단축되고 수월해질 뿐만 아니라 재미있어집니다.

만 3세의 경우 유아 이름과 함께 사진을 붙여주면 직관적으로 알아보기 쉽습니다. 개인정보 등의 이유로 사진 부착이 어려울 경우 유아만 알 수 있는 그림이나 사진을 붙여 잘 찾을 수 있도록 할 수 있습니다.

만 4, 5세 역시 자기 사물함 찾기를 어려워하는 유아는 자신만 알 수 있는 스티커를 붙여주는 것도 좋습니다. 개방형 사물함이라면 가방의 지퍼 연결고리에 좋아하는 액세서리를 걸어 개성을 표현하게 하는 것도 가방을 구분하는 데 도움이 됩니다.

척척 가방 정리

가방 정리 방법을 지도할 때, 다양한 사진 자료를 활용하면 바르게 정리된 모습을 유아도 한눈에 인식하기가 쉬워서 효과적입니다. 직접 사물함을 둘러보며 잘 정리된 모습을 찾아보게 하는 것도 좋습니다.

한 가지 덧붙이자면 매일 아침 유아들이 자기 사물함에 가방 정리할 때, 교사가 챙겨야 할 것이 있습니다. 가방에 교사가 전달받아야 할 물건이나 투약의뢰서와 내복약, 안내장 등이 있는지 꼭 확인해야 합니다. 따라서 유아들에게 가방 정리 방법과 함께 다음의 사항들을 안내해두면 내복약이나 가정통신문 전달이 누락되는 실수를 줄일 수 있습니다.

가방 정리 시 확인할 것

- **가방에서 물병, 원아수첩은 꺼내서 교실 정해진 장소에 두기**
- **가방에 선생님께 드릴 물건이나 약, 편지가 있으며 꺼내서 전달하기**
- **가방을 안쪽으로 끝까지 밀어 넣어 사물함에 부착된 이름이 보이도록 놓기**
- **가방에 달린 장식품이 밖으로 빠져나오지 않도록 놓기**
- **사물함이 개방형일 경우 지퍼가 안쪽으로 들어가게 넣기**

깔끔한 외관을 위해 여닫이문이 달린 사물함을 사용하는 유치원도 많습니다. 그런데 이런 사물함은 유아가 사물함 문을 여닫다가 머리나 얼굴을 다치기 쉬우므로 각별히 주의해야 합니다. 대개 문이 달린 사물함이 2~3층씩 적재되어 배열되므로 위, 아래층을 동시에 사용하면 유아가 문에 부딪쳐 위험하다는 것을 충분히 안내해야 하며, 학기 초에는 특히 교사가 임장 지도하는 것이 좋습니다. 귀가 등으로 다 함께 준비해야 하는 경우에는 한꺼번에 몰려들지 않게 같은 층끼리 순차적으로 사용하도록 정해주는 것이 안전합니다.

다양한 형태의 사물함

야무지게 가방 챙기기

귀가를 할 때는 반 유아들이 다 같이 가방만 달랑 메고 가는 것이 아닙니다. 아침에 들고 온 물병, 매일 들고 다니는 전달 파일(또는 원아수첩), 독서통장 등을 가방에 챙겨 넣어야 하므로 동선을 미리 정해주고 시범을 보여주면 좋습니다. 외투도 입어야 하고 챙길 것도 많다 보니 급한 마음에 뛰는 유아도 꼭 있습니다. 그러다가 미끄러져 넘어지면 속상한 일로 하루를 마감할 수도 있으니 아름다운 마무리를 위해서라도 걸어 다니도록 사전에 약속을 해야 합니다. 가방 챙기기 역시 습관화되기 전까지 교사는 마음을 비우고 충분한 시간을 확보해야 합니다.

▶ 연령별 지도 노하우

만 3세는 일단 사물함 자리를 철저하게 익혀야 가방이 바뀌는 불상사를 예방할 수 있습니다. 외투를 입은 유아는 가방을 가지고 자리에 앉도록 합니다. 한 명씩 불러 원아수첩과 물통을 가방에 넣고 닫아주면서 가방이 바뀌지 않았는지, 장난감이나 스티커, 돈 등을 소지하지 않았는지 확인합니다. 가방을 닫는 것까지 교사가 해주어야 하나 하는 생각이 들 수 있을 것입니다. 그런데 가방을 스스로 닫도록 하면 유아가 혼란한 틈에 이것저것 다시 꺼내어 보고 결국 유치원에 두고 가는 경우가 종종 있기 때문에 교사의 손길이 필요합니다. 물론, 가방을 메는 것은 유아들이 스스로 하도록 합니다.

만 4, 5세의 경우 가방 챙기기 방법을 이야기 나누고 시범을 보인 뒤 스스로 챙길 것들의 동선을 익히도록 합니다. 챙길 순서를 익힌 앞사람을 따라가면서 순차적으로 외투를 입고, 자기 가방에 물병을 스스로 넣고 자리에 앉아 있다가, 선생님이 이름을 불러 원아수첩을 나누어주면 스스로 가방에 정리한 후 가방을 멥니다.

▶ 흔한 문제

간혹 본인이 넣겠다고 고집을 부리거나 가방을 숨기는 등 수상한 기운이 돌면 가방을 확인해볼 필요가 있습니다. 장난감이나 돈 등 유치원에 가져오지 않기로 약속한 물건들이 들어있는 경우가 많기 때문입니다. 또, 스스로 챙기기에 서툰 유아는 별도의 확인을 하는 것이 좋고 가방 지퍼를 잘 잠갔는지, 두고 가는 물건은 없는지 서로 확인해보도록 해야 합니다.

▶ 가정통신문 챙기기

종이 가정통신문을 가정에 발송해야 할 때는 집에 가서 부모님께 전달해드리도록 사전 안내를 하고 수첩과 함께 넣어주면 좋습니다. 개인 물병을 소지하고 다니는 유치원은 부모님이 매일 가방을 확인하기 때문에 자연스럽게 가정통신문도 바로바로 확인이 되지만, 교실에 정수기가 있어 물병 없이 다니는 경우 가방 확인을 하지 않아 전달하고 회수하는 데 오랜 시일이 걸리기도 합니다.

여기서 종이 가정통신문에 대해 몇 가지 말씀을 덧붙이겠습니다. 종이 가정통신문은 인쇄하고, 나누어주고, 수합해서(회신이 안 되면 따로 학부모님 통화를 해야 하지요), 통계 내는 일련의 과정이 참 번거로운 것이 사실입니다. 늘 이런저런 격무로 고생이 많은 선생님들에게 이 모든 과정을 생략할 애플리케이션을 추천해드리고 싶습니다.

대표적으로 학교종이, 스쿨맘, 아이엠스쿨, 우리반 알림장, 키즈노트 등이 있습니다. 애플리케이션을 활용하면 가정통신문에 쓰이는 종이를 아낄 수 있고, 인쇄해서 일일이 나누어주는 수고를 덜어줄 뿐 아니라, 설문지 결과 통계도 간편하게 취합할 수 있으며, 실시간으로 학부모 확인 여부까지 알 수 있어 여러모로 업무가 줄어듭니다. 학부모 역시 바로바로 스마트폰으로 확인하고 회신할 수 있어서 만족도가 매우 높습니다. 뿐만 아니라 학급 활동사진 등을 쉽게 게시하고 학부모가 다운받을 수 있는 등 활용도가 높고 유치원 홈페이지보다 접근성이 좋습니다. 특히 규모가 큰 다 학급 유치원이라면 활용해보실 것을 강력 추천합니다.

4. 물병 정리

개인위생 및 관리의 이유로 개인 물병을 가져오는 유치원이 많습니다. 가정에서 가져오는 물병은 크기와 모양이 각양각색이기 마련인데요, 유아들이 좋아하는 디자인의 물병을 보내는 경우가 많아 교실에 모아두면 가지런해 보이지는 않습니다. 간혹 똑같은 물병이 있으면, 자기 물병인지 확인하지 않고 마시느라 바뀌는 일도 흔하지요. 감기가 유행인 환절기에는 특히 예민한 문제입니다. 따라서 물병 뚜껑에 이름을 표기하도록 안내하고, 유아들에게는 물병을 정리하는 장소와 방법을 명확히 알려주어야 합니다.

물병을 두는 자리

개인 물병을 정리할 바구니를 마련하여 그 안에 담도록 하면 쉽습니다. 등원한 순서대로 안쪽부터 차곡차곡 물병을 정리하도록 하면 이어서 정리하는 친구도 다른 물병에 걸리거나 쓰러뜨리지 않고 편하고 깔끔하게 정리할 수 있습니다.

물도 달달하게?

가정에서 물을 물병에 담아 가지고 오도록 하면 간혹 물 대신 시판되는 주스나 매실물, 꿀물처럼 달콤한 음료수를 보내기도 합니다. 물 대신 음료수를 매일 마시게 하면 유아기 습관이 평생으로 이어질 수 있다는 점에서 건강상 매우 위험하기까지 합니다. 또한 이런 음료는 갈증을 오히려 더 유발할 수 있고 다른 친구들도 물 대신 음료를 마시고 싶어 합니다. 물병을 정리하는 주변이 끈적거리고 그 물병을 잡은 유아들의 손까지 끈적거리니 여러모로 비위생적이지요. 따라서 반드시 학부모님께 사전 안내하여 유치원에는 매일 물을 보내도록 해야 합니다.

5. 원아수첩 정리

아침에 오면 무조건 원아수첩

많은 유치원에서 아침마다 원아수첩의 오늘 날짜에 스티커를 붙이거나 써보는 활동을 합니다. 날짜 개념과 수 개념을 자연스럽게 익히도록 하기 위해서입니다. 그리고 원아수첩에 학부모 및 교사의 메모와 가정통신문을 끼워 전달하는 메신저로 활용하기도 합니다.

▶ 원아수첩 공간 구성

원아수첩에 날짜 표시를 유아가 스스로 하기 위해서는 교사가 날마다 날짜 판에 오늘이 몇 월 며칠인지 게시해야 합니다. 그 날짜 판을 보며 유아는 자기 수첩에 스티커를 붙이거나 연필로 씁니다. 스티커는 한 번에 1~2장 내어주는 것이 깔끔하게 관리하기 편하며, 탁상달력이나 원아수첩 사본을 함께 게시하여 학기 초에 교사가 오늘 날짜에 미리 표시해두면 유아가 더 쉽게 날짜 표시를 할 수 있습니다.

▶ 연령별 지도 노하우

원아수첩을 처음 보는 만 3세는 사전에 원아수첩을 관찰하며 날짜에 대해 이야기 나누도록 합니다. 학기 초에는 등원 시간대에 교사가 옆에서 함께 도와주는 것이 좋고, 유아 수준에 따라 오늘 날짜가 어디에 있는지까지는 교사가 도와줄 수도 있으나 스티커를 붙이고, 정해진 장소에 정리하는 과정은 스스로 해보게 합니다. 만 4, 5세는 제시된 달력이나 판에서 오늘의 날짜를 알려주고 같은 숫자를 수첩에서 찾아 스티커를 붙여 보도록 합니다. 바구니에 정리할 경우 그달의 페이지를 펼쳐서 엎어서 정리하도록 합니다.

▶ 원아수첩 관리

유치원에서 자체 제작한 원아수첩은 제본 형태에 따라 관리법이 차이가 있습니다. 스프링 원아수첩을 사용할 경우 책갈피를 리본으로 만들어 달아주면 편합니다. 제본형은 월별 라벨을 부착하면 사용할 때마다 찾기 편리합니다. 그래도 가장 많이 쓰는 형태는 얇게 비닐 커버를 씌운 시판용 원아수첩으로 얇아서 가볍고 저렴하며 준비하기도 쉽습

교실 입구에 물병 바구니, 원아수첩 등을 함께 두면 동선을 효율적으로 배치할 수 있다.

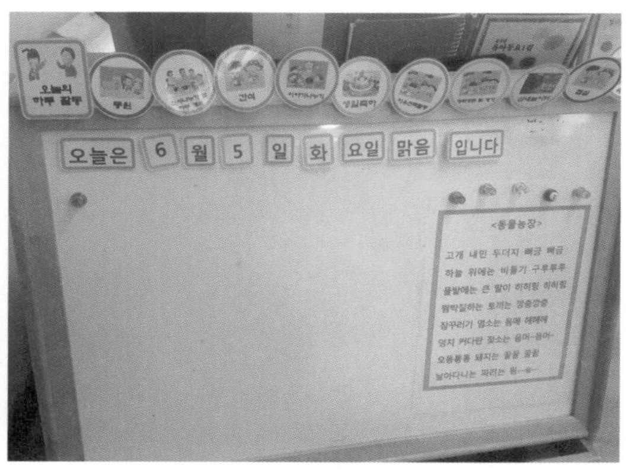

별도의 날짜판. 하루 일과 게시판을 생략하고 화이트보드 한편에 오늘 날짜를 알아보는 글자판과 하루 일과 순서도를 게시할 수 있다.

자유선택활동 계획 및 평가 일지, 독서통장에도
유아는 매일 오늘 날짜를 기입한다.

맞춤 제작형 원아수첩

니다. 비닐 커버에 낱장을 끼워 해당 월이 바로 펼쳐지도록 하면 쓰기도 편합니다. 그러나 이것은 만년 달력처럼 연도와 무관하게 사용하도록 요일 없이 날짜만 표기되어 있어서 요일 순서가 달력과 다릅니다. 그래서 교사가 주말(휴일)을 일일이 표시해줘야 하는 단점이 있습니다.

원아수첩은 가정통신문, 아이행복카드, 투약의뢰서 등을 넣을 수 있도록 작은 주머니가 달린 것이 유용하며 부모 전달 사항은 포스트잇에 적어 원아수첩 앞에 붙여두면 확인하기 쉽습니다. 교사는 원아수첩을 매일 확인하여 학부모 메모나 가정통신문 회신서가 있는지 챙겨야 합니다. 요즘은 날짜 스티커 붙이기를 생략하고 원아수첩 대신 가정통신문 전달용 파일만 사용하는 유치원이 부쩍 많아지고 있고, 아예 가정통신문 애플리케이션을 활용하여 종이 가정통신문을 없애기도 합니다.

우리는 원아수첩 안 해요

최근에는 매일 날짜에 스티커를 붙이는 전통적인 원아수첩을 없애고, 종이 가정통신문 전달 전용 파일로 원아수첩을 대체해서 쓰는 유치원이 늘고 있습니다. 더 나아가 종이 가정통신문마저 없애고 애플리케이션으로 대체한 유치원은 이나마도 필요가 없습니다. 원아수첩의 역할이 오늘의 날짜를 확인하고 표시를 하는 것인데, 이는 자유선택활동 계획 및 평가수첩(요즘에는 진정한 자유놀이를 위해 이것 역시 생략하는 유치원도 많습니다), 독서통장, 각종 활동지 등을 통해 어차피 오늘 날짜를 알아보고 적을 기회는 많기 때문이지요.

길게는 유치원에 다니는 3년 내내 매일 아침 친구랑 놀고 싶은 것을 참고, 제일 먼저 자기 원아수첩을 찾아서 오늘 날짜에 스티커를 붙여야 하는데 이 작업은 유아들이 썩 내켜 하지 않을 뿐 아니라 지루해합니다. 은근슬쩍 건너뛰는 유아들 수첩을 확인하느라 교사도 힘이 빠지고, 아침부터 밀린 스티커를 붙이는 아이의 표정도 좋을 리 없습니다. 휴일 표시를 무시하고 다 붙여놓으면 다시 떼야 하고요. 이 혼선을 막기 위해 필히 교사는 사전에 수작업으로 휴일 표시를 해두어야 합니다. 그런데 휴일 도장을 찍을 때 바로 덮으면 번지기 때문에 넓게 펼쳐두고 한참 말려두어야 합니다. 그 과정이 번거로워서 그냥 정갈한 글씨로 '휴' 라고 적는 유치원도 있습니다.

무엇을 위한 원아수첩일까요? 정말 유아를 위한 것일까요? 교사를 위한 것일까요? 학부모를 위한 것일까요? 그것도 아니면, 전통을 잇고자 하는 마음 때문일까요? 달력에 적힌 숫자를 다 알든 말든 아침에 오면 의무적으로 해야 하는 원아수첩이 정말 필요한지 한번 생각해보세요.

05

급 · 간식 지도

잘 먹는 유아, 잘 먹지 않는 유아

선생님들은 맛있는 음식을 먹는 것을 좋아하시나요? 맛있는 음식을 먹을 때 기분이 어떤가요? 누구와 함께 먹을 때 기분이 좋은가요? 맛있는 음식을 먹는 것은 생활에 기쁨을 주는 요소 중 하나입니다. 유아들도 마찬가지입니다. 음식에 대한 호감이 있어야 잘 먹을 수 있습니다.

음식을 잘 먹는 유아들의 특징을 생각해보세요. 어떤 모습이 떠오르나요? 급식 시간을 즐거운 마음으로 기다리고, 밝은 표정으로 맛있게 음식을 먹고, 맛있다고 말하며, 더 먹고 싶은 것을 받아오기도 합니다. 반면에 음식을 잘 먹지 않는 유아들은 음식을 보자마자 "저 이건 먹기 싫어요"라고 말하고, "다 먹어야 해요?"라고 하며 음식 먹는 것에 대한 부담감을 표현합니다. 그러다 보니 식사 시간도 길어지며 이러한 상황이 일 년 내내 반복되기도 합니다.

음식을 잘 먹는 유아와 그렇지 않은 유아의 차이는 무엇일까요? 교사들은 어떤 전략을 가지고 음식을 잘 먹어서 충분한 영양섭취와 음식에 대한 즐거움을 느끼도록 할 수 있을까요?

먹는 재미를 느끼게 해주자

음식에 대한 기대감을 갖게 하는 방법

오늘은 무슨 반찬?

유치원에 가고 싶은 이유 중의 하나가 급식을 먹는 것이라는 유아들이 있습니다. 이 유아들은 가정에서부터 가정통신문으로 배부된 월간식단표를 보고 기대감에 부풀어 등원을 합니다. 교사도 알지 못하는 메뉴를 아침인사 시간에 친구들에게 소개하기도 하지요. 유아들에게 식사에 대한 기대감을 갖도록 하기 위해 점심을 먹으러 가기 전에 오늘의 메뉴를 소개하는 시간을 잠시 갖거나, 상시 식단표를 게시하여 유아들이 스스로 보게끔 하는 방법이 있습니다.

오늘의 메뉴 알아보기

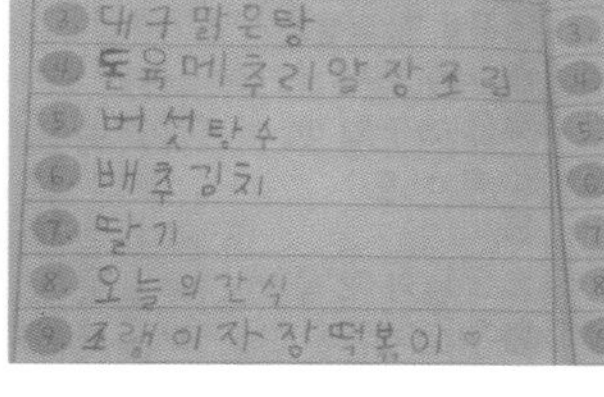

오늘의 식단과 간식 써보기

식단표에 좋아하는 음식 표시하기

와~ 먹고 싶다

이때 교사도 음식에 대한 긍정적인 마음을 가지고, 유아들에게 음식의 기대감을 나타내는 표현을 사용하여 유아들의 음식에 대한 기대감을 고취시킬 수 있습니다.

"우와, 오늘 내가 좋아하는 멸치볶음이 나오는구나."

"오늘은 특별한 음식이 나오는 수요일이야."

자발적으로 먹게 하는 방법

일단 배고프면 다 맛있습니다. 욕구를 발생시키는 방법은 결핍입니다. 이미 먹은 음식이 충분히 소화되어야 잘 먹을 수 있기 때문에 식사 전 충분한 신체 활동을 하는 것이 좋습니다. 또한 점심시간과 가까운 시간에 오전 간식을 먹는다면 배가 부르기 때문에 오전 간식과 점심시간에 2시간가량의 간격을 두어 운영하는 것이 바람직합니다.

오전 간식시간을 효과적으로 운영하는 방법

대부분의 교사가 오전 간식을 동일한 시간에 대집단으로 먹게 하는 경우 많은데, 아침 식사 여부에 따라 간식시간을 개별적으로 운영하는 것이 필요합니다.

- 개별적으로 먹기: 등원하자마자 먹고 싶은 유아는 자발적으로 먹는다. 우유를 오전 간식으로 제공하는 경우, 우유 바구니에 개별 이름이 적혀 있는 집게를 꽂아서 교사는 먹은 유아와 먹지 않은 유아를 파악할 수 있다.
- 10시 전까지 먹기: 자유선택활동을 할 때 간식 영역을 마련하여 원하는 시간에 먹는다. 단, 점심시간에 지장을 주지 않도록 10시 전까지는 모두 먹는다. 놀이 중 교사는 먹지 않은 유아를 체크하여 먹도록 격려하거나 간식 영역에 모여 앉아 먹을 수 있게 한다.
- 유아의 상태 고려하기: 몸이 아프거나 아침을 너무 많이 먹었거나 하는 등의 이유로 먹기 어려워하는 유아에게는 강요하지 않고 조금만 먹게 하거나, 지금은 먹지 않지만 다음에 몸이 좋아졌을 때 꼭 먹자는 이야기를 해야 한다. 특별한 경우를 제외하고 이러한 상황이 지속적으로 발생할 경우는 부모와의 상담이 필요하다.
- 가끔은 장소를 바꿔 먹어보기: 매일 같은 간식이지만, 교실이 아닌 다른 장소에서 먹는다면 새로울 수 있다. 예를 들어, 바깥 놀이터에 나가서 '아이스 우유 가게'를 열어서 신나게 놀다가 목이 마른 유아들이 우유를 먹으러 오도록 할 수 있다.

유아들의 개인차를 고려해주세요. 유아마다 먹을 수 있는 양이 다릅니다. 처음부터 많은 양을 주면 음식에 대한 부담감을 느끼게 되어 먹기가 어려워집니다. 처음에 적당량을 주고, 더 먹고 싶을 때 더 가져다가 먹을 수 있도록 합니다. 이는 자발적으로 음식을 선택하는 능력을 길러줍니다. 과식하는 유아는 횟수의 제한을 두어 조절할 수 있는 기회를 줍니다. 그리고 먹고 싶은 양을 표현하기 위해 "더 주세요", "조금만 주세요", "몇 개만 주세요"라고 표현할 수 있게 도와줍니다. 식생활 교육은 영양사님, 조리사님과의 긴밀한 사전 협의가 됐을 때 더 효과적으로 할 수 있습니다.

맛있게 먹도록 하는 방법

유아들과 함께 음식을 맛있게 먹을 수 있는 방법에 대해 이야기 나누어볼 수 있습니다. 음식을 맛있게 먹는 서로의 '꿀팁'을 나누는 것입니다. 가장 좋아하는 음식이 무엇이고, 좋아하는 음식을 어떤 음식과 함께 먹으면 더 맛있을지 이야기를 나눕니다. 친구들과 함께 이야기를 나누면서 더 맛있게 식사할 수 있습니다.

유아는 대부분 밥과 후식을 구분하지 못합니다. 후식을 먼저 먹으면 유아들이 밥을 남길까 봐 걱정이 되어 교사들이 과일이나 빵류 등을 나중에 먹는 후식으로 알려주는 경우가 많습니다. 하지만 과일을 밥이랑 함께 먹어야 소화가 잘된다는 이야기도 있고, 샐러드 같은 경우 애피타이저로 먹기도 하는데, 음식을 먹는 절차에 대한 고정관념은 유아들에게 자신의 취향을 반영한 즐거운 식사를 제한할 수 있습니다.

그래서 어울리는 음식은 함께 먹어도 좋다는 것을 이야기할 수 있습니다. 만약에 특정 음식을 후식으로 정하고 나중에 먹어야 한다는 것을 다른 음식에도 일괄적으로 적용한다고 생각해보세요. 그러면 돈가스와 샐러드가 반찬으로 나왔을 때, 샐러드는 후식이니 나중에 먹어야 할까요? 이때 유아들은 음식의 문화와 규칙 사이에서 헷갈리게 됩니다. 실제로 돈가스와 샐러드는 같이 먹어야 맛있는데도 말입니다. 밥을 다 먹지 않은 상태에서 핫도그를 먹고 싶어 하는 유아가 있다면 어떻게 할 수 있을까요? "안 돼, 그건 후식이야"라고 말하는 대신에 "밥이랑 핫도그를 같이 먹으면 어울릴까?"라고 말할 수 있습니다. 이 질문을 들은 유아는 둘 중의 하나를 선택하여 먹을 수 있을 것입니다.

교사 자신의 개인적인 취향을 반영하여 곁들여 먹으면 좋은 음식을 소개할 수 있습니다. 청국장과 계란말이, 설렁탕과 깍두기, 카레밥과 김치, 밥에 멸치볶음 비벼 먹기, 고기와 김치와 브로콜리의 삼합 등 음식의 조합을 경험하게 하세요.

그러나 너무 한꺼번에 모든 전략을 적용하는 것보다는 상황을 고려하여 새로운 활동을 추가하거나 반복적으로 지도하다 보면 유아들은 음식을 알아가는 재미를 느끼고 잘 먹을 수 있게 될 것입니다.

목적의식을 부여하는 방법

유아들이 잘 먹을 수 있도록 목적의식을 부여할 수 있습니다. 예를 들어, 수다날(수요일은 다먹는 날)을 정하거나 깔끔이 반찬(깔끔하게 다 먹는 반찬)을 정하여 자신이 다 먹은 것에 대한 성취감을 느낄 수 있는 경험을 제공하는 것입니다. 이러한 작은 성취의 경험은 적당량의 음식을 남기지 않고 다 먹는 좋은 습관을 형성하는 데 도움이 됩니다. 또한 정해진 시간에 식사를 마칠 수 있게 이끄는 하나의 전략입니다. 음식을 먹는 중에 "다음에는 어떤 반찬 집을 거야?", "국 한 번 먹고 그다음에는 뭐 먹을 거야?"라는 질문을 통해 더 작은 단위의 임무를 부여할 수 있습니다.

다양한 음식을 경험하게 하자

이미 가정에서부터 제한된 음식 경험으로 편식을 하는 유아가 있을 수 있습니다. 편식에는 여러 가지 이유가 있을 수 있으나, 우선 다양한 음식을 경험할 수 있도록 하는 것이 중요합니다. 텃밭 활동을 통해 채소를 직접 길러보고, 요리 활동으로 음식 재료에 친숙함을 느껴볼 수 있습니다. 음식을 먹을 때 어떻게 만들어졌는지 간단하게 설명해주는 방법도 있습니다.

식사예절 지도

단계별 지도

1단계. 음식에 대한 소중한 마음 가지기

생활 속에서는 급 · 간식 전 감사기도 하기(두 손을 모으고 냠냠냠냠), 교사의 언어적 · 비언어적 태도와 함께 다음과 같은 단위 활동으로 음식에 대한 소중함을 가르칠 수 있습니다.

- 음식을 생산하는 사람들에게 고마움 느끼기
- 다양한 음식이 주는 영양소 알아보기
- 배고픈 어린이들을 생각하기(먹을 만큼만 받고, 다 먹기 환경교육)

2단계. 급식실에서 목소리 조절하기

교실에서 급식실로 이동하는 동안 유아들이 차분해지도록 해야 합니다. 사소한 것 같아도 들어갈 때부터의 태도는 안전은 물론 밥을 먹는 마음가짐에도 영향을 줍니다. 유아들이 차분해질 수 있는 몇 가지 전략을 소개합니다.

- 급식실로 이동하기 전: 식사 약속 생각해보기
- 급식실로 이동하면서: 침묵 게임, 입속의 물방울(입을 다물고 볼을 풍선처럼 만들기), 오늘의 점심 · 간식에 대해 생각하며 내려가기
- 급식실: 발바닥 스티커를 붙여 유아와 유아 사이의 간격을 유지하여 음식을 받도록 하기

3단계. 음식을 받고 자리에 앉아 먹기

바르게 줄 서서 배식을 받으면 자리에 앉습니다. 교사가 먼저 배식받고 유아들을 모두 볼 수 있는 자리에 앉으면, 교사를 중심으로 유아들이 차례로 와서 앉습니다. 이때 교사가 먼저 배식을 받는 이유는 첫째, 교사가 먼저 식판을 내려놓고 다른 유아들의 자리

를 안내하기 위함이고 둘째, 어른이 먼저 식사를 하는 것을 통해 교사를 존중하는 태도를 형성할 수 있기 때문입니다. 셋째로, 교사가 먼저 식사를 마침으로써 늦게 먹는 유아들에게 식사지도를 할 수 있습니다.

음식을 먹는 것은 모든 유아가 배식을 받은 후 다 함께 먹는 방법이 있고, 각자 감사한 마음을 갖고 먹는 방법이 있습니다. 점심 먹는 시간이 오래 걸리는 경우에는 각자 먹는 방법을 선택하는 것이 좋습니다. 유치원 실정에 맞게 하면 됩니다.

교사를 중심으로 4~5명의 유아가 가까이 앉아 먹게 되는데, 이때 교사와 함께 밥을 먹는 유아들을 요일 또는 주마다 순환하면 모든 유아와 식사를 하면서 개별적인 식사지도를 할 수 있습니다. 이때 앞에서 다룬 다양한 기법들을 적용할 수 있습니다.

무엇보다 중요한 것은 음식을 즐겁게 먹는 것입니다. 즐거운 분위기의 식사시간을 갖기 위해 유아들에게 음식을 맛있게 먹는 모습을 보여주고, 어떻게 요리를 했는지 유아들이 궁금증을 갖게 하며, 싫어하는 음식도 먹어볼 수 있는 경험을 제공해주세요. 학기초 급·간식을 먹기 전, 식생활교육관(급식실)을 사전 견학하여 밥 먹는 순서를 연습해 보는 것이 좋고, 교실에서 급식실을 이용하는 방법을 알아보는 것도 좋습니다. 유아들에게 먹는 시간을 정하여 알려줌으로써 정해진 시간 안에 먹는 연습을 하는 것도 필요

숟가락과 젓가락 놓는 방법

숟가락 잡는 방법

젓가락 잡는 방법

젓가락 사용이 어려운
유아를 위해 포크 준비하기

식판 잡는 방법
(식판은 중간 부분을 잡는다)

수저를 먼저 잡고
식판을 잡는다.

합니다.

4단계. 정리하기

유아들이 식사를 다 마친 다음에는 잔반을 국그릇에 모아서 정리합니다. 음식을 남기지 않고 먹는 것과 뼈와 과일 껍질 등을 분리하여 버리는 것은 환경교육과 연계하여 지도할 수 있습니다.

① 남은 음식 모으기
(국그릇에 모아서 버리기)

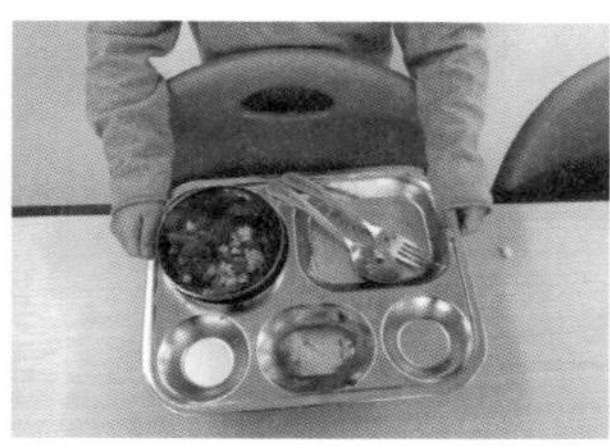

② 안전을 위해
의자를 넣은 후 식판 들기

③ 음식물 버리기
(숟가락으로 긁어 버리기)

5단계. 기다리기(전이)

교사는 유아들이 밥을 다 먹고 난 후의 행동에 대해 미리 알려주어 혼란을 방지해야 합니다.

- 밥을 다 먹은 유아는 자기 자리로 와서 조용히 이야기 나누며 기다리기
- 급식실 한쪽에 앉아서 기다리기
- 책 보며 기다리기

안전하게 음식 먹도록 지도

다른 사람에게 피해를 주지 않게 지키는 식사예절은 곧 내가 즐겁고 안전하게 식사할 수 있는 나를 위한 예절이라는 것을 느낄 수 있게 해주어야 합니다.

입에 음식을 넣고 말을 하는 경우 다른 사람이 입에 든 음식을 보거나 말을 하다가 음식이 상대방에게 튈 수 있기 때문에 불쾌함을 준다는 것을 유아에게 알려주어야 합니

다. 뿐만 아니라 음식을 입에 넣고 말하다가 잘못 넘어가게 되면, 사레에 걸리거나 기도가 막히는 등 위험한 상황이 벌어질 수 있다는 것도 알려주어야 합니다.

이외에도 무조건 뛰지 말아야 하고, 바르게 앉으라고 지도하기보다는 행동의 이유를 알고 실천할 수 있도록 해야 합니다.

- 걸어 다니기: 뛰다가 음식을 쏟을 수 있어서, 뜨거운 음식을 쏟으면 화상의 위험이 있어서, 뛰다가 넘어져 식탁이 부딪히면 다칠 수 있어서
- 식사 도구 안전하게 사용하기: 숟가락과 젓가락 등을 들고 뛰거나 휘두르는 경우 다칠 수 있어서
- 물 중간에 조절하여 마시기: 밥을 먹으면서 물을 마시면 물배가 차서 다 먹지 못할 수도 있고, 위액이 희석되어 소화가 잘 안 될 수 있어서. 대신 급식실 오기 전 목마름 해소하고 오기
- 마실 만큼만 물 담아서 먹고, 컵 1개만 사용하기: 물이 낭비될 수 있어서
- 컵 소독기 껐다 켰다 하지 않기: 전기가 낭비되고, 눈에 좋지 않아서

다양한 이유가 있을 수 있으니 유아들과 함께 왜 그렇게 해야 하는지 근거를 찾아보시기 바랍니다.

교사가 어떤 교육관을 갖느냐에 따라 유아가 평생 가지게 될 식습관이 형성됩니다. 교사가 식사예절과 음식을 남기지 않고 먹는 것만 강조한다면, 유아들은 먹는 즐거움을 느끼기 어려울 것입니다.

첫술에 배부를 수는 없습니다. 급 · 간식 지도가 한 번에 이루어지지 않는다고 좌절하지 마세요. 그동안 아이들을 지도하면서 터득한 자신만의 식사지도법이 있나요? 있다면 적어보세요. 각자의 경험이 모여 실천교육학이 됩니다.

06
귀가

귀가 시간은 하루 일과에서 마지막 시간이자 내일의 희망찬 발걸음을 내디딜 수 있는 출발점이 되는 시간입니다! 특히 하루 일과를 다시 돌아볼 뿐만 아니라 나눠 줄 것과 유아 스스로 챙길 것이 많은 시간이므로, 자칫하면 혼잡하고 분주할 수 있습니다. 유아들과 함께 잘 마무리할 수 있는 방법을 찾아 순서대로 진행하다 보면 안전하고 즐거운 귀가 지도가 될 것입니다.

함께 모여요

하루 일과의 마지막 시간인 함께 모이기 시간에는 유아들과 함께 오늘 하루 어떤 활동들을 했는지 함께 회상해본 후, 가장 기억에 남는 활동이나 즐거웠던 활동을 이야기 나눠봅니다. 하루를 돌아보는 과정을 통해 유아들은 가역적 사고가 발달하며, 좀 더 유치원 활동에 흥미를 가지고 다음 활동을 기대할 수 있을 것입니다.

다만 학기 초는 유아들이 적응하는 시기라 자신의 물품을 잘 정리하기 어려우므로, 귀가 지도 시간이 다소 길어질 수 있습니다. 따라서 귀가 지도 시간을 여유 있게 배정하여 출석 카드 및 기타 물품을 나눠줄 뿐만 아니라, 하루 일과를 회상해보고 다음의 활동을 소개해보기 바랍니다.

1. 하루 일과 회상하기

- 오늘 하루 지내면서 기분이 어땠나요?
- 오늘 어떤 활동을 했나요?
- ○○ 활동에서 무엇을 하였나요?
- 누구와 놀았나요?

2. 평가하기

- 가장 기억에 남는 활동은 무엇인가요?
- 그 활동에서 재미있었던 점은 무엇인가요?
- 새롭게 알게 된 점은 무엇인가요?
- 오늘 집에 가서도 해보고 싶은 것은 무엇인가요?

3. 다음 주제 예고

- 내일은 어떤 것을 알아보고 싶나요?
- 내일은 ○○에 대해 알아보기로 해요!

집에 갈 시간입니다

귀가 시간은 유아들이 다 함께 모이는 시간이므로 앞서 이야기했듯이 좀 더 시간을 충분히 제공하는 것이 필요합니다! 스스로 알아서 준비하는 유아도 있는 반면에 천천히 움직이는 유아도 있기 때문입니다. 천천히 움직이는 유아 중에는 기질적으로 느린 유아도 있지만, 교사가 집에 갈 준비를 하자고 신호를 보냈을 때 화장실을 다녀오거나, 친구들과 좀 더 이야기를 하다가 늦어지거나, 그밖에 미처 못한 것을 하려고 하는 유아도 있으므로, 유아들과 함께 원활하게 귀가 지도가 이루어질 수 있도록 자리로 모이기 전까지 순서를 정해보는 것도 한 방법입니다.

예를 들면 ① 화장실을 다녀온다 ➡ ② 겉옷을 입는다 ➡ ③ 가방을 꺼내 소지품을 정리한다 ➡ ④ 자리로 모인다 등의 순으로 할 수 있도록 안내한다면 유아 스스로 내면화하여 귀가 지도를 위해 필요한 것들을 알아서 하게 될 것이며, 준비하는 시간이 점점 단축될 것입니다.

또한 만 3세의 경우에는 교사가 직접 사물함 앞으로 가서 유아의 겉옷과 가방을 꺼낼 수 있도록 안내한 후, 겉옷을 입을 수 있도록 도와줍니다. 뿐만 아니라 전체 모임 자리로 함께 모여 물통이나 원아수첩을 일괄적으로 나누어주는 것도 원활한 귀가 지도의 한 방법입니다.

만 4, 5세의 경우에는 유아들이 전체 모임 자리로 모이기 시작하면, 준비를 다 하고 온 유아들을 격려해주면서 귀가 준비를 하지 않고 다른 행동을 하는 유아들이 빨리 올 수 있도록 지도합니다. 귀가 지도에 관한 더 자세한 사항은 다음과 같습니다.

나눠줍니다 - 원아수첩 및 안내문, 기타 물건

유아들이 스스로 자신의 물건을 챙기고 가방을 확인할 수 있도록 게임 형식으로 가방 확인하기를 해봅니다. 예를 들면 ① '하나, 둘! 하나, 둘! 가방을 엽시다! ➡ ② ' 하나, 둘! 앞을 열어요! ' ➡ ③ ' 하나, 둘! 뒤를 열어요! ' ➡ ④ ' 하나, 둘! 두 눈 망원경(양손을 두 눈에 망원경처럼 갖다 대기)으로 가방을 살펴봐요!' 와 같이 재미있는 방법으로 자신의 가방을 확인할 수 있도록 합니다. 유아 스스로 가방 확인이 끝나면 교사가 다시 한번 점검하여 유아가 잘 확인했는지 살펴봅니다.

만 4, 5세인 경우 학기 초에는 교사가 원아수첩을 나눠주다가 점차 유아들이 적응을 하면 꼬마 선생님을 정해 원아수첩을 나눠줄 수 있도록 합니다. 친구들에게 원아수첩을 나눠주면서 자연스럽게 친구들의 이름을 알게 되고, 친구 이름이 맞는지 확인하면서 책임감과 자율성을 기르게 됩니다.

잘 챙깁니다 - 소지품, 가방, 신발, 옷 등

소지품을 바닥이나 책상에 놓고 그냥 가는 경우가 있으므로 스스로 챙길 수 있도록 안내합니다. 또한 유치원 가방이 같으므로 가방이 바뀌지 않도록 사전에 가정통신문을 발송하여 부모님이 유아 가방 뒷면에 이름을 꼭 기재할 수 있도록 하고, 가방에 유아만이 알 수 있는 표시를 해두어 아직 이름을 모르는 유아들이 자신의 가방을 찾을 수 있도록 합니다.

유아들이 자신의 이름을 잘 몰라서 또는 비슷한 신발이 많아서 신발을 바꿔 신고 갈 때가 있습니다. 일과 중에 '신발장 둘러보기' 활동을 계획하여 신발장에 어떤 신발들이 있는지 살펴본 후, 자신의 이름에 신발이 잘 있는지 알아봅니다. 또한 '신발 찾기 놀이'를 통해 자신의 신발에 관심을 갖고 스스로 잘 찾을 수 있도록 도와줍니다.

마음을 나누는 인사법

하루 동안 속상했던 유아도 있고 즐거웠던 유아도 있을 것입니다. 하루의 마무리를 잘해야 즐거운 마음으로 다시 유치원에 올 수 있으므로, 교사와의 애착과 친밀감 형성을 위해 요일마다 다른 인사법으로 귀가 지도를 할 수도 있습니다.

요일	내용
월	- 교사와 포옹하기 - 유아와 손잡고 통통통 뛰며 '잘 가라!'고 말하기
화	- 교사가 손가락으로 유아 손바닥에 하트 편지쓰기 - '선생님은 ○○를 사랑해' 노래 다 함께 부르기
수	- 하이파이브하기 - 교사와 유아가 서로 엉덩이를 치며 인사하기
목	- 가위바위보 게임 하기 - 양팔을 가볍게 흔들면서 '내일도 즐겁게!', '파이팅!'이라고 말하기
금	- 교사가 유아에게 귓속말로 간단하게 사랑의 편지 보내기 - 교사와 악수하며 인사하기

요일별 인사법 예시

안전하게 귀가합니다

도보로 가는 유아는 꼭 교사에게 인사하여 유아의 귀가 사실을 확인할 수 있도록 합니다. 교사는 유아를 데리러 오신 부모님이 맞는지 확인한 후 부모님께 유아의 하루 일과를 간단히 이야기해줍니다. 또한 정해진 보호자 외 다른 보호자가 왔을 경우 사전에 연락이 왔는지 확인합니다.

차량으로 귀가를 할 경우에는 해당 코스에 유아가 탑승할 수 있도록 유아 이름을 한 명, 한 명 불러 잘 탔는지 확인합니다. 간혹 차량 시간이나 코스를 변경한다는 연락을 받으면, 자신만이 알고 있는 노트에 기록하여 실수하지 않도록 합니다. 사전에 부모님께 차량 안내문을 발송하여 안전하고 원활한 귀가를 위해 차량 변경을 자제하거나 부득이하게 변경할 경우 아침에 미리 연락을 주도록 안내합니다.

차량 지도 시 꼭 확인해야 할 것

1. 차량이 5분 이상 늦을 경우에는 차량 담당자가 유치원에 전화하여 학부모님께 연락을 취해달라고 안내한다.
2. 차를 안 타고 부모나 보호자가 유치원에 직접 데려다주거나 결석하는 유아는 반드시 기록하고, 차량 담당자와 차량 기사님께 전달한다.
3. 등원 시 여러 명이 탈 때는 한 줄로 세워달라고 학부모님께 안내한다.
4. 등·하원 시 차량 담당자는 유아들이 다 내린 후, 마지막에 안 내린 유아가 있는지 다시 한번 확인한다.
5. 차 안에서 유아들이 떠들지 않기, 싸우지 않기, 장난치지 않기 등 차 안에서 지켜야 할 안전에 대해 지도한다.
6. 유아들이 창문 밖으로 손이나 머리를 내밀지 않도록 한다.
7. 차 안에서 유아들이 안전벨트를 꼭 매고 있는지 확인한다.
8. 하차할 때 유아의 얼굴과 옷차림 등을 확인한다.
9. 교사가 길을 건네준 유아가 다시 교사를 뒤따라오지 않도록 지도한다.
10. 하원 시 부모님이 마중을 안 나오면, 유아 혼자 보내지 말고 반드시 부모님께 연락한다.
11. 반드시 유아와 교사가 착석한 후, 차량을 출발한다.
12. 유아가 차를 안 타거나 부모님께서 유치원으로 유아를 데리러 올 경우 변동이 오늘만 해당되는 것인지 꼭 확인한다.
13. 유아들이 차에 앉는 자리로 다툼이 발생하지 않도록 순서대로 차량에 탑승함을 알려준다.
14. 머리핀, 후드티, 목도리, 치맛자락 등이 문에 걸리지 않도록 지도한다.
15. 유아들이 차량 계단을 내려갈 때 뛰거나 점프하지 않고 차례대로 내리게 한다.

4부

문제해결

각기 다른 성향의 유아들이 만나 함께 생활하는 하루! 그 하루 속에서 유아 개인적인 문제 상황, 교우 관계에서의 문제 상황, 교사와의 문제 상황 등 수많은 문제 상황이 발생합니다. 이때 교사는 각 유아의 마음을 헤아려 문제 상황을 중재하지만, 유아마다 발달 정도나 성향에 따라 각자 받아들이는 자세가 다릅니다. 또한 교사는 유아의 문제 상황을 접했을 때 어디까지 개입해야 할지, 혹시 놓치는 부분은 없는지, 이 유아의 말이 진실인지 등 어떻게 해결해야 할지 많이 고민하게 됩니다.

문제 상황을 해결하기 위해서는 선입견을 갖지 않고 유아와 교사의 문제해결 단계를 구분하여 살펴보는 등 교사가 먼저 객관적인 기준을 갖는 자세가 중요합니다. 이런 기준을 갖고 유아의 마음에 공감하고 함께 해결 방법을 찾아 실천하다 보면 유아도 자신의 감정을 조절하고 타인의 감정을 이해하는 태도를 기르게 되며, 점차 교사의 도움 없이도 스스로 문제 상황을 해결하게 됩니다.

유아기에 나타나는 여러 문제 상황은 유치원에서 교사가 다 해결할 수 없으므로 메모, 전화상담, 방문 상담 등 다양한 방법으로 학부모와 연계하여 문제 해결 방법을 모색해야 합니다. 지금부터 문제 상황을 살펴보면서 어떻게 지도해야 할지 알아봅시다.

01
문제행동의 속마음

일 년의 시작이자 일 년의 결실을 좌우하는 3월! 두려움, 기대감과 같은 흑백의 감정이 교차하는 3월에 한 학급을 운영하는 데 있어 '유아들의 생활지도'는 일 년의 나침반 역할을 합니다. 유아들과 행복한 교실을 만들기 위해서 먼저 교사와 유아 간의 애착을 형성한 후, 3월 한 달 동안 유아의 행동을 관찰하면서 부정적인 행동의 유형과 원인을 파악해 보았습니다. 한 달이 일 년 같았던 3월이지만, 유아들과 함께 부정적인 행동을 해결하는 방법을 찾아가는 가운데, 유아의 마음이 보이고 행동이 변화되는 모습을 볼 수 있었습니다.

우리 반 유아들의 부정적인 행동 유형에는 무엇이 있고, 그것을 어떻게 해결해야 할까요? 한 유치원의 만 5세 학급을 관찰하면서 나타난 유아들의 모습을 통해 선생님의 학급 상황과 비교해보며 함께 방법을 찾아보겠습니다.

유아의 부정적인 행동 유형 및 원인 알아보기

20○○년 3월 2일부터 3월 31일까지 만 5세의 유아 총 25명(남 15명, 여 10명)을 관찰해보았습니다.

놀리기

- 친구들의 관심을 끌려고
- 재미로 하고 싶어서
- 친구가 나랑은 놀아주지 않아 미워서

욕하기

- 친구가 내 말을 안 믿어서
- 나는 아니라고 했는데 자꾸 맞다고 해서
- 친구가 나랑 안 놀아줘서
- 그냥 아무 이유 없이

때리기

- 친구가 내 물건(놀잇감)을 빼앗아서
- 친구가 날 놀려서
- 친구가 내 물건을 부서트려서
- 그냥 아무 이유 없이

빼앗기

- 내가 그 물건이 필요해서
- 물건(놀잇감)을 달라고 하는데 친구가 주지 않아서
- 놀잇감이나 종이가 조금 밖에 없는데 친구가 다 가져가서

따돌리기

- 친구가 나랑 안 놀아준 적이 있어서
- 친구가 나를 놀려서(때려서)
- 친구에게 냄새가 나서 /이상한 행동을 해서

거짓말

- 선생님한테 혼날까봐
- 자꾸 생각하다가 정말 그런 것 같아서
- 친구가 나랑은 놀아주지 않아 미워서

새치기

- 1등을 하고 싶어서
- 내가 좋아하는 친구랑 같이 서고 싶어서
- 앞에 서면 빨리할 수 있다고 생각해서

부정적인 행동을 하는 빈도수

다음의 빈도수는 한 유아에게 나타나는 행동의 빈도수보다 반 전체에서 앞의 행동이 하루에 몇 번씩 일어나는가에 초점을 둔 것입니다. 유아들과 함께 부정적인 행동에 대해 지속적으로 이야기 나누고 실천해나가는 과정을 통해 친구를 때리는 행동은 없어졌지만, 2주 차에는 때리는 행동 대신 언어적으로 놀리는 행동이 늘어났다는 것을 알 수 있습니다. 그러나 한 달 동안 전반적으로 각 행동의 빈도수가 줄어들었습니다.

유형 / 주	놀리기	욕하기	때리기	빼앗기	따돌리기	거짓말	새치기
1주	16	1	3	9	3	6	20
2주	18	1	0	7	0	5	14
3주	12	0	0	6	0	2	8
4주	7	0	0	3	0	2	4

교사와 유아가 찾아낸 해결 방법

유아 인터뷰를 통해 서로의 마음 연결 고리 찾기

때리고 화내는 유아, 친구 행동 때문에 속상해하는 유아 각각 5명을 일주일간 다른 유아들에게 방해되지 않도록 점심시간이나 자유선택활동 시간을 활용하여 인터뷰를 했습니다. 인터뷰는 1:1로 편안한 자리에서 자연스럽게 했습니다. 또한 질문에 치중하는 것이 아니라 일상생활에서 대화하듯 자연스러운 분위기를 조성하여 유아들이 자신의 생각이나 느낌을 자유롭게 말하도록 했습니다.

왜 그랬을까?

친구에게 부정적인 행동을 하게 되는 이유 찾기

1. 언제 놀리고(때리고, 빼앗고, 거짓말하고, 새치기하고, 욕하고, 따돌리고) 싶나요?

- 친구가 내 말 안 들어줄 때 / 친구가 나랑 안 놀아줄 때 / 나 욕 안 해요 / 내 물건 달라고 할 때 / 나랑 안 놀고 다른 친구랑 놀 때 / 선생님한테 혼날까 봐

2. 왜 화를 참을 수 없나요?

- 친구가 먼저 나한테 거짓말하니까 / 자꾸 나를 건드리니까 / 내 말을 못 들은 척하니까

3. 친구랑 놀지 말라고 말할 때 정말 그 친구랑 놀고 싶지 않은 건가요?

- 아니요 / 화나서 그랬어요 / 자꾸 나한테 색종이 접어 달라고 하고 귀찮게 하니까 놀고 싶지 않아서요 / 싫어서 그런 게 아니라 내가 하고 싶은 엄마 역할을 못 하게 하니까 그런 거예요 / 네, 자꾸 나한테 화만 내요 /

네 재한테 이상한 냄새가 나요 / 그냥 싫어요

4. 왜 줄을 빨리 서고 싶나요?

- 1등은 좋은 거잖아요! / 뒤에 서면 잘 안 보여서요 / 자꾸 앞에 친구가 빨리 안 가서 그냥 맨 앞에 서고 싶어요 / 재만 맨날 1등만 하려고 하잖아요. 저도 앞에 서고 싶은데… / 친구보다 빨리 서고 싶어서요 / 엄마가 1등이 제일 좋은 거래요

5-1. 옳지 않은 행동을 하고 나서 선생님이나 부모님께 이야기를 들을 때 기분이 어떤가요?

- 기분 나빠요 / 속상해요 / 화가 나요 / 혼나니까 싫어요 / 나 미워하는 거 같아요!

5-2. 선생님과 부모님은 왜 이런 행동을 하면 안 된다고 말할까요?

- 우리가 싸울까 봐요 / 다칠까 봐 그래요 / 친구랑 사이좋게 놀아야 하니까 / 우리가 모르니까 알려주려고 / 나 잘 크라고 사랑하니까 말해줘요 / 몰라요

어떻게 하면 좋을까?

친구의 부정적인 행동으로 인해 속상한 유아들의 마음 들여다보기

1. 친구가 놀릴 때(때릴 때, 빼앗을 때, 거짓말할 때, 새치기할 때, 욕할 때, 따돌릴 때) 어떤 기분이 드나요?

- 친구가 미워요 / 기분 나빠요 / 화가 나요 / 나도 때리고 싶어요 / 소리 지르고 싶어요

2. 그 친구는 왜 그런 행동을 할까요?

- 내가 귀찮게 하니까? / 내가 물건을 가져가서… / 몰라요 / 그냥 하고 싶으니까… / 그 친구는 나쁜 유아니까

3. 친구가 나한테 이런 행동을 할 때 나는 어떻게 해야 할까요?

- 선생님한테 말해요 / 그 친구한테 기분 나쁘다고 말해요 / 마음속으로 숫자를 세고 참아요 / 친구한테 세 번 기회를 줘요!

4. 친구랑 해결이 나지 않으면 어떻게 하면 좋을까요?

- 참고 선생님한테 말해요 / 엄마한테 말해요 / 친구한테 도와달라고 해요

5. 그 친구에게 무슨 말을 해주고 싶나요?

- 나 기분 나빠, 하지 마 / 선생님이랑 약속했으니까 하지 마 / 너도 내가 그렇게 하면 기분 나쁘니까 하지 마 / 네가 자꾸 나를 '돼지'라고 놀려서 속상해! 하지 말아줄래?

유아와 교사가 함께 해결 방법 찾아가기

- 친구가 나에게 부정적인 행동을 했을 때 왜 그랬는지 물어보기 / 부정적인 행동에 대한 나의 기분이나 마음 이야기하기(예: 왜 그랬어? / 나는 네가 ○○해서 □□해)
- 선생님께 빨리 도움을 요청해야 하는 상황과 스스로 해결한 후 도움을 요청하는 상황을 구분하기
- 부정적인 행동을 하고 싶을 때 해결 방법 찾기

- 손을 잡고 '손아 참아!' 하며 하나, 둘, 셋 세기
- 두 손으로 마음을 잡고 '하나, 둘, 셋! 마음아, 참아라!' 하고 말하기
- 심호흡 5번 하기
- 도저히 참지 못할 때 흑기사 선생님 찾기 '선생님, 도와주세요!'
- 나를 불편하게 하는 친구에게 말로 하기 등

• 부정적인 행동으로 인해 속상한 유아들의 해결 방법 찾기
  - 내가 하지 말아야 할 행동: 울지 않기, 소리 지르지 않기, 때리지 않기, 삣지 않기
  - 내 기분과 생각을 분명하게 말하기
  - 선생님께 바로 이야기하기보다 스스로 해결하려고 노력하기(만약 해결을 해도 풀리지 않으면 선생님께 도움 요청하기)

'우리들이 정한 해결 방법' 실천 정도에 대해 평가하기

• 유아들과 기간을 정해 선생님과 유아들이 함께 정한 해결 방법을 잘 지켰는지 모둠별로 또는 대집단으로 이야기 나눠보기
• 가장 잘 지키기 어려운 해결 방법은 무엇인지 이야기해보기: 집중적으로 지켜야 할 해결 방법을 정해 다시 실천해보기
• 해결 방법을 실천했을 때 나의 기분과 마음 말하기

평가 후 유아의 변화 관찰하기

• '저 할 수 있어요!', '이번에는 도전했어요!' 라는 말과 함께 스스로 변화하려고 노력하는 빈도수가 증가함
• '○○야! 선생님 말 들어봐', '괜찮아?', '나는 네가 때려서 기분이 나빠' 등 자신의 감정을 표현하는 말을 점차 많이 사용하면서 스스로 해결해보려고 노력함
• 자신의 부정적인 행동에 대해 스스로 평가해 보면서 교사의 제안을 점차 긍정적으로 수긍하며 받아들임
• 행동에 대한 제약이 있을 때 처음에는 무조건 기분 나빠하던 유아들이 점차 교사

의 말에 공감하는 모습을 보임

교사의 마음 나눔 이야기

지난 한 달 동안 유아들의 행동을 관찰하고 지도하면서 동화 속 이야기들이 해피엔딩으로 막을 내리듯 우리 반 유아들의 행동 변화도 해피엔딩이 되었습니다. 그러나 다시 유아들은 문제 행동을 보일 것이고, 저는 또다시 지도 방법을 모색해볼 것입니다.

한 달 동안 유아들과 함께 고민하며 문제점을 찾고 해결해보는 과정을 통해 유아들은 친구를 생각하는 마음이 커졌고, 의존적인 모습에서 점차 독립적으로 해결하는 자세를 갖게 되었습니다.

오늘도 나는 유아들을 자세히 관찰하면서 그 마음을 들여다보며 고민하고 또 고민할 것입니다. 그러다 보면 자연스럽게 유아들을 보는 시야가 넓어질 것이고, 가르치는 교사가 아니라 함께 마음을 공유하는 교사가 될 것입니다.

02

문제해결을 위한 원칙 세우기

매일 유치원 교실에서 아무런 갈등과 문제 없이 안전하고 평화롭게 지나가길 기도하지만, 하나씩 던져오는 숙제처럼 갈등과 문제 상황은 끊임없이 발생합니다. 유아들은 원래 문제 상황 속에서 성장한다는 것을 인정하면서도 막상 유아 간의 크고 작은 갈등 상황이 반복적으로 일어나면 교사 또한 감정조절력이 떨어지게 됩니다. 그리고 사소한 갈등인데도 불구하고 교사가 사전에 파악하지 못하거나 간과 또는 무시하여 문제 상황이 더 커져 버리기도 합니다.

영빈이는 덩치가 크고 자신의 감정을 잘 표현하지 못하는 유아입니다. 영빈이가 주말에 머리를 짧게 자르고 유치원에 등원했습니다. 막 등원한 민수가 가방 정리를 하는 영빈이를 보고 "야! 영빈이 머리 잘라서 까까머리 되었네. (웃으며) 웃기다"라고 말하자 영빈이는 얼굴이 어두워지며 화가 난 표정이 되었습니다. 교실에 들어와 놀이를 시작한 영빈이는 친구에게 짜증을 내고 장난감을 던졌습니다. 이러한 문제 상황에서 교사와 유아가 문제를 지혜롭게 해결할 수 방법을 제시하겠습니다.

교사도 유아도 문제를 해결하여 행복한 학급이 되기 위한 기본 원칙이 있습니다.

기본 원칙

1. 하고 싶은 것, 해야 할 것, 하지 말아야 할 것을 구분하여 행동한다.

2. 잘못된 행동의 결과에는 책임이 따른다.

3. 장난과 폭력을 구분하며, 놀욕때빼따거새(놀리기, 욕하기, 때리기, 빼앗기, 따돌리기, 거짓말하기, 새치기)는 선생님과 함께 해결한다.

4. 유아들이 문제해결기술을 배워서 스스로 해결할 수 있어야 한다.

5. 스스로 해결할 수 없는 수준의 문제는 교사, 학급, 유치원에서 해결해야 한다.

1. 하고 싶은 것, 해야 할 것, 하지 말아야 할 것을 구분하여 행동한다

유아들에게 '유치원에서 친구들과 하고 싶은 것은 어떤 것이 있느냐?' 라고 물어보면, 자유선택활동이 주로 많이 나오고 바깥 놀이 등 다양한 활동이 즐거워서 더 놀이를 하고 싶다고 이야기합니다. 자유선택 놀이를 할 때 즐거웠던 경험, 속상했던 경험에 대해 이야기를 해보면 친구와 사이좋게 놀이할 때 좋았으며 친구가 때리거나 놀리는 것이 싫다고 말합니다. 아이들이 하는 이야기를 들으면서 하지 말아야 할 것과 해야 할 것에 대해 좀 더 구분하여 이야기를 합니다. 만 3세 아이들도 자신들이 놀이한 경험을 토대로 '친구를 때리지 않아요', '친구 장난감을 빼앗지 않아요' 이런 말들을 합니다. 유치원에서 친구들과 즐겁게 놀이하려면 우리가 해야 할 것에 대해 이야기를 해보자고 하면 '친구를 소중하게 대해줘요. 친구 물건을 소중하게 다뤄요. 예쁘고 고운 말을 사용해요. 친구들과 함께 사이좋게 놀아요' 라고 말합니다. 이 원칙은 약속과 마찬가지입니다. 유아들이 하고 싶은 것, 해야 할 것, 하지 말아야 할 것을 구분하여 행동을 조절할 수 있도록 지원하고 지지합니다.

2. 잘못된 행동의 결과에는 책임이 따른다

진영이가 입고 온 후드티의 모자를 진석이가 잡아당기며 웃습니다. 진영이가 아프다고 하지 마라고 해도 재미있는지 진석이는 후드티의 모자 부분을 자꾸만 잡아당깁니다. 진영이는 너무 아파 울자 진석이가 잡아당기는 행동을 그만 하게 되었습니다. 진석이는 개인적인 즐거움의 욕구 충족하기 위한 수단으로 진영이의 옷을 잡아당겨서 목이 아프고 친구에게 괴롭힘을 당한 것이 속상해서 울고 있습니다. 마음에 상처가 있는 진영이에게 형식적인 말로 '미안' 만 하고 진석이가 그냥 지나쳐 버린다면 진영이는 진석이의 진심 어린 사과를 받지 못해 속상합니다. 진석이와 같이 자신이 잘못된 행동을 했을 때

스스로 해결하고자 하는 책임감을 가지고 진심 어린 사과를 하는 것을 알려주어야 합니다. 책임의 방법과 관련해서도 유아기부터 인지되어 있어야 합니다.

3. 장난과 폭력을 구분하며, '놀욕때빼따거새'는 선생님과 함께 해결한다

장난이 아닌 장난이 만 5세에서 일어나는 경우들이 있습니다. 아래 그림처럼 둘 다 즐거우면 장난이지만, 한 사람이라도 즐겁지 않다고 하면 장난이 아니며 그래도 계속해서 장난하게 되면 폭력입니다.

둘 다 즐거우면 장난

한 사람이 즐겁지 않으면 장난 아님. 의사소통기술 사용하기

그래도 계속하면 폭력(경미한 폭력 - 심각한 폭력)

4. 유아들이 문제해결기술을 배워서 스스로 해결할 수 있어야 한다

물고기를 잡아 줄 것인가, 물고기 잡는 방법을 알려줄 것인가를 고민한다면 물고기 잡는 방법을 알려주는 것이 교사의 역할입니다. 문제해결 기술을 한 번만 알려주고 유아에게 문제가 생겼을 때 곧바로 적용하기는 어렵습니다. 유아가 스스로 해결할 수 있도록 역할극, 토의 등을 통해 꾸준히 연습하고 서서히 도와준다면 유아는 스스로 문제를 자신 있게 해결할 수 있게 될 것입니다.

5. 스스로 해결할 수 없는 수준의 문제는 교사, 학급, 유치원에서 해결해야 한다

친구와의 문제해결을 위해 노력을 했지만, 스스로 해결되지가 않거나 스스로 해결할 수 없는 수준의 문제는 반드시 교사, 학급, 유치원에서 함께 해결해야 합니다. 또한 문제 갈등 상황이 발생하지 않도록 문제를 예방하고 해결하는 방법을 체계적으로 준비해야 합니다.

03

유아 문제해결 5단계

교실에서 발생하는 문제는 안전, 감정, 책임이라는 3가지 측면에서 볼 수 있습니다. 또한 문제 성격에 따라 유아 스스로 조절이 가능한 것, 교사의 도움이 필요한 것, 가정과 연계하여 부모의 도움이 필요한 것으로 구분할 수 있습니다. 여러 상황이 있겠지만, 몇 가지 상황을 구분해봅시다.

	안전	감정	책임
유아 스스로 조절하기	뛰기, 싸우기, 던지기 등	놀리기, 욕하기, 때리기, 물건 빼앗기, 험담하기, 따돌리기, 유치원 물건 가져가기 등	손 씻으며 비누거품 장난하기, 물장난하기 등
교사가 개입 후 지원	감기에 걸려 기침을 많이 하거나, 급식 시간에 목에 가시나 이물질이 걸렸을 때 응급조치 등	주의집중이 필요한 유아, 기질로 인해 어떤 활동이든 피하는 유아, 낯선 활동에 두려움을 느끼는 유아 등	유아가 스스로 조절이 불가능할 때 책임과 관련된 가치관 인지
부모의 지원	우유 또는 다른 알레르기가 있는 경우나 요로감염을 알았던 유아, 아토피 정보 제공 등	분리불안이 있거나, 유치원에 오기 싫어하는 유아 등	늦게 등원하는 경우, 늦게 하원하는 경우

다음에 나오는 표는 문제 상황에서 유아가 문제를 해결할 수 있는 방법을 5단계로 나누어 소개합니다.

1단계 감정조절	2단계 평화 대화법	3단계 수호천사	4단계 선생님과 이야기하기	5단계 함께 이야기하기
1. 하 호흡법	1. 화나면 '행감바' 2. 사과할 때 '인사해약' 3. 거절할 때 '마이약'	1. 수호천사 약속 2. 도와주는 방법	1. 유아 스스로 행동 조절할 수 있도록 안내하기 2. 바른 행동 실천하기	1. 함께 생각해보기 2. 학부모와 함께 해결하기

1단계. 감정조절

교사가 문제 상황이나 갈등 상황이 생길 때마다 세세하게 모든 것을 해결해주기는 어렵습니다. 교사가 개입해서 해결하기보다는 유아가 스스로 감정을 조절하여 말할 수 있는 방법을 알려준다면 유아가 성인이 되어서도 자신의 감정을 적절하게 조절할 수 있습니다.

'하' 호흡법

숨을 바르게 쉴 수 있도록 도와주는 것만으로도 마음을 가라앉힐 수 있습니다. 유아들이 교사에게 달려와서 "선생님, ○○가 나를 때렸어요"라고 말합니다. 그때 교사는 유아의 속상한 마음을 받아주고 '하' 호흡법으로 마음을 진정시킵니다. 가끔은 유아뿐만 아니라 교사에게도 필요할 때가 있습니다.

- 마음을 가다듬고 숨을 쉴 때 '하' 하고 숨을 내뱉고 '흠' 하며 숨을 크게 들이마십니다.
- 숨을 내뱉을 때는 배꼽이 등에 붙을 정도로 숨을 내뱉고, 숨을 들이마실 때는 배가 풍선처럼 커지게 들이마십니다.
- 하 호흡법을 통해 유아가 화가 난 감정을 조절할 수 있도록 도와주면 유아 스스로 감정을 조절하는 능력이 커집니다.

2단계. 평화 대화법

화나면 '행감바'(행동, 감정, 바라는 마음 가지기)

유아들은 친구가 자신을 화나게 하거나 속상하게 할 때 자신의 감정을 적절히 전달하는 방법을 알지 못합니다. 그렇게 때문에 친구가 나를 화나게 할 때 행동, 감정, 바라는 마음 순으로 말하도록 알려줍니다. 학기 초부터 상황 연습을 하고 문제가 일어날 때마다 유아 스스로 감정을 조절하여 말할 수 있도록 도와주다 보면, 처음에는 어려울 수 있으나 익숙해지면 자신의 감정을 친구에게 잘 전달할 수 있게 됩니다.

방법	예시
■ 네가 --- 해서(행동)	○○야, 네가 나한테 까까머리라고 말해서
■ 내가 --- 속상했습니다.(감정)	속상했어
■ 네가 --- 사과하면 좋겠어(바라는 마음)	네가 사과하면 좋겠어.

사과할 때는 '인사해약'(인정하기, 사과하기, 해결하기, 약속하기)

유아들은 자신이 잘못한 것에 대해 인정하거나 사과하기보다 합리화하려고 할 때가 많습니다. 하지만 자신의 잘못으로 친구의 몸이나 마음이 다쳤거나 상처를 받았을 때 몸이 다쳤다면 상처를 치유해주고 마음이 다쳤다면 친구의 마음이 풀리도록 사과를 해야 하는 책임이 있습니다. 아래의 방법을 순차적으로 적용해보면 유아가 스스로 해결하려는 책임감을 갖도록 도와줄 수 있습니다

방법	예시
■ 내가 --- 해서(인정하기)	영빈아, 내가 까까머리라고 말해서 속상했겠다.
■ 미안해, (사과하기)	미안해
■ 내가 어떻게 하면 좋을까?(해결하기)	내가 어떻게 하면 마음이 풀리겠어?
■ 다음부턴 안 그럴게(약속하기-책임)	다음부턴 조심할게.

거절할 때는 '마이약(마음읽기, 이유 말하기, 약속하기), 상대가 기분 나쁘지 않게 거절하기

영미와 철수가 함께 블록을 만들고 있는데 수진이가 영미에게 미술놀이 하자고 이야기를 합니다. 영미는 철수와 블록 놀이하는 게 재미있어서 미술놀이는 나중에 하고 싶습니다. 이럴 때는 친구가 기분 나쁘지 않게 친구의 마음을 읽고 그 이유를 말하고 약속 시기를 함께 의논하여 정합니다.

방법	예시
나랑 같이 --- 싶다고 했는데 ---할 수 없어서 미안해(마음 읽기)	나랑 같이 미술놀이 하고 싶다고 했는데 지금 같이 할 수가 없어서 미안해
왜냐하면 지금은 ---을 하고 있거든(이유 말하기)	왜냐하면 지금은 철수랑 블록놀이하고 있거든
언제(시기) 같이 할까? (약속할 수 있을 때만)	이거 끝나고 같이 할까? / 내일 미술놀이 같이 해도 될까?

3단계. 수호천사

보통의 경우 유아들은 친구가 잘못된 행동을 했을 때 교사에게 말합니다. 어떤 교사들은 그것을 고자질이라고 생각합니다. 고자질 혹은 이르는 유아는 선생님에게 친구의 잘못을 이야기하여 인정받고 싶은 욕구가 있을 수도 있고, 가치관이 다른 친구를 도와주고 싶은 생각이 있을 수도 있고, 친구의 행동으로 인해 불편해서일 수도 있습니다.

"고자질은 나쁜 것입니다. 선생님에게 말하지 말고 스스로 해결하세요"라고 한다면 교사는 귀찮지는 않겠지만, 교실에서 생겨난 문제들을 파악하지 못하게 될 것입니다. 어떤 교사는 그냥 교실에서 모른 척합니다. 그러면 교실은 힘이 센 유아가 제압하고, 규칙을 더 많이 어기게 되며, 교사가 보는 곳에서만 규칙을 지키는 척합니다.

수호천사 활동을 알려주면 친구들이 자기조절력이 부족한 유아의 수호천사가 되어 도와줄 수 있습니다.

유아들이 "선생님, 영빈이가 미끄럼틀을 거꾸로 올라가요"라고 외칩니다. 교사가 "얘들아, 우리 같이 영빈이 손을 잡고 친절하게 말해보자 '영빈아 미끄럼틀을 거꾸로 올라가면 위험해' 라고요"라고 말했습니다. 3명의 수호천사 친구들이 영빈이에게 달려가 "영빈아, 미끄럼틀을 거꾸로 올라가면 위험해. 미끄럼틀은 위에서 아래로 내려오자"라고 말해주고 영빈이가 미끄럼틀을 바르게 올라가는 것을 가르쳐줍니다. 한 명의 유아보다는 교사와 두 명의 유아가 함께 움직이면 영빈이의 기분도 나쁘지 않고 다음부터는 미끄럼틀을 거꾸로 올라가지 않습니다. 이렇게 한다면 영빈이는 행동을 바르게 고칠 수 있는 힘이 더 커질 것입니다.

수호천사 약속

수호천사를 잘 실천하기 위해서는 다음과 같은 약속이 필요합니다.

- 놀욕때빼따거새(놀리기, 욕하기, 때리기, 빼앗기, 따돌리기, 거짓말하기, 새치기) 하지 않아요.
- 친구가 싫어하는 장난을 하지 않아요.
- 어려운 일이 있다면 도와달라고 해요.
- 친구가 어려워하면 우리가 도와줘요.
- 고맙다고 말해요.

도와주는 방법

- 멈추게 하기(행동): 그만해! 막 대하면 안 돼! 규칙을 지켜야지!
- 조절하게 하기(감정): 화가 많이 났구나. 진정해. 심호흡을 해볼래?
- 방법 찾기(방법): 어떻게 하면 좋을까? 무엇을 도와줄까?
  - ① 둘이 해결하기(갈등하는 아이들이 모두 동의할 때)
  - ② 수호천사와 함께 이야기 나누기
  - ③ 선생님께 도움 청하기
  - ④ 학급평화회의 주제로 신청하기

4단계. 선생님과 이야기하기

유아 스스로 행동 조절할 수 있도록 안내하기

유아의 행동이 잘못되었음을 알려주어 바르게 행동할 수 있도록 친절하게 안내합니다. 조절이 안 되면 한 번 더 안내합니다. 세 번째에도 똑같은 행동을 하면 3분 정도 혼자서 자신의 행동을 생각할 시간을 주고 자신의 행동을 조절할 수 있는지 충분히 교사와 대화를 나눕니다.

영빈이가 자유놀이 시간에 뛰어다니고 있습니다. "영빈아, 지금 자유선택활동 시간인데 비행기를 들고 뛰어다니고 있구나. 교실에서 뛰면 네가 다칠 수 있어", "네, 걸어 다닐게요." 1분 후 또 뛰어다닙니다. "영빈아, 걸어 다닌다고 했는데 또 뛰어다니네. 걸어 다녔으면 좋겠다." "네." 1분 후 또 뛰어다닙니다. "영빈아, 또 뛰었네. 선생님이 3번이나 이야기해 주었는데도 뛰었으니 약속대로 혼자 있는 시간을 가져보자." 3분 후 "영빈이가 잘 생각했는지 볼까? 왜 뛰었니?" "뛰고 싶어서요." "어떻게 하면 좋겠어?" "걸어 다녀요." "잘 생각해주어서 고마워. 앞으로 잘 걸어 다니도록 하자. 영빈이 다치지 않게."

바른 행동 실천하기

유아들은 아직 자기조절력이 부족하기 때문에 무조건 유아의 행동을 강압적으로 수정하고 벌주고 혼내기보다는 바른 행동으로 변화될 수 있도록 도와주어야 합니다. 그러나 교사는 유아가 바른 행동을 하지 않을 경우 흥분을 하고 자신의 감정을 조절하지 못하여 유아를 벌주고 친구들 앞에서 혼을 내 유아의 마음에 더 큰 상처를 줄 수 있습니다. 바른 행동 연습은 절대 혼내거나 벌을 주는 것이 아니라 유아의 잘못된 행동을 고쳐주는 데 목적이 있으며, 스스로 조절하기와 수호천사 활동으로도 어려울 때 다음 단계로 바른 행동 실천하기를 지도해볼 수 있습니다.

영빈이가 계속 계단을 두 칸씩 내려옵니다. 선생님은 영빈이가 계단을 한 칸씩 내려오는 연습을 하게 합니다. 그러면서 옆에서 지켜봐 줍니다. 그리고 교실로 돌아와서 한 번 더 마음에 되새기도록 합니다. "나는 계단에서 한 칸씩 내려갈 수 있습니다." 영빈이는 다시 한번 계단을 한 칸씩 내려와야 한다는 것을 인지하게 됩니다.

5단계. 함께 이야기하기

생각 나누기

문제 상황이 생겼을 때 유아들과 함께 이야기를 나누어봅니다. 유아들과 약속에 대한 문제를 함께 수정해보거나 방법을 물어보면 더 많은 해결책을 찾을 수 있습니다. 대집단 활동 시간에 아이들에게 묻습니다. "영빈이가 계속 계단에서 두 칸씩 내려가는데 어떻게 하면 좋을까요?" 수빈이가 "계단 옆에 한 칸씩 내려가자는 약속판을 만들어 붙여요"라고 말하자 종서가 "계단 내려갈 때 두 칸씩 내려가다 사고가 나는 동영상을 보여줘요" 등등 유아들은 다양한 의견을 이야기합니다.

학부모와 함께 해결하기

유아의 문제 상황을 학부모에게 말해 유아를 혼내게 하거나 학부모의 감정을 상하게 하는 것이 아니라 함께 문제를 해결해나가며 유아가 바른 행동을 할 수 있도록 도와주는 것이 목적입니다. 교사에게 전화를 받고 문제행동을 들었을 때 대부분의 학부모는 방어적으로 반응할 것입니다. 그러므로 평소에 유아의 장점을 수시로 이야기 나누며 학부모와 좋은 관계를 유지해야 문제 상황 시 가정과의 협력이 원활하게 이루어집니다. (3월에 학부모에게 유아의 장점 및 성장했으면 좋을 점을 알려달라고 말한 후 유아의 문제행동을 함께 고쳐갈 수 있도록 상담합니다.)

04

교사 문제해결 5단계

문제가 발생하면, 문제가 빨리 해결되어 평온한 학급이 되길 원합니다. 행복한 교실을 운영하기 위한 가장 기본조건은 교사의 보호와 사랑, 존중과 책임이 공존하는 학급문화, 유아 문제해결능력을 키우기, 교사의 문제 해결이 원활하게 이루어져야 합니다.

교실에서의 문제 상황은 유아 문제해결에서 살펴본 바와 같이 안전, 감정, 책임으로 구분하여 나타날 수 있습니다.

이러한 문제 상황을 교사 감정 문제, 유아 규칙의 문제, 유아 감정 문제, 학급 문화 문제, 부모와 협력해야 할 문제를 파악하고 인지하고 유아의 문제를 해결할 수 있는 방법을 5단계로 나누어 살펴보겠습니다.

1단계 문제 확인	2단계 교사 감정	3단계 유아 감정	4단계 유아 규칙	5단계 학급 문화
1. 문제 확인	1. 감정조절하기 2. 평화 대화법(행감바)	1. 유아 마음 이해하기 2. 공감적 경청과 도와주기 3. 문제 해결 방법 안내 4. 역할극 상담	1. 집중 기술 2. 알아차리기 3. 자기조절 신호 4. 자기조절 연습	1. 함께 이야기하기

1단계. 문제 확인

고든의 『교사역할훈련』을 살펴보면, 어떤 행동의 문제가 나타났을 때는 우선 자신의 판단 없이 객관적으로 상황을 관찰하라고 합니다. 어떤 문제가 발생하게 되었고, 문제 행동의 소유자가 교사인지 유아인지를 구분하는 것입니다.

학급운영시스템에서는 좀 더 세분화하여 교사 감정의 문제, 유아 규칙의 문제, 유아 감정 문제, 학급 문제, 부모 협력이 필요한 문제로 구분하여 문제를 인식합니다.

문제의 영역을 확인했으면 해당하는 단계의 기술을 사용합니다.

2단계. 교사 감정

학급 규칙이 '친절하게 말해요'인 교실이 있습니다. 그 교실에서 어떤 유아가 친구에게 불친절하게 말하고 행동하는 모습을 보고 교사가 화를 내면서 '친절하게 말해야지'라고 말한다면, 아이들도 다른 친구들에게 화를 내면서 '친절하게 말해야지' 하고 말하게 됩니다. 화를 내면서 친절은 나올 수 없는데 말이죠. 이처럼 교사의 말과 행동은 아이들에게 커다란 영향력을 미치게 되므로 항상 좋은 모델링이 되기 위해 감정을 조절하여 말하도록 노력해야 합니다.

감정조절하기: 하 호흡법, 확장시야

유아 문제해결방법 중 1단계, 몸과 마음 열기 등에서도 사용하고 있는 하 호흡법, 확장시야를 이용하여 교사도 스스로 감정을 조절합니다. 교사가 먼저 감정을 조절하여 말하면 아이들도 모델링이 되어 감정을 조절하여 말하게 됩니다. 예를 들어, 영철이가 여러 번 친구를 괴롭히는 모습을 보면 교사도 화가 날 수 있습니다. 그러나 교사가 이 상황에서 화를 내지 않고 '선생님은 영철이가 친구를 괴롭혀서 화가 났지만 하 호흡법을 하면서 마음을 가다듬고 영철이에게 이야기를 하고 있어'라고 말하면 아이들도 교사의 감정조절을 자연스럽게 습득할 수 있습니다.

또한 유아가 자신의 감정을 조절하며 말하는 상황을 보았을 때는 칭찬과 격려를 해주어야 합니다. 예를 들어, 준영이가 자기의 물건을 허락 없이 사용하는 진석이의 모습을 보고 속상하지만 준영이가 자신의 감정을 조절하여 말하는 모습을 보고 '준영이는 준영이 물건을 진석이가 허락받지 않고 사용하는 모습을 보고 스스로 하 호흡법을 하여 화가 난 마음을 가라앉히고 너의 속상한 점을 진석이에게 말하는 모습을 보고 너무 감동을 받았어. 속상했던 마음 때문에 친구에게 소리를 지르거나 때리거나 할 수도 있는데 너의 마음을 잘 조절하여 말한 것을 보니 너무나도 뿌듯하구나' 라고 하면 준영이는 좀 더 자신의 감정을 조절하여 말할 수 있게 됩니다.

평화 대화법: 행감바

유아 문제해결방법의 2단계에 나오는 '행감바' 와 같은 방법으로 교사에게 문제가 발생했을 때 상대의 행동, 나의 감정, 나의 바람을 평화적으로 이야기합니다. 교실에서 자유놀이 시간에 영역을 옮겨가며 뛰는 유아들이 있습니다. 한 명이 뛰기 시작하면 주변에 다른 유아들까지도 자유놀이에 집중하기가 어렵고 뛰다가 다칠 것 같아 걱정이 되기도 합니다. 아이가 뛰는 모습을 보면 선생님은 '○○야, 뛰지 마세요' 라고 말합니다. 보통 이런 경우 유아들은 잠깐 뛰지 않다가 또 뛰게 되는 경우들이 있습니다. 그래도 뛰면 '○○야, 뛰지 말라고 했지' 라고 반복해서 뛰지 마라는 말만 하게 되고 뛰는 행동은 멈춰지지 않고 선생님의 감정은 상해져서 유아에게 '뛰지 마라고 말했는데 계속 뛰네. 뛰지 말라고 했잖아' 라고 말하면서 화를 내게 되는 경우가 있습니다.

방법	예시
■ 네가 --- 해서(행동)	○○야, 네가 쌓기 영역에 있는 물건을 가지고 언어 영역, 미술 영역에 왔다갔다 뛰어다니네. 언어 영역이랑 미술 영역에서 놀이하는 친구들이 놀이에 집중하기가 힘들어하네.
■ 내가 --- 속상했어.(감정)	선생님은 ○○이가 뛰어다니다가 다칠 것 같아 불안하고, 놀이에 방해가 되니까 마음이 불편해.
■ 네가 ---면 좋겠어(바라는 마음)	네가 교실에서 한곳에 앉아서 놀이하고 안전하게 걸어다니면 좋겠어.

교사는 유아가 뛰는 행동을 멈추고 자유놀이에 즐겁게 집중하여 놀이하길 원했는데, 교사의 의도처럼 집중하는 것도 되지 않았고 유아도 선생님께 혼이 나서 속이 상하게 되어 유아와 교사와의 관계도 나빠지게 됩니다.

이럴 때 평화 대화법을 사용하여 교사가 의도하는 유아가 뛰는 행동을 멈추도록, 평화로운 자유놀이활동 시간이 되고 교사와 유아와의 관계도 좋아지도록 도와줍니다.

3단계. 유아 감정

유아 마음 이해하기

유아들이 어떤 상황에 놓여 있고 어떤 감정일지 문제를 확인하면 유아의 마음에 공감하는 것만으로도 대부분의 문제 상황을 해결할 수 있습니다. 유아의 마음을 공감하려면 유아의 발달 수준, 현재 상황, 성격 유형 및 기질에 따라 이해하려는 태도가 필요합니다.

1. 유아의 생각과 시선으로 바라보기

만 3세 유아가 맞이한 세 번에 겨울과 성인인 교사가 맞이한 겨울은 같을 수 없습니다. 또한 유아의 키 높이에서 본 교실의 모습과 교사의 키 높이에서 본 교실의 모습도 다릅니다. 따라서 교사의 의도대로 질서 정연하게 행동하는 것은 이 시기의 유아에게 매우 어려우므로, 유아의 시선으로 바라보려는 노력이 필요합니다.

유치원에 온 지 3일 동안 바지에 실수를 하는 유아가 있습니다. 교사의 입장에선 그냥 단순히 화장실에 가고 싶은데 놀이에 빠져서 화장실 가는 것을 참다가 실수는 하는 등 자기조절력이 떨어지는 유아라고 생각할 수 있습니다. 그러나 조금 더 유아의 입장에서 유아의 생각을 들어보고 유아의 눈높이에서 화장실을 살펴보니 화장실에 무언가가 묻어있는 것이 싫어서였다는 것을 파악할 수도 있습니다. 그러므로 교사의 판단보다는 유아의 생각과 시선에서 먼저 바라보는 시각을 가져야 합니다.

2. 유아의 현재 상황 살피기

유아가 현재 처한 상황을 모른 채 문제 상황을 해결하기는 어렵습니다. 예를 들어, 유아가 아침에 등원할 때 울면서 왔다면 가정에서 무슨 일이 있었는지 유아에게 직접 물어보거나 부모님께 물어보고 유아의 감정, 심리, 건강, 안전 등의 상황을 살펴보는 것이 필요합니다.

3. 유아의 기질 파악하기

같은 만 3세라 하더라도 개개인의 수준과 성격 및 기질이 다릅니다. 예를 들어, 급식 시간에 국물이 식판의 밥으로 흘러가는 것을 싫어하는 유아, 쌓기 놀이할 때 친구들이 만지는 것을 싫어하는 유아 등 기질이 다양합니다. 각 유아의 기질을 파악하고 공유하면 교사가 유아들을 이해하는 폭도 깊이도 달라집니다. 각 유아의 기질을 잘 파악하고 있으면 유치원에서 지켜야 할 규칙에 대해 이야기 나눌 때도 서로가 적절하게 수용할 수 있도록 안내해줄 수 있습니다. 또한 교사가 유아들의 기질을 파악하고 그 정보를 공유함으로써 유아 간에도 그 친구가 싫어하는 행동을 서로 하지 않기 위해 노력하는 모습을 보이기도 합니다.

4. 유아와 교사와의 신뢰 관계 유지하기

교사가 유아와의 신뢰 관계가 형성되어 있지 않으면, 유아는 자신의 문제에 대해 마음을 열고 해결하고자 하지 않습니다. 교사는 유아를 양육하고, 보호해주는 역할자로서 유아가 친근감과 신뢰감을 가질 수 있도록 도와주어야 합니다. 유아의 마음을 수용해주어 언제든지 자신의 마음을 이야기할 수 있는 분위기를 조성해줍니다

공감적 경청과 도와주기

학급에서 일어나는 모든 일을 다 파악할 수는 없지만 교사의 두 눈은 크게 바라보고, 두 귀도 쫑긋 열심히 들으며 관찰을 합니다. 유아들의 행동을 관찰하다 보면 유아가 먼저 다가와서 말하지 않아도 유아의 얼굴 표정이나 행동이 불편해 보입니다. 이럴 때 다음과 같은 방법을 사용합니다.

- 관찰한 것을 이야기하고 물어봅니다. “얼굴 표정이 좋지 않은데 무슨 일 있니?” “많이 화났는데 무슨 일 있니?”
- 화는 났지만 거친 행동을 하지 않는다면 어떤 도움이 필요한지 물어봅니다. “선생님이 어떻게 도와줄 수 있을까?”
- 화나서 거친 말과 행동을 한다면 멈추게 합니다. “네가 화난 것은 이해할 수 있어. 하지만 화났다 하더라도 함부로 대하는 것은 안 된다는 거 알지?”

그래도 거친 말과 행동을 하면 카운팅을 합니다. 거친 말과 행동을 하지 않으면 유아가 하는 말을 공감하며 경청하고 도와줍니다.

문제 해결 방법 안내

자유놀이 시간에 가장 빈번하게 일어나는 일이 친구 간에 갈등이 생겼을 때 자신의 억울함을 호소하며 해결해달라고 교사에게 달려오는 것입니다. 교사는 재판관이 아니어서 옳고 그름을 판단하고 결론을 내려주는 사람이 아닙니다. 그렇다고 해서 유아끼리 해결하라고 방관해버리면 힘이 강한 유아가 말하는 것이 법이 되어버리는 상황이 되기도 합니다. 교사는 재판관은 아니지만, 교실의 평화를 위해 공정하게 대하는 방법을 다음과 같이 안내합니다.

1. 듣기: 두 아이의 이야기를 차례로 들어봅니다. 반박하려고 하면 기다리라고 말한 후 먼저 말한 친구의 이야기를 듣고 나서 다 듣겠다고 이야기합니다.
2. 공감하기: 상대의 잘못 때문에 기분 나쁜 부분에 대해 공감합니다. “~ 때문에 화났구나.”
3. 잘못 확인: 상대에게 잘못한 부분에 대해 확인합니다. “화나서 때렸구나. 그런데 때린 행동은 옳지 않아. 알고 있지? 그래 먼저 화나게 했다 하더라도 때린 행동은 옳지 않아. 알고 있지? 맞아. 친구가 그래서 네가 많이 화난 건 이해해. 그래도 때린 행동은 옳지 않아. 알고 있지?”
4. 사과할지 물어보기: 잘못한 부분만 사과할 수 있는지 물어보고, 할 수 있겠다고 하

면 그 부분만 사과하도록 합니다. 할 수 없다고 하면 교실에 가서 싸움 해결을 위한 상담을 좀 더 자세하고 긴 시간을 이야기 합니다.

5. 확인하기: 자신이 잘못한 부분에 대한 사과를 하고 상대의 사과를 받은 다음 기분이 어떤지 물어봅니다. 더 사과를 주고받을 것이 없는지 확인합니다. 있으면 다시 1번 듣기부터 반복하고, 없으면 돌아가도록 합니다.

역할극 상담

유치원에서 일어난 일들을 살펴보면, 거의 비슷한 상황이 반복됩니다. 친구의 입장을 서로 이해하지 못해서 생기게 되는 경우가 많습니다. 상대방의 감정을 이해하기 위해 유아기에 타인의 감정을 이해하고 수용하는 활동을 많이 합니다. 그런 활동으로는 동화, 토의, 역할극 등이 있습니다. 그중에서도 유치원에서 일어난 일을 가장 구체적으로 해결할 수 있으며, 모든 아이가 함께 즐겁게 해결할 수 있는 역할극 상담을 안내합니다.

1. 의자를 3개 놓는다. A, B, C
2. 문제행동을 한 아이가 A 의자에 앉는다.
3. 무슨 문제가 있는지, 감정과 욕구에 대해 묻는다.
4. B 의자에 앉으면 다른 친구의 역할을 한다.(피해를 받은 친구 또는 다른 친구)
5. A 의자에 앉아 있는 아이를 상상하면서 친구로서 하고 싶은 말을 해준다.
6. C 의자에 앉으면 부모의 역할을 한다.
7. A 의자에 앉아 있는 아이를 상상하면서 부모로서 하고 싶은 말을 해준다.
8. 다시 A 의자에 앉아서 자신으로 돌아온다.
9. 무엇을 알게 되고 느끼고 결심했는지 묻는다.
10. 구체적인 행동 계획을 세운다.

가상의 상황을 설정하고 진태는 쌓기 놀이에서 친구들을 놀리고 때린 사건이 있었습니다. 영철이가 속상해서 교사에게 오는 상황에 대해 유아들과 이야기합니다. 의자 3개(진태, 영철, 부모)를 가지고 오고 쌓기 놀이 상황을 진태와 영철이가 재연을 합니다.

의자를 가지고 와서 진태에게 무슨 문제가 있는지 감정과 욕구에 대해 물어봅니다. 진태는 레고블록에 필요한 색깔을 영철이가 가지고 있는데 영철이가 주지 않아서 영철이에게 바보라고 말하고, 너랑 안 놀아 라고 말하며 때렸다고 합니다.

영철이에게도 무슨 문제가 있는지 감정과 욕구에 대해 물어봅니다. 진태가 달라고 하는 레고블록은 자기도 필요한데 안 된다고 말하니까 진태가 화를 내며 바보라고 말하고 너랑 안 놀아라고 말해서 속상했다고 합니다.

진태는 진태 의자에 앉아서 자신의 속상했던 상황을 이야기합니다. 자리를 바꿔 영철이의 의자에 앉아 영철이가 되어 진태를 바라봅니다. 진태에게 하고 싶은 말을 해줍니다. 부모가 되어 부모 의자에 앉아 진태를 바라보며 진태에게 하고 싶은 말을 상상하며 해줍니다. 다시 진태의 의자에 돌아와서 자신의 생각을 이야기해보고 앞으로 자신의 행동을 어떻게 할 것인지에 대해 함께 생각해봅니다.

4단계. 유아 규칙

유치원에서 아이들이 모두 행복하게 놀이하려면 교사와 유아와의 관계가 매우 중요합니다. 학급운영을 계획할 때 학급 규칙이 안전, 존중, 책임, 평화 등이 있습니다. 교사가 규칙을 강조하면서 권위적이면 유아는 교사를 무서워하게 되어 교사 주도로 흘러가게 됩니다. 반면, 교사가 친구처럼 모든 것에 관대할 경우에는 유아들이 학급 규칙을 지키지 않아도 된다고 생각하기가 쉽습니다. 유아들과 함께 만든 규칙판은 환경미화용으로 전락하게 되고, 규칙 세우기는 학기 초 형식상 하게 되는 절차라고 생각하게 됩니다. 교실의 질서가 무너지게 되는 것이지요.

교사가 이야기를 하는데 유아들이 교사의 이야기를 집중하지 않고 물과 기름처럼 대화가 겉돌고 있다면 교사도 유아들도 행복하지 않을 것입니다. 교사는 단호함과 친절함으로 민주적인 학급을 운영해야 합니다. 교실에서 규칙이 잘 지켜지지 않는다면 친절한 설명과 함께 단호하게, 유아의 감정은 공감하고, 놀이와 활동은 친절하게 운영해야만 민주적인 학급을 운영할 수 있습니다.

그럼 지금부터 친절하고 단호하게 규칙을 운영하는 4가지 방법을 알아보겠습니다. 그 방법에는 ① 집중기술, ② 알아차리게 하기, ③ 자기조절 신호, ④ 자기조절 연습이 있습니다.

집중기술

대 · 소집단 활동을 하거나 중요한 내용에 대해 이야기를 해야 하는데, 유아가 집중을 하지 않아서 곤경에 빠집니다. 이러한 문제를 해결하기 위해 다음과 같은 방법을 사용합니다.

다가가기(개인)

대그룹으로 모여서 이야기를 하는데 다른 곳을 쳐다보고 집중하지 않을 때는 집중하지 못하는 유아 옆으로 살짝 다가가서 이야기를 합니다. 그러면 유아는 교사의 이야기에 좀 더 귀를 기울일 것입니다.

역할 주기(개인)

대집단 활동에서 집중을 잘하지 못하는 유아에게 활동에 필요한 역할을 주면, 활동에 더 적극적으로 참여하는 계기가 됩니다. 예를 들어, 자유놀이 교구를 소개할 때 놀이 방법을 안내하고 정리하는 역할을 집중을 잘하지 못하는 유아가 하게 되면 좀 더 적극적으로 참여하게 됩니다.

집중하는 법 묻기(전체)

'잘 들어주는 상점' 이라는 동화가 있습니다. 이 동화의 내용은 모두가 자기불만을 이야기하고 듣지를 않아서 모두 불만이 많은데 토끼는 '잘 들어주는 상점' 이라는 가게를 열어서 모든 이야기를 들어주었지요. 이야기를 집중하여 듣기만 했는데도 불만이 사라지고 행복한 동네가 되었다는 내용입니다. 유아들에게 다른 사람의 이야기를 잘 듣는다는 것은 어떻게 하는 것인지 물어보았습니다.

유아들은 말하는 사람이 이야기할 때 끝까지 듣는 것, 친구가 말할 때 끼어들지 않는 것 등의 이야기를 합니다. 들을 때의 자세는 어떻게 하면 좋을지 물어보니 바른 자세로 앉아서 눈은 말하는 사람을 바라보고, 손은 다른 것을 만지지 않고 무릎에 올려놓고, 입은 말하지 않고 잠시 정지, 귀는 말하는 사람의 이야기를 듣기 위해 안테나처럼 쫑긋 세우고 듣는다고 합니다.

교사가 지시하는 것이 아니라 집중하는 방법에 대해 구체적으로 이야기를 나누면서 약속을 한 가지 정하고 이 약속이 잘 지켜질 수 있도록 꾸준히 연습하고 칭찬하고 격려하며 지도합니다.

집중 손 신호(전체)

유아들이 화장실을 다녀온 후 이야기 나누기를 시작하려고 하는데, 옆 친구와 이야기를 하느라 집중이 잘 안 될 때가 있습니다. 간단한 손 유희를 해봅니다. 손 유희는 노래와 손동작이 함께 되므로 하던 일을 멈추고 손 유희를 따라하게 됩니다. 간단한 손 유희는 인터넷을 찾아보면 많이 나오지만, 여기에 재미있는 손 유희를 한 가지 소개합니다.

꽃게

꽃게 꽃게가 (오른손을 집게로 만들어 오른쪽 허리 부분에서 오른쪽 머리 위까지 집게손을 흔들어 올립니다)

꽃게 꽃게가 (왼손을 집게로 만들어 왼쪽 허리 부분에서 왼쪽 머리 위까지 집게손을 흔들어 올립니다)

나를 (두 손을 모아 X 모양으로 왼손은 오른쪽 어깨 위에, 오른손은 왼쪽 어깨 위에 올립니다)

꽉 물었어요 (두 손을 가슴 앞에 두고 꽃게가 꽉 문 것처럼 손을 펼쳤다 세게 움켜잡습니다)

너무 많이 아파서 (두 손은 배꼽에)

오~~~예 (오른손을 배꼽에서 머리 위로 쓰다듬으며 아픈 표정을 짓습니다)

오~~~예 (왼손도 같은 방법)

오~~~예 (목소리를 더 크고 강하게 하며 양손을 배꼽에서 머리 위로 쓰다듬으며 아픈 표정을 짓습니다)

이러한 손 유희는 유아들이 여기저기에 흩어져 있을 때 유아들이 모이게 하고 집중시키기 위해 사용하는 것에는 도움이 됩니다. 그러나 이야기 나누기 시간에 산만하다고 주제에 맞지 않는 꽃게 손 유희를 한다면 수업 내용에 어긋나서 더 산만해집니다. 적절하게 손 유희를 사용하는 것은 교실 분위기를 즐겁게 하는 요소가 됩니다.

집중 말 신호(전체)

이야기 나누기 도중에 분위기가 산만해지거나 자유놀이 도중에 전체 유아에게 안내해야 할 내용이 생길 때가 있습니다. 유아들에게 집중할 수 있는 말을 사용합니다.

유아들과 집중 말 신호 놀이를 합니다. 교사가 '하던 일을 멈추고 선생님을 봅시다' 라고 말하면 모든 행동은 정지, 눈은 선생님을 바라보고, 귀는 선생님의 이야기를 들을 준비를 하며, 입은 '선' 이라고 말합니다.

선생님을 보는 것이 연습이 되면 친구 이름을 넣습니다. '하던 일을 멈추고 지선이를 봅시다' 라고 말하면 유아들은 하던 일을 멈추고 눈은 지선이를 쳐다보고 귀는 지선이의 이야기를 들을 준비가 되어있고 입은 '지' 라고 말을 합니다. 또한 사물을 지칭하기도 합니다.

'하던 일을 멈추고 칠판을 봅시다', '하던 일을 멈추고 티비를 봅시다.' 이런 말을 하며 집중할 수 있습니다.

눈 감기(전체)

주말 지내고 왔을 때, 기나긴 방학을 지내고 왔을 때 유아들은 집중하는 연습이 다 흐트러져있을 때가 있습니다. 이렇게 아이들의 마음이 산만해져있고 집중이 잘 안 될 때는 눈을 감고 고요하게 하 호흡법을 하며 차분하게 준비하는 시간을 가집니다.

알아차리기

'행감바' 를 활용했는데도 유아의 행동이 좋아지지 않고 또 문제행동을 하는 경우가 있습니다. 문제행동을 한 유아에게 자신의 행동, 해야 할 행동을 알아차리게 도와주는 방법입니다.

자유놀이 시간에 뛰어다니고 있을 때를 가정합니다.

- 지금 해야 할 일이 무엇인지 묻기: 자유놀이 시간에 쌓기 영역 놀이감을 가지고 언어 영역에서 뛰어다니고 있는데 어떻게 해야 할까?
- 학급 규칙을 가리키고 묻기: 우리 교실에서 안전을 위해 어떻게 다니기로 했지요?
- 유아의 약속을 가리키고 묻기: 교실에서 지켜야 할 약속을 같이 한번 읽어보자. '교실에서는 안전하게 걸어 다녀요.' (선생님이 읽어줄까, 와서 읽어 볼래, 스스로 잘할래?)
- 알아차리라는 신호만 보내기: '○○아' 라고 이름만 불러도 유아는 자신의 행동을 알아차립니다.

자기조절 신호(카운팅)

알아차리게 했는데도 잘 되지 않는다면 다시 신호를 보냅니다. 화내거나 경고하는 게 아니라 문제가 되니까 스스로 조절하라는 신호를 보냅니다.

차분하고 명확한 목소리로(존중하지만 단호함)

유아 스스로 조절하도록(자기조절력-유능감)

3번의 신호를 더 받게 되면 뒤에 서서 관찰-연습을 합니다.(타임아웃)

예를 들어, '교실에서 뛰는 것은 위험하니까 교실에서는 하지 않으면 좋겠어.' '네가 스스로 뛰지 않도록 노력하면 좋겠어' 라고 두 번을 말했는데도 지켜지지 않으면 자기조절연습 시간을 가지게 됩니다.

자기조절연습(타임아웃)

벌을 받는 것이 아니라 이 자리에서 감정과 행동을 조절하지 못하기 때문에 교실 뒤로 가서 타이머(모래시계)만큼 감정과 행동을 조절하고 돌아오는 연습입니다. 자신의 행동을 스스로 조절하면 그 문제에 관해서는 더 이상 이야기하지 않습니다. 타임아웃은 교사의 옆에 있으면서 함께 생각하는 시간을 갖게 하는 것입니다. 타임아웃이라고 해서 교실 밖이나 교실 외의 다른 곳으로 분리가 되면 아이에게는 조절 연습이 아니라 수치심이 생기게 됩니다. 그래서 자기조절연습은 유아가 긍정적으로 자신의 모습을 살펴보며 스스로 행동을 조절할 수 있도록 도와주는 시간입니다.

5단계. 학급 문화

민주적인 학급 문화가 잘 형성되어 있으면, 교사도 유아도 학부모도 모두 행복해집니다. 학급 규칙을 정했으면, 그 규칙이 잘 실행이 되는지 고쳐야 할 부분은 없는지를 유아들과 함께 만들어가는 과정이 필요합니다. 함께 학급 규칙을 만들고 수정하는 과정을 통하여 민주적인 학급 문화를 만들게 됩니다. 처음에는 매일, 그다음에는 매주 한 번씩 체크해가며 교사들도 유아도 성장, 발전해가는 시간을 가집니다.

1. 준비: 원으로 서로 마주 보고 앉습니다.(ㄷ자 대형으로 앉아서 할 수도 있습니다)
2. 시작: "학급의 평화를 위해 서로 존중하고 책임을 다하며 함께 성장하는 시간입니다."
3. 지난 주 돌아보기
   1) 친구를 칭찬하거나 감사 또는 격려합니다.
   2) 지난주 좋았던 것(수업, 활동 등)과 이유를 말합니다.
4. 개선해야 할 것에 대해 이야기한다.
   1) 개선해야 할 것은 무엇인가? 이유는 무엇인가?
   2) 어떻게 하면 좋겠는가? 자유롭게 이야기한다.
   3) 실천할 것은 선택한다.(합리적인가? 도움이 되는가?)
5. 감정적인 문제가 있다면 다음 과정을 따릅니다.
   1) 잘하고 못하고를 판단하는 게 아니라 도와주기 위한 과정이다.
   2) 무엇이 문제인가?
   3) 이에 대한 생각과 감정, 바람을 이야기한다.

4) 해결 방안을 이야기한다.

5) 당사자들이 선택한다.(합리적인가? 도움이 되는가?)

6. 소감 나누기(생각하고 느끼고 실천하기로 마음먹은 것을 이야기한다)

학급 문화 시간은 길게 가지기보다 10분 정도 짧게 가지면서 사진이나 동영상을 활용하여 함께 이야기해보는 시간이 보다 효율적입니다.

05

문제해결의 실제

매일 우리는 유아를 만납니다. 걱정이 많은 유아, 모든 게 두려운 유아, 즐거운 유아…. 하루에도 희로애락이 몇 차례나 바뀌는 교실에서 우리는 유아들의 행동을 수정하는 데 급급하여 마음속 이야기를 듣지 못할 때가 있습니다. 여러 성향과 기질에서 오는 요인, 환경적인 요인, 신체적인 요인, 성장 과정에서 오는 요인 등 다양한 각도와 시각에서 바라보기보다 결과론적인 관점에서 볼 때가 많지요.

특히 신학기의 첫 달인 3월은 유아들이나 교사에게도 새로운 만남이 시작되므로 설레기도 하지만, 가장 힘든 시기이기도 합니다. 유아들은 낯선 환경에의 적응, 욕구조절, 집단생활의 어려움 등을 경험하게 됩니다. 똑같은 갈등 상황이나 문제 상황이더라도 각 유아의 특성에 따라 해결 방법이 다를 수 있는데, 겉으로 드러나는 행동에만 초점을 맞춰 수정하고 가르치기만 한다면, 소통이 단절되어 유아의 행동 변화는 크지 않을 것입니다.

문제를 해결하기 전에 먼저 교사와 유아 간의 애착이 형성되어야 합니다. 하루에도 몇 번이고 문제 상황을 보이는 유아들의 마음을 들여다보고 이해하기는 쉽지 않습니다. 그래도 유아를 존중하며 좀 더 이해하려고 노력한다면, 유아들도 점차 닫힌 마음을 열고 교사의 이야기를 들어보려고 하면서 스스로 노력하게 될 것입니다.

물론 모든 것을 교사가 다 해결할 수 없으며, 부모가 유아에게 미치는 영향도 크므로 유아의 문제 행동에 대한 지도는 가정과 연계하여 꼭 이루어져야 합니다. 다만, 지금부터 소개할 '문제해결 일기' 에서는 학급에서 발생하는 유아들의 여러 상황을 중점으로 이야기하고자 합니다. 또한 다양한 상황을 관찰하고 해결해나가는 과정에서 그 유아의 변화를 인정하고 격려해주는 것에 초점을 맞췄습니다.

유아가 어떠한 문제를 알고 해결해나가는 과정에서 사실에 근거한 구체적인 격려와 칭찬은 유아의 삶에 큰 영향을 미칩니다. 따라서 막연한 칭찬, 거짓 칭찬, 의미 없는 과잉 칭찬은 피하고, 구체적인 격려와 칭찬이 유아에게 주는 변화에 중점을 두었습니다. 다시 원점으로 돌아가 유아의 갈등 상황이 반복되어 교사는 또 고민하겠지만 이러한 노력과 유아에 대한 이해에 바탕을 둔다면 교사와 유아는 서로를 이해하며, 한 걸음 한 걸음 '자신의 인생이라는 큰길' 을 잘 나아갈 수 있을 것입니다!

격려와 칭찬이 전하는 문제해결 일기

★ 자리에 모이지 않는 유아

★ 편식하는 유아

★ 용변을 참는 유아

★ 스스로 못하는 유아

★ 유치원 가기 싫어하는 유아

★ 말로 놀리는 유아

★ 승부욕이 강한 유아

★ 자세가 바르지 않은 유아, 바른 자세로 앉도록 도와주는 유아

★ 새치기하는 유아

★ 물건을 던지는 유아

★ 짜증을 자주 내는 유아

★ 거절을 못하는 유아

★ 거짓말을 하는 유아

★ 때리는 유아

:: 자리에 모이지 않는 유아 ::

오늘의 격려(칭찬) 한마디

"네가 제시간에 모여 함께할 수 있어서 기쁘구나!"

도영이가 귀가 시간에 쌓기 영역과 화장실 문 앞을 왔다 갔다 한다. 내가 "도영아! 잠바 입고 자리에 모이자"라며 불러도 자리에 오지 않는다. 나는 자리에 모인 영준이와 지웅이를 바라보며, "영준이와 지웅이는 자리에 앉아 집에 갈 준비를 하고 있구나! 돌아다니지 않고 자리에 와줘서 고마워"라고 말하며 안아주었다. 나는 도영이와 눈을 마주친 후, 미소를 지으며 표정으로 자리에 앉기를 요청하자 도영이가 천천히 걸어와 자리에 앉는다. "도영이가 스스로 자리에 앉았구나! 네가 제시간에 모여 친구들이 기다리지 않고 바로 함께 집에 갈 준비를 할 수 있어서 선생님은 참 기뻐!"라며 도영이에게 엄지손가락을 치켜세웠더니 도영이는 집에 가기 전 종이로 만든 딱지를 나에게 선물로 주었다.

6세 때 유치원 계단을 지나가면서 만난 도영이(만 5세, 남)는 '대답 없는 너'였다. 교사의 말을 듣고 머릿속으로 이해는 하지만, 행동은 높은 데 올라가거나 또는 바닥에 눕거나 계단에 앉아 움직이지를 않았다. 이러한 도영이의 행동에 큰 목소리를 내기보다는 마음을 먼저 이해한 후, 행동 변화를 알아차리고 피드백을 해줘야 한다. 그러면 변화 가능성이 더욱 크며 이를 토대로 자신의 감정을 긍정적으로 발산할 수 있다. 따라서 교사의 뜻대로 되지 않는다고 유아의 이미지를 낙인찍듯 머릿속에 새기기보다는 유아의 입장에서 바라보고, 유아와 함께 방법을 모색해나가는 것이 필요하다.

격려(칭찬)의 힘 "격려(칭찬)는 또 다른 격려(칭찬)를 만들어 유아의 마음을 움직이는 끈이 된다."

유아와 교사의 마음 나눔터

이해하기: 유아의 마음을 들여다볼까요?

- 난 자리에 앉아 있기보다는 집에서처럼 편하게 누워있고 싶은데…
- 다 같이 모여 있는 것보다 뛰어다니는 게 좋은데…
- 난 아직도 놀이 시간이 부족한데…
- 함께 모이는 시간이 재미없어서 앉고 싶지 않은데…

공감하기: 유아의 마음을 두드려 볼까요?

♣ 유아 마음 공감하기!

- 집에서는 편하게 누워도 되는데, 선생님 앞에 모이면 바르게 앉아 있어야 하니까 힘들구나!
- 도영이는 움직이는 활동을 더 좋아하는구나!
- 놀잇감으로 자유롭게 놀고 싶어서(더 놀고 싶어서) 빨리 모이기 어렵구나!
- 함께 모이는 시간이 즐겁지 않구나!

♣ 교사 마음 전하기!

- 선생님과 친구들은 도영이와 함께하고 싶은데 네가 제시간에 오지 않아 함께할 수 없어서 마음이 아프구나!
- 네가 올 때까지 기다리느라고 이 활동은 조금밖에 못 해서 친구들에게 방해가 되었구나!

해결하기: 유아의 마음을 열어볼까요?

♣ 유아 스스로 해결하도록 돕는 방법

- 함께 모여야 하는 이유를 알기
- 더 놀고 싶은 마음이 있더라도 자신의 마음을 조절하여 제시간에 모일 수 있도록 노력하기
- 교사와 정한 약속을 스스로 지키려고 노력하기

♣ 교사의 해결 방법

- 유아의 기질(성향)을 먼저 파악합니다.
- 유아의 부정적인 행동보다는 긍정적인 행동을 격려합니다.
- 자유롭게 유아의 흥미를 유발할 수 있는 다양한 수업 자료를 준비합니다.
- '사전 예고제'를 실시하여 정리가 마무리되기 5분 전에 악기를 사용해 모이는 신호음을 들려주어 자리에 모일 준비를 할 수 있도록 도와줍니다.

:: 편식하는 유아 ::

오늘의 격려(칭찬) 한마디

"네가 스스로 도전해서 용기의 마음이 커졌구나!"

점심시간에 다은이가 반찬을 보며 한숨을 쉰다. "선생님, 이 반찬 먹어야 하는 거죠?"라고 물어본다. "그럼. 다은아! 힘들겠지만 먹어 볼까? 네가 싫어하는 것이지만, 네 몸을 위해 노력한다면 용기의 마음이 점차 커질 거야! 또 싫어하는 김치도 계속 먹어보려고 도전하면 점차 그 맛을 느껴 좋아하게 될 거야!"라고 말했다. 그러자 다은이는 "선생님, 저 도전 할래요!"라고 말하며 김치를 입에 넣는다. 그리고 곧바로 물 한 잔을 마신다. 나는 반 아이들을 바라보며 "얘들아, 다은이가 스스로 김치를 먹었어! 스스로 도전하겠다고 말한 다은이는 용기의 마음이 커진 것 같아! 다 같이 축하해주자!"라고 말했다. 친구들이 다 같이 박수를 보내주자 다은이는 미소를 지으며 밥을 먹는다.

편식이 심한 다은이(만 5세, 여)는 7살이 되면서 '반찬 도전하기' 약속을 했다. 다은이는 보통 유아들이 좋아하는 반찬도 먹기 힘들어하는데, 매운 것은 더 먹기 힘들어한다. 그러나 계속 반찬 도전하기를 실천하는 가운데 오늘은 먼저 '저 도전 할래요!'라고 말했다. 김치를 먹은 다은이를 보니 그동안 강요하지 않고 스스로 도전하기를 기다려온 보람이 컸을 뿐 아니라 다은이 스스로 노력했다는 것에 큰 감동을 받았다. 하원 차량에 마중 나온 어머니께 "다은이가 오늘 김치 먹기에 스스로 도전했어요!"라고 하자 평소에 무뚝뚝하시던 어머니 표정도 무척 밝아지셨다. 앞으로도 다은이는 반찬을 먹을 때마다 갈등을 많이 하겠지만, 교사가 옆에서 각 음식의 중요성을 알려주면서 그 맛을 느낄 기회를 주고, '나는 할 수 있다!'라는 자신감을 북돋워 주면 조금씩 변할 거라 기대해본다.

격려(칭찬)의 힘 "도전하도록 용기를 주는 격려(칭찬)는 아이의 내면세계를 강하게 하는 주술이다."

유아와 교사의 마음 나눔터

이해하기: 유아의 마음을 들여다볼까요?

- 난 매운 거 먹기 싫은데…
- 반찬을 먹으면 씹는 느낌이 이상한데…
- 반찬은 안 먹고 밥만 먹었으면 좋겠는데…
- 똑같은 반찬인데도 우리 엄마가 만든 맛과 다른데…

공감하기: 유아의 마음을 두드려 볼까요?

- 김치가 매워서 먹기 힘들었구나!
- 어떤 맛일까 걱정되고, 씹는 느낌이 이상할까 봐 먹기 두려웠구나!
- 반찬보다는 밥을 더 좋아하는구나!
- 엄마가 만든 맛과 달라서 먹기 싫었구나!

해결하기: 유아의 마음을 열어볼까요?

♣ 유아 스스로 해결하도록 돕는 방법

- 내가 싫어하는 음식이 나의 몸에 어떤 도움을 주는지 알기

- 내가 싫어하는 음식을 얼마만큼 섭취할지 매일 조금씩 양을 정하기
- 내가 싫어하는 음식을 먹을 때 내가 좋아하는 음식을 떠올려보면서 좀 더 즐겁게 먹으려고 노력하기

♣ 교사의 해결 방법

- 교사가 양을 정해주기보다는 유아 스스로 먹을 양을 선택할 수 있는 기회를 지속적으로 제공합니다.
- 식사를 강요하기보다 유아 스스로 먹을 수 있도록 기다립니다.
- 유아의 먹는 양을 매일 관찰하여 그 변화를 구체적으로 격려합니다.
- 유아들이 집과 다른 장소에서 먹을 때 두려워하지 않고 맛의 즐거움을 느낄 수 있도록 이와 관련된 상황극이나 동화를 제시합니다.

:: 용변을 참는 유아 ::

오늘의 격려(칭찬) 한마디

"네가 참지 않고 소변을 보니 몸속 찌꺼기가 사라져 더 건강해지겠구나!"

진영(만 5세, 여)이 표정이 어둡다. 친구들은 화장실에 다녀오는데 진영이는 자리에 앉아 있다. 나는 "진영아, 소변보고 싶지 않니?"라고 물었다. 진영이는 고개를 흔들며 "아니요"라고 대답했다. 유아들이 다 모인 후, "애들아! 오늘 우리 반에 깔끔이 친구가 놀러 왔대. 한번 불러볼까?"라고 말한 후, '깔끔이 변기 그림 자료'를 보여주었다. "애들아, 나는 깔끔이야! 너희 중에 소변과 대변을 참는 친구가 있어 걱정이 돼. 소변과 대변을 참으면 찌꺼기가 몸속에 쌓여 나중에는 누고 싶어도 눌 수가 없대. 참지 말고 화장실에 가봐. 그리고 소변과 대변을 보면 너희들 몸이 건강해지고 기분이 좋아질 거야! 그리고 나에게 '깔끔아, 고마워!'라고 인사를 해줘. 그러면 난 행복해질 거야." 진영이는 깔끔이 변기 그림을 바라보며 조용히 이야기를 듣는다. "혹시 화장실 다녀오고 싶은 친구 있나요?"라고 물어보자 진영이는 "선생님, 화장실 갔다 올게요"라고 말한 후, 화장실에 들어가 소변을 본다. 화장실에서 나오며 미소를 짓는 진영이에게 "몸속 찌꺼기가 나가서 몸이 더 건강해졌을 거야. 다음에도 언제든지 참지 말고 다녀오자!"라고 말하며 안아주었다.

활동에 집중하다가 자신도 모르게 실수하거나, 끝까지 참고 있다가 급하게 화장실에 가 옷을 내리기도 전에 실수하는 등 용변을 참고 화장실에 안 가는 유아가 많다. 유아가 실수를 하면 교사는 그 유아의 마음을 헤아리기보다는 반복되는 실수로 인해 활동이 중단되다 보니 화를 내거나, 바쁜 일과 속에 옷을 갈아입혀야 한다는 사실에 짜증을 낼 때가 있다. 그러나 유아가 왜 용변을 참는지 환경적, 심리적 원인을 파악하여 유아와 부모의 입장에서 바라보는 시각을 기른다면, 좀 더 유아에게 적절한 방법을 모색할 수 있으며 나아가 실수를 한 유아의 심정을 공감할 수 있을 것이다.

격려(칭찬)의 힘 "교사의 관심은 그 유아의 마음을 보게 해주고,
교사의 격려(칭찬)는 그 유아의 미소를 보게 해준다."

유아와 교사의 마음 나눔터

이해하기: 유아의 마음을 들여다볼까요?

- 난 화장실 가는 것보다 계속 놀고 싶은데…
- 우리 집 화장실이랑 달라서 가기 불편한데…
- 난 참을 수 있어. 소변(대변) 안 봐도 되는데…
- 난 부끄러워서(창피해서) 화장실 가기가 싫은데…

공감하기: 유아의 마음을 두드려 볼까요?

- 놀이에 집중하다 보니까 화장실에 가는 것을 놓치는구나!
- 집 화장실과 달라서 이용하기가 불편했구나!
- 소변(대변)을 참을 수 있다고 생각하니까 화장실에 가고 싶은 마음이 생기지 않았구나!
- 화장실에서 친구가 볼까 봐 부끄럽구나!
- 대변을 스스로 처리하지 못해서 창피하구나!

해결하기: 유아의 마음을 열어볼까요?

♣ 유아 스스로 해결하도록 돕는 방법

- 우리 유치원 화장실 변기 사용법에 대해 알기
- 용변을 참으면 어떻게 될지 생각해본 후, 화장실 다녀오기 시간에는 놀이를 멈추고 스스로 다녀오도록 노력하기
- 용변이 마려우면 참지 말고 바로 다녀오도록 노력하기

♣ 교사의 해결 방법

- 화장실 사용법에 대해 구체적으로 알려줍니다.
- 화장실에 가기 싫어하는 유아의 마음을 상황극으로 들려준 후, 용변을 참으면 어떻게 될지 이야기 나눕니다.
- 놀이를 하다가 중단하고 화장실에 가는 유아들이 불안해하지 않도록 놀이 시간에 교사 책상을 '장난감 보관함'으로 만들어, 유아가 안심하게 놀잇감을 맡기고 다녀올 수 있도록 도와줍니다.

:: 스스로 못하는 유아 ::

오늘의 격려(칭찬) 한마디

"스스로 방법을 기억해서 생각이 더 커졌구나!"

아침에 등원한 유준이가 패딩을 벗어 책상 위에 올려놓고 가만히 서 있다. 내가 "유준아! 잠바 정리해서 바구니에 담자!"라고 말하자 "이거 몰라요! 힘들어요!"라고 말한다. "선생님이랑 어제 정리하는 방법을 알아봤는데 잘 기억이 안 나니?"라고 물어보자 잠시 생각한 후, 스스로 잠바를 정리해 바구니에 담는다. "와~ 유준이가 잠바 정리하는 방법을 기억했구나. 스스로 정리해서 생각이 더 커진 것 같아"라고 말하자 입가에 미소를 짓는다.

다음날 날씨가 많이 풀려 얇은 봄 잠바를 입고 왔다. 유준이는 작은 목소리로 운다. "유준아! 왜 우니?"라고 물어보자 "몰라! 몰라! 힘들어요!"라고 말하며 봄 잠바를 바라본다. "왜 힘들까?"라고 물어보자 "달라요!"라고 말한다. "어제 입은 잠바랑 다르구나! 그래서 어떻게 정리해야 하는지 잘 모르겠니?"라고 물어보자 고개를 끄덕인다. 나는 유준이와 함께 잠바 정리하는 방법을 다시 한번 알아본다. 유준이는 미소를 지으며 잠바를 정리해 바구니에 담는다. "내일도 잠바 정리할 수 있지? 울지 않고 즐거운 마음으로 정리하니까 생각이 더 꼭꼭 기억될 것 같아. 내일도 도전!"이라고 말하며 유준이와 하이파이브를 한다.

유준이(만 5세, 남)는 두꺼운 외투를 정리하는 방법을 몰라 여러 번 반복해서 스스로 정리하게 됐는데, 모자가 없는 얇은 봄 잠바를 눈앞에 두고 어떻게 정리해야 하는지 어려워했다. 교사는 자신의 기준에서 '왜 이것도 모르지? 이 정도는 알아야 되는 것 아닌가?'라고 생각할 때가 있다. 그리고 교사의 기준에 못 미치는 행동을 보이면, 그 유아를 인지 능력이 낮거나 힘든 유아로 각인하는 오류를 범하곤 한다. 동일 연령의 유아라도 개인차가 있고 때로는 유아의 인지 능력이 낮아서라기보다 경험이 부족해서, 즉 몰라서 못 하는 경우가 있다. 유준이는 지금도 모든 것을 집에서 다 부모님이 대신해주기 때문에 스스로 무언가를 해본 경험이 부족하다. 따라서 유아를 지도할 때 그 유아가 사전에 어느 정도의 경험을 해봤는지 파악하고 그에 적절한 지도법을 구안해야겠다.

격려(칭찬)의 힘 "격려(칭찬)는 이제 막 싹을 틔우는 나무에 주는 거름과 같다."

유아와 교사의 마음 나눔터

이해하기: 유아의 마음을 들여다볼까요?

- 집에서는 엄마가 다 해주는데…
- 혼자서 하면 틀릴까 봐 걱정되는데…
- 무엇을 어떻게 해야 할지 잘 모르겠는데…
- 혼자 해보지 않아서 귀찮은데…

공감하기: 유아의 마음을 두드려 볼까요?

- 집에서는 엄마가 다 해주니까 스스로 해본 적이 없구나!
- 내가 잘할 수 있을까 걱정이 되어 혼자서 하는 것이 어려웠구나!
- 잠바가 달라지니까(순서를 몰라서) 혼자서 하는 것이 두려웠구나!

해결하기: 유아의 마음을 열어볼까요?

♣ 유아 스스로 해결하도록 돕는 방법

- 내가 할 수 있는 것을 스스로 하려고 노력하기
- 방법을 잊어버리면 울지 않고 친구나 어른께 도움을 요청하여 다시 방법을 찾아서 해보기
- 혼자서 했을 때의 기쁨을 떠올리며, '틀려도 괜찮아' 라는 생각을 갖고 다시 도전해보기

♣ 교사의 해결 방법

- 부모님과 상담을 통해 스스로 못하는 원인을 파악합니다.
- 처음부터 무조건 스스로 하라고 강요하기보다 점진적으로 스스로 해볼 수 있는 기회를 제공합니다.
- 유아들은 사고의 유연성이 부족하여 조금만 형태가 변하면 당황하므로, 다시 한 번 방법을 구체적으로 알려주어 유아 스스로 실천할 수 있도록 도와줍니다.
- 유아가 아주 작은 것이라도 스스로 했을 때 놓치지 않고 격려(칭찬)하여 성취감을 느낄 수 있도록 도와줍니다.

:: 유치원 가기 싫어하는 유아 ::

오늘의 격려(칭찬) 한마디

"네 마음의 주인공은 너야!
네 마음이 즐거우니까 표정도 즐거워 보이는구나!"

아침에 교실 인터폰이 울린다. 지훈이가 유치원 가기 싫어했는데 겨우 유치원에 왔으니 잘 살펴봐달라는 어머님의 부탁이 있었다는 연락이다. 살펴보니 지훈이가 교실 문밖에 서 있다. 나는 교실 문을 열며 환한 목소리로 "지훈아, 안녕하세요? 어서 들어와"라고 인사를 하자 지훈이가 느린 걸음으로 교실에 들어온다. "지훈아! 아침에 무슨 일 있었니? 기분이 왜 안 좋아 보일까?"라고 묻는데도 지훈이는 나와 눈도 마주치지 않고 그냥 지나간 후, 가방을 정리한다. 지훈이와 마주 보고 앉아 "지훈아! 지훈이는 유치원에서 생활하는 것이 힘드니?"라고 물어보자 지훈이는 "아니요"라고 대답한다. "그런데 유치원에 왜 오기 싫을까?"라고 다시 물어보자 지훈이는 "그냥 엄마랑 같이 있고 싶어서요"라고 말하며 고개를 숙인다. "아, 그랬구나! 그래. 선생님도 지훈이처럼 어렸을 때 엄마랑 같이 있고 싶어서 유치원에 가기 싫을 때가 있었어. 그래서 지훈이의 마음이 이해돼. 그런데 지훈이가 갖는 즐거운 마음의 주인공은 누구일까? 내일의 지훈이가 궁금하다"는 내 말을 지훈이는 듣고만 있다. 다음 날 지훈이는 웃으며 교실로 바로 들어온다. "지훈이가 웃으며 교실에 들어오니까 선생님 기분도 상쾌한걸! 지훈이 마음의 주인공은 지훈이야! 네 마음이 즐거우니까 네 표정도 즐거워 보여! 오늘 하루도 행복하게 지내자. 용기 내줘서 고마워!"라고 말해주었다. 출석카드에 "오늘 지훈이가 유치원에 즐겁게 갔어요"라고 쓴 어머니의 메모가 있다.

7살이 되어 몸과 마음이 자랐다고 유치원에 즐겁게 오는 게 당연한 건 아니다. 지훈이(만 5세, 남)는 이사를 와서 3월에 입학해 한 달 동안 생활했지만 낯선 환경에 불안해하고, 같이 유치원을 다녔던 형하고도 떨어져 엄마에 대한 애착이 더 강해졌다. 유치원이 싫은 것은 아니지만, 엄마에 대한 애착 때문에 유치원에 가기를 싫어한다. 유아마다 여러 원인으로 인해 유치원에 가기 싫어하는 모습을 보인다. 각 원인을 파악하여 유아의 마음을 안정시켜 주면 처음에는 힘들어하는 유아도 점차 교사와 마음을 교류하며 심적으로 안정을 느끼게 된다. 사람의 마음을 움직인다는 것은 참 어려운 일이고 그만큼 시간이 필요하다. 짧은 시간에 유아의 행동이 변화되길 바라기보다 유아의 마음을 움직이는 교사가 되기 위해 교사 스스로 고민을 해야 된다.

격려(칭찬)의 힘 "더 넓은 우주를 향해 날아가는 로켓처럼
격려(칭찬)는 유아가 미래를 향해 한 발 나가게 하는 원동력이다."

유아와 교사의 마음 나눔터

이해하기: 유아의 마음을 들여다볼까요?

- 유치원이 너무 커서 무서운데…
- 유치원에 내가 가 있는 동안 엄마가 어디로 가 버릴까 봐 불안한데…
- 엄마랑 떨어지는 시간이 너무 길어 혼자 있는 것이 두려운데…
- 유치원에서는 내 마음대로 할 수 없어서 가기 싫은데…
- 엄마가 없어도 내가 혼자서 잘할 수 있을까 걱정이 되는데…

공감하기: 유아의 마음을 두드려 볼까요?

- 엄마랑 헤어지니까 마음이 슬펐구나!
- 유치원 활동도 좋지만, 엄마랑 함께 있는 것이 더 좋구나!

- 유치원이 처음이라 많이 무서웠구나!
- 엄마랑 오랫동안 떨어져 있어서 잘 지낼 수 있을까 걱정이 되는구나!
- 내 마음대로 하고 싶은데 그렇지 못할까봐 걱정했구나!

해결하기: 유아의 마음을 열어볼까요?

♣ 유아 스스로 해결하도록 돕는 방법
- 유치원이 끝나고 다시 엄마를 만날 수 있다는 것을 이해하기
- 유치원에서 놀이하면 어떤 점이 좋은지 알기

♣ 교사의 해결 방법
- 우리 반 교실, 유치원 돌아보기 활동을 통해 유치원은 어떤 곳이고, 무슨 놀이를 하는지 알려줍니다.
- 유아에게 항상 엄마는 ○○를 사랑하고, 유치원이 끝나면 기다리고 있다고 말하여 유아의 마음을 안심시킵니다.
- 교사는 유아에게 사랑의 마음을 자주 표현하여 교사와의 애착관계를 형성하도록 도와줍니다.
- 학기 초에는 유아들이 좋아하는 놀이를 자주 제공하여 친구와 함께하는 놀이의 즐거움을 알 수 있도록 도와줍니다.
- 자유놀이 시간을 제공하여 유아들이 마음대로 놀이할 수 있도록 합니다.

:: 말로 놀리는 유아 ::

마음을 전하는 오늘의 한마디

"네가 승훈이에게 그림을 잘 그린다고 말해줘서
그 친구도 기분이 좋았겠구나!"

조작 영역에서 현준이가 지환이와 함께 교구 놀이를 하고 있다. 현준이가 고씨 성을 가진 지환이에게 "넌 고등어야"라며 이름을 다르게 말한다. 화가 난 지환이가 "너 왜 내 이름을 다르게 불러?"라고 말하자 현준이는 대답하지 않고 웃기만 한다. 둘은 다시 교구 놀이를 한다. 현준이는 "너는 이것도 못 하냐? 이게 얼마나 쉬운 건데. 내가 이겼어"라고 말한다. 지환이는 화난 표정으로 "너는 왜 입에서 가시가 돋친 말이 나와. 너 그렇게 말하지 마! 기분 나빠!"라고 말하고는 쌓기 영역으로 간다. 현준이는 가만히 서서 지환이를 바라보다 나와 눈이 마주친다. 나는 현준이에게 아무 말 없이 고개를 흔들며, 표정으로 그러면 안 된다는 것을 표현한다. 현준이가 미술 영역으로 간다. 현준이는 승훈이가 그리는 그림을 보며 "너 그림 뭐 그린 거야? 잘 그렸다! 나도 그려줘"라고 말한다. 승훈이는 "지금 못 그리는데 내가 이따가 그려줄게"라고 말한다. 현준이는 "응"이라고 대답하고 옆에서 기다린다. 나는 "어디서 향기로운 말이 들리는 것 같아. 누구 입에서 나온 향기로운 말일까? 향기로운 말을 하려고 노력하는 마음이 최고다!"라고 말하며 현준이를 바라본다. 또 "네가 승훈이에게 그림을 잘 그린다고 말해줘서 승훈이의 기분이 좋았겠구나!"라고 말하자 현준이는 머쓱한 듯 시선을 피하며 승훈이가 그리는 그림을 쳐다본다.

7세가 되자 행동으로 공격하면 안 된다는 것을 인지해서 그런지 친구를 언어적으로 공격하는 모습을 종종 보인다. 현준이(만 5세, 남)는 쌍둥이 형과 누나 밑에서 풀이 죽어 있었는데 축구를 배우면서 '나는 힘이 세고, 나보다 마르거나 작은 친구는 힘이 약해!'라고 생각한다. 또한 평소 친구에게 잘 그린 그림도 못 그렸다고 하거나 생활하면서 부정적인 말을 자주 표현한다. 그 전날 유아들과 향기로운 말과 가시가 돋친 말에 대해 알아보면서 친구에게 자신의 감정을 긍정적인 언어로 표현하기로 약속했다. 그 후 지환이가 현준이에게 전날 배운 감정 표현법을 사용하는 모습을 보며 놀랐을 뿐만 아니라 현준이에게 교사가 무언으로 믿는다는 표정을 지으니 더 노력하는 모습을 보여주어 감동했다. 나아가 유아가 문제 행동을 보일 때마다 지적하기보다는 때로는 모르는 척하며 유아의 행동을 관찰하고, 긍정의 모습을 보였을 때 바로 피드백을 하면 유아가 스스로 느끼는 행동 반성은 더 깊이가 있다.

말! 말! 말! "교사의 말 한마디보다 유아끼리 해결하는 과정은 유아 스스로 느끼고 행동을 수정하는 데 큰 발판이 된다."

유아와 교사의 마음 나눔터

이해하기: 유아의 마음을 들여다볼까요?

♣ 놀리는 유아의 마음

- 난 그냥 내 마음대로 말하고 싶었을 뿐인데…
- 말하다 보니 나도 모르게 그런 말이 나왔는데…

♣ 놀림을 당한 유아의 마음

- 내 이름이 있는데 다르게 부르면 기분이 나쁜데…
- 친구가 놀리면 너무 창피해서 울고 싶은데…
- 친구가 놀리면 그 친구가 미워서 때리고 싶어지는데…

공감하기: 유아의 마음을 두드려 볼까요?

♣ 유아 마음 공감하기!

- 놀리려는 게 아니라 재미있게 하려고 그런 말을 사용했구나!
- 친구가 내 이름을 바꿔서 놀리듯이 말해 기분이 나빴겠구나!
- 친구가 너를 싫어해서 놀린다고 생각하여 마음이 참 속상했겠구나!

♣ 교사 마음 전하기!

- 현준이는 재미있어서 그렇게 말했지만, 지환이는 놀렸다고 생각해서 속상할 수 있단다!
- 친구에게 기분 나쁜 말을 하면 그 친구는 네가 싫어진다고 생각하여 같이 놀고 싶어 하지 않는단다!

해결하기: 유아의 마음을 열어볼까요?

♣ 유아 스스로 해결하도록 돕는 방법

- 친구들이 들어서 기분 나쁜 말과 좋은 말을 구분하기
- 만약 친구가 나를 놀린다면 기분이 어떨지 입장 바꿔 생각해보기
- 재미로 친구에게 하는 말도 친구가 싫어할 수 있다는 것을 이해하기
- 놀림을 받은 유아는 분명하게 자신의 생각을 말하여 친구를 놀리는 것은 옳지 않은 행동임을 알려주기
- 놀림을 받은 유아는 같이 놀리거나 때리기 등의 부정적인 방법을 사용하기보다 긍정적인 방법으로 표현하기

♣ 교사의 해결 방법

- 놀리는 유아에게 무조건 안 된다고 말하기보다 왜 놀리고 싶은지, 놀리면 친구의 마음이 어떨지 생각해볼 수 있는 시간(입장 바꿔 생각해보기)을 제공하여 스스로 놀리지 않도록 도와줍니다.
- 상황극을 통해 놀리는 말과 바르고 고운 말을 함께 알아본 후, 어떤 말을 사용해야 하는지 이야기 나눠봅니다.
- 친구가 놀렸을 때 자신의 기분을 분명하게 말할 수 있도록 안내합니다.
- 친구에게 바르고 고운 말을 사용한 유아를 여러 유아 앞에서 격려(칭찬)하여 유아들이 자연스럽게 바르고 고운 말을 사용하도록 도와줍니다.
- 전이시간이나 귀가 시간에 '향기가 나는 이야기 시간'을 마련하여 오늘 하루 친구들에게 기분 좋은 말, 아름다운 말을 사용한 유아들의 이야기를 들어봅니다.

:: 승부욕이 강한 유아 ::

오늘의 격려(칭찬) 한마디

"속상한 마음을 참고 응원하는 너의 마음이 바다보다 넓어."

유아들이 강당에서 게임을 하고 있다. 승부욕이 강한 재은이는 출발선에 서서 신호에 맞춰 출발했는데 상대 팀 유아보다 늦게 들어온다. 재은이는 발소리를 세게 내며 자리로 돌아가 앉는다. 그리고 뒤돌아 앉아 엎드린다. 예빈이가 "선생님! 재은이가 울어요"라고 말한다. 나는 재은이가 엎드려 조용히 있는 모습을 보며 "아니야. 재은이는 마음이 얼마나 강한 친구인데! 속상하다고 울지 않을 거야! 그냥 지금 생각하는 중일걸?"라고 말한 후, 게임을 계속 진행한다. 10초 후, 재은이는 바르게 앉아 친구가 게임하는 걸 보고 응원을 한다. 게임이 끝난 후, 유아들이 "선생님! 한 번 더 해요"라고 말한다. 같은 게임을 방법만 조금 변형해 한 번 더 한다. 재은이 차례가 되자 재은이는 출발선으로 나온다. 신호에 맞춰 출발한 후, 상대 팀 유아보다 빨리 들어와 승리한다. 재은이는 점프하며 자리에 돌아가 앉자 예빈이가 "잘했어, 재은아! 축하해!"라고 말한다. 재은이는 웃으며, 또 게임하는 친구를 응원한다. 나는 교실로 이동하기 위해 줄을 설 때 재은이에게 "게임에 져서 속상했지? 그런데 속상한 마음을 참고 즐겁게 하는 재은이가 정말 대단해! 어른보다도 마음이 바다처럼 넓은 것 같아"라고 말하며 안자 재은이도 교사를 안아준다.

승부욕이 강한 유아들은 실패했을 경우 좌절하는 마음을 눈물, 토라지기, 말 안 하기 등의 행동으로 표현하는 경우가 있다. 유아마다 교사의 대응법이 다르겠지만, 재은이(만 5세, 여)는 자존심이 강하고 인지력이 높아서 속상한 마음을 무조건 달래주기보다는 스스로 받아들일 기회를 주었다. 이때 교사는 유아의 행동이 긍정으로 돌아왔다는 사실에 그치는 것이 아니라 대화를 통해 그 유아의 마음에 공감하고 교사의 마음을 전달하는 것도 중요하다.

격려(칭찬)의 힘 "교사의 격려(칭찬)는 유아에게 또 한 번 도전을 할 기회를 주는 보너스다."

유아와 교사의 마음 나눔터

이해하기: 유아의 마음을 들여다볼까요?

- 난 이기는 게임을 좋아하는데…
- 난 친구한테 지는 걸 정말 싫어하는데…
- 게임에서 졌다고 친구가 놀릴까 봐 걱정되는데…

공감하기: 유아의 마음을 두드려 볼까요?

♣ 유아 마음 공감하기!

- 재은이는 이기면 기분이 좋아지니까 계속 이기고 싶구나!
- 게임에서 지면 속상하니까 더 이기고 싶었구나!
- 게임에서 지면 친구들이 놀릴까 봐(비웃을까 봐) 두려워서 꼭 이기고 싶은 마음이 들었구나!

♣ 교사 마음 전하기!

- 네가 이기는 것에만 집중하여 더 재미있게 놀이할 수 있는 방법을 놓칠까 봐 마음이 아프구나!
- 무조건 이기려고 급한 마음에 빨리하다가 네가 다칠까 봐 걱정이 되는구나!

해결하기: 유아의 마음을 열어볼까요?

♣ 유아 스스로 해결하도록 돕는 방법

- 게임의 승패보다 우리가 하고자 하는 게임의 재미를 느끼기
- 게임에서 졌다고 속상해하거나 울기보다 '이기고 지는 것은 중요하지 않아. 친구들과 함께하는 것이 더 좋은 거야! 다음에 더 잘하면 되지' 라고 자신에게 말하며 슬픈 마음을 조절하기
- 게임에서 지더라도 이것은 놀이라고 생각하고, 이긴 팀에게 박수를 쳐주려고 노력하기

♣ 교사의 해결 방법

- 처음부터 승패를 가리는 게임보다 유아들이 함께 어울려 할 수 있는 놀이나 원 게임을 제공합니다.
- 승패를 가리는 게임을 할 때는 이기고 지는 것이 중요한 게 아니라 규칙을 지켜 게임을 즐겁게 하는 것이 중요함을 알려주고, 게임을 재밌게 하는 방법에 관해 이야기 나눠봅니다.
- 승패를 가리는 게임을 할 때는 승패의 차이가 크게 나지 않도록 적절하게 교사가 조절하고, 응원하기와 질서 키키기 등을 승패 점수에 넣어 안전하게 할 수 있도록 도와줍니다.
- 게임 후 최선을 다한 유아, 즐겁게 게임을 한 유아, 질서를 지킨 유아, 졌는데도 속상해하지 않고 축하해준 유아들을 격려해주어 유아들이 게임의 승패에 연연하지 않도록 도와줍니다.

:: 자세가 바르지 않은 유아, 바른 자세로 앉도록 도와주는 유아 ::

오늘의 격려(칭찬) 한마디

"친구가 바르게 앉으라고 한 행동에 대해 속상해하지 않고
바른 자세로 앉으려고 노력하는 네 모습을 보니 선생님은 참 기쁘구나!"
"친구가 바르게 앉지 않았다고 이르지 않고 동화 시간에 방해될까 봐
너의 몸짓으로 알려줘서 참 고마웠어."

유아들이 동화를 듣고 있다. 매트에 앉아 있는 수민이는 교사를 바라보지 않고 엎드린다. 순간 고개를 들었을 때 나랑 눈이 마주치자 다시 바르게 앉는다. 10초 후, 고개를 숙여 실내화를 만진다. 옆에 앉은 아민이가 수민이 어깨를 살짝 3번 두드리자 수민이가 고개를 들어 아민이를 본다. 아민이는 아무 말 없이 손가락으로 자신의 눈을 한번 짚은 후, 선생님을 가리킨다. 수민이는 "왜?"라고 말한다. 아민이는 아무 말 없이 손바닥을 귀 옆에 대고 듣는 행동을 취한다. 수민이는 나를 한 번 쳐다본 후, 눈이 마주치자 바른 자세로 앉아 동화를 듣는다. 동화 수업이 끝난 후, 나는 "수민아! 처음에는 바르게 앉기 힘들었지만 노력해서 깜짝 놀랐어! 또 친구가 바르게 앉으라고 알려주는 행동에 바로 바른 자세로 앉으려고 노력해서 선생님은 감동 받았단다!", "아민아! 친구에게 아무 말 없이 행동으로 알려줘서 수업에 방해가 되지 않았어! 아민이 때문에 수민이도 기분 나빠하지 않고 동화를 들을 수 있었단다. 또 다른 친구들도 아민이 때문에 좋은 방법을 알 수 있게 되었네!"라고 말했다. 아민이는 "선생님이 나한테 그때 이렇게 했잖아요. 그래서 나도 그렇게 했어요. 근데 수민이가 화 안 내서 좋았어요."라고 말했다. 나는 수민이를 바라보며 "아민이 때문에 수민이도 앞으로 바르게 앉아 이야기 들을 수 있을 거야!"라고 말하며 미소 짓는다.

자신의 감정이 우선인 수민이(만 5세, 남)는 자신이 하고 싶은 말을 수업 중간에 하기, 엎드리기, 앞 친구 머리카락 만지기 등 수업에 방해되는 여러 가지 행동을 한다. 그런데 옆에 앉은 아민이(만 5세, 여)가 행동으로 표현해 수업시간에 집중하기를 안내하고, 수민이는 기분 나빠하지 않고 집중하는 모습을 보면서 때론 교사의 백 마디 말보다 친구가 알려주는 행동 하나가 더 큰 효과가 있음을 느꼈다. 물론 7세 유아는 자존심이 강해져 친구가 무언가를 알려주면 "뭐~!", "왜 나한테 그래?" 등의 말을 하면서 기분 나쁨을 표현하지만 친구가 조용히 행동으로 보여주는 표현에 수민이도 마음의 울림이 생긴 것 같다. 교사도 비언어적인 행동을 적절하게 사용하면 유아의 변화된 행동으로 인해 감동을 느끼는 날이 올 것이다.

격려(칭찬)의 힘 "공감이 있는 격려(칭찬)는 가랑비처럼
유아의 마음을 서서히 적셔 변화를 준다."

유아와 교사의 마음 나눔터

이해하기: 유아의 마음을 들여다볼까요?

♣ 바르게 앉기 힘든 유아

- 난 바르게 앉는 게 정말 힘든데…
- 이야기를 들어야 되지만 자꾸 다른 생각이 나는데…
- 이야기 듣는 것보다 실내화 만지는 게 더 재미있는데…

♣ 바른 자세로 앉도록 도와주는 유아

- 수민이가 바르게 앉지 않아 걱정되는데…
- 어떻게 알려주면 좋을까? 아! 이 방법이 있구나!

공감하기: 유아의 마음을 두드려 볼까요?

♣ 유아 마음 공감하기!

- 바른 자세로 앉는 게 힘들었구나!
- 이야기를 듣는 것보다 실내화로 장난치는 게 더 재미있었구나!

♣ 교사 마음 전하기!

- 다른 생각을 하다 보면 수업시간에 알게 되는 좋은 생각을 놓칠까 봐 걱정이 되는구나!
- 네가 실내화로 장난하는 시간이 길어져 수업에 집중하고 싶은 마음이 사라질까 봐 걱정되는구나!
- 이야기 시간에 바른 자세로 앉지 않고 자주 움직여서 옆 친구를 건드리는 바람에 다른 친구에게 방해가 되는구나!

해결하기: 유아의 마음을 열어볼까요?

♣ 유아 스스로 해결하도록 돕는 방법 - 바르게 앉지 않는 유아

- 바른 자세로 들으면 어떤 점이 좋은지 생각해보기
- 바른 자세로 왜 듣지 못하는지 스스로 생각해보기
- 선생님과 친구들의 이야기를 잘 들을 수 있는 방법 찾아보기

♣ 교사의 해결 방법

- 바른 자세로 듣지 못하는 유아들을 충분히 관찰한 후, 그 원인을 분석해봅니다.
- 유아가 잘 들을 수 있도록 1:1로 지시대로 전달하기(듣기 선생님 놀이), 심부름하기, 1

분간 이야기 나누기 등 다양한 지원 방법을 알아봅니다.

- 유아가 바른 자세로 잘 들었을 경우 구체적으로 격려하여 듣는 경청의 즐거움을 느끼도록 합니다.
- 유아와 함께 바른 자세로 잘 들을 수 있는 방법을 찾아봅니다.

:: 새치기하는 유아 ::

오늘의 격려(칭찬) 한마디

"친구에게 사과하는 네 모습을 보니 앞으로
차례를 지켜 줄을 잘 설 거라 믿어."

강당으로 이동하기 위해 유아들이 문 앞에 줄을 서고 있다. 진후는 의자 정리를 하고 줄을 서기 위해 간다. 진후는 승준이가 땅을 바라보고 있는 사이 승준이 앞에 선다. 승준이가 "야, 너 왜 새치기해!"라고 큰 목소리로 말한다. 진후는 "뭐. 나 원래 여기야. 내가 먼저 왔어!"라고 말한다. 승준이는 "내가 먼저 왔거든. 내가 민지 뒤에 서 있었단 말이야!"라고 말하자 진후는 "아니야"라고 말하며 승준이를 손으로 민다. 승준이는 화가 난 표정으로 진후를 쳐다본다. 민지가 진후를 바라보며 "맞아. 승준이가 내 뒤에 서 있었어"라고 말하자 진후는 다른 곳을 쳐다보며 아무 말 하지 않는다. 승준이는 나에게 와 상황을 말한다. 나는 "진후야! 승준이가 진후 때문에 속상하다고 말하는데 어떤 일인지 얘기해줄 수 있니?"라고 묻자 진후는 시선을 피하며 "그게 내가 줄을 서려고 했는데..."라고 말하면서 얼버무린다. "승준이는 자기가 먼저 줄을 섰고 네가 새치기를 했다고 말하는데 맞니?"라고 물어보자 아무 말 없다가 5초 후 고개를 끄덕인다. "왜 새치기를 했니?"라고 물어보자 "앞에 서고 싶었어요"라고 말한다. "앞에 서고 싶다고 새치기하면 왜 안 될까?"라고 물어보자 "그러면 나빠요! 친구가 싫어해요"라고 말한다. "선생님은 생각이 큰 진후가 앞으로 어떻게 행동할지 기대되는걸! 그리고 속상한 승준이에게 뭐라고 얘기해줄지 궁금해!"라고 하자 진후는 승준이에게 가 "내가 새치기해서 미안해"라고 말한 후, 맨 뒤에 가서 줄을 선다. 나는 진후를 바라보며 "진후가 잘못한 것을 인정하고 승준이에게 마음을 표현해 줘서 선생님은 참 기뻐! 앞으로 차례를 지켜 줄을 잘 설 수 있을 거라고 믿어"라고 말한다.

연령 구분 없이 많은 유아가 줄을 설 때 새치기 때문에 종종 다툰다. 무조건 1등으로 서고 싶어서, 앞에 서는 것이 이기는 것이라고 생각해서 등 유형이 다양하다. 진후(만 4세, 남)는 줄에 대한 집념이 강하다. 그래서 때로는 친구를 밀면서 줄을 서기도 하고, 내향적인 친구에게는 양보를 강요한다. 하루에도 몇 번씩 발생하는 줄서기 다툼을 매번 교사가 해결해줄 수는 없다. 줄서기를 지도하는 자기만의 노하우를 만들어 3월 한 달 동안 바른 줄서기 습관을 갖게 한다면 다툼이 많이 줄어들 것이다. 또한 반복되는 새치기 때문에 교사가 짜증을 내기 쉬운데 심호흡을 3회 하면서 마음을 진정시키고 대화를 나눈다면 더 효과가 있을 것이다.

격려(칭찬)의 힘 "유아가 잘못을 인정할 때 교사가 하는 격려(칭찬)는 마음에 용기를 점점 키워주는 베이킹파우더다."

유아와 교사의 마음 나눔터

이해하기: 유아의 마음을 들여다볼까요?

- 나는 앞에 서고 싶은데…
- 친구보다 앞에 서면 기분이 좋은데…
- 친구가 땅을 보고 있으니까 앞에 서도 된다고 생각한 건데…

공감하기: 유아의 마음을 두드려 볼까요?

♣ 유아 마음 공감하기!

- 앞에 서고 싶은 마음 때문에 친구의 마음을 미처 생각하지 못했구나!
- 진후는 빨리 줄을 서고 싶었구나!

♣ 교사 마음 전하기!

- 무조건 앞에 서고 싶어서 줄 서 있는 친구를 새치기한다면 서로 기분이 안 좋을까 봐 걱정이구나!
- 네 생각대로 행동을 해서 서로 싸움이 일어날까 봐 염려가 되는구나!

해결하기: 유아의 마음을 열어볼까요?

♣ 유아 스스로 해결하도록 돕는 방법

- 줄을 설 때 내 앞에 다른 친구가 새치기를 한다면 나의 기분이 어떨지 말해보기
- 새치기를 하면 왜 안 되는지 그 이유를 알기
- 내가 새치기를 했을 때 어떻게 해야 하는지(예: 사과하기, 다시 줄 뒤로 돌아가기 등) 말해본 후, 실천해보기
- 새치기를 하고 싶을 때 어떻게 하면 좋을지 그 방법을 찾아보기

♣ 교사의 해결 방법

- 줄을 서서 기다리는 사람들의 동영상을 본 후, 어떻게 줄을 서야 하는지, 줄을 서면 어떤 점이 좋은지 등 질서에 대해 유아들과 함께 이야기 나눕니다.
- 주변을 돌아보며 차례대로 되어 있는 것들을 살펴보면서 이것을 본 느낌을 이야기한 후, 만약 모든 것이 뒤죽박죽으로 되어 있다면 세상은 어떻게 변할지 상상해보는 시간을 갖도록 합니다.
- '줄서기' 와 관련된 동시나 노래를 필요한 상황에 적절하게 들려주어 유아 스스로 바른 줄서기를 내면화 할 수 있도록 도와줍니다.
- 줄을 설 때 갈등이 발생할 수 있는 상황(친구가 자리를 비운 사이 다른 유아가 들어오는 상황, 간발의 차이로 앞에 설 때 서로 자신이 맨 앞이라고 우기는 상황, 새치기를 하는 상황 등)에 대해 유

아와 함께 해결 방법을 토론하여 찾아본 후, 위 방법을 지속적으로 실천할 수 있도록 격려합니다.

- 줄서기를 할 때 꼭 맨 앞에 서기를 원하는 유아, 새치기를 자주 하는 유아의 성향을 파악하여 유아의 성향 및 기질에 적절한 줄서기 지도 방법을 찾아봅니다.

:: 물건을 던지는 유아 ::

마음을 전하는 오늘의 한마디

"네가 물건을 던져서 친구가 다칠까 봐 많이 걱정이 되었어."
"마음속에 친구를 사랑하고 아껴주는 마음이 가득하길 기대할게."

민기가 쌓기 영역에서 블록으로 집을 만들다가 갑자기 블록을 포물선 모양으로 던진다. 쌓기 영역에 있던 형준이 어깨에 블록이 떨어진다. 형준이가 "야, 너 왜 블록 던져?"라고 하자 민기는 웃으며 "이건 폭탄이야!"라고 대답한다. 그리고 작은 블록을 한 주먹 쥐더니 "이건 총알이야!"라고 하며 던진다. 주변에 있던 형준이, 진성이, 태규가 블록에 머리, 어깨, 몸을 맞는다. 민기는 일어나서 "나 군인 같지?"라고 웃으며 말한다. 형준이가 내게 와서 상황을 이야기한다. 내가 "민기야! 블록을 왜 던졌니?"라고 물어보자 "저 군인 같죠? 군인 멋있어요"라고 말한다. "블록을 맞은 친구들의 표정을 볼까?"라고 말하자 민기는 친구들의 얼굴을 본다. 그리고 친구 어깨를 손으로 문지르며 "미안해"라고 말하고 미술 영역으로 뛰어간다. 내가 다시 민기를 불러 손을 마주 잡고 앉자 시선을 피하며, 손을 빼려고 한다. 다시 민기의 손을 잡고 "민기야, 민기의 어떤 행동이 친구들 마음을 속상하게 했을까?"라고 물으니 "블록 던져서요!"라고 말한다. "그럼, 앞으로 어떻게 해야 할까?"라고 묻자 "안 던질 거예요!"라고 대답하며 시선을 피한다. 지나가던 형준이가 "너 앞으로 블록 던지지 마. 아파!"라고 말하자 고개를 끄덕인다. 내가 "민기가 물건을 던져서 친구가 다칠까 봐 많이 걱정이 되었어. 앞으로도 민기의 마음속에 친구를 사랑하고 아껴주는 마음이 가득하길 기대할게. 꼭 기억해줘"라고 말하자 "네"라고 대답하고 미술 영역으로 간다.

민기(만 4세, 남)는 타인의 아픔에 공감하는 능력이 다른 유아보다 낮다. 그래서 태권도에서 배운 돌려차기를 동생에게 행한 후, 동생이 아픈 것보다는 돌려차기에 성공했다는 것에 기쁨을 느끼며 칭찬받기를 원한다. 민기와 함께 타인의 감정에 대해 이야기를 자주 나누는데 시선을 피하며 듣기 싫어하는 태도를 보이고, 잘못에 대해 습관적으로 사과하고 대답한다. 또한 엄마한테도 이런 행동을 하는데 엄마는 민기의 행동을 받아줄 뿐 제재하지 않는다. 어머님과 상담을 해보았지만 어머님은 언젠가는 나아길 거라고, 민기를 믿는다고 말씀하신다. 유아의 행동은 타고난 기질 때문이기도 하겠지만, 환경적인 요인도 크게 작용한다고 생각한다. 따라서 교사는 유아뿐 아니라 학부모에게도 상담가가 되어 유아의 보다 나은 성장을 위해 노력해야 한다.

말! 말! 말! "부모의 말 한마디는 유아의 과거부터 영양분이 되고,
교사의 말 한마디는 유아의 현재부터 영양분이 된다."

유아와 교사의 마음 나눔터

이해하기: 유아의 마음을 들여다볼까요?

- 나는 군인이 되고 싶었는데... 나는 잘못한 게 없는데…
- 군인은 총을 잘 쏘니까 군인처럼 한 건데…
- 내가 군인이 되면 즐거우니까 친구도 즐겁다고 생각한 건데…

공감하기: 유아의 마음을 두드려 볼까요?

♣ 유아 마음 공감하기!

- 멋진 군인이 되고 싶은 생각 때문에 친구의 아픔을 생각하지 못했구나!
- 민기가 즐거우니까 친구들도 재미있을 거라고 생각했구나!

♣ 교사 마음 전하기!

- 블록을 던져서 친구들이 다칠까 봐 걱정이구나!
- 민기가 즐겁다고 친구들도 다 즐거워하지 않는단다. 민기의 행동으로 인해 친구들이 민기를 나쁘게 생각할까 봐 걱정이구나!

해결하기: 유아의 마음을 열어볼까요?

♣ 유아 스스로 해결하도록 돕는 방법

- 입장 바꾸기 활동을 통해 다른 사람의 마음을 이해하기
- 행동을 하기 전에 옳은 행동인지, 옳지 않은 행동인지 생각하기
- 내가 좋아하는 것이라도 다른 사람에게는 해가 될 수 있음을 인식하기
- 물건을 던지면 어떤 점이 위험한지 이야기하기

♣ 교사의 해결 방법

- 자기중심적인 사고가 강한 유아의 성향을 파악하여 장소와 상황에 따라 놀이 방법이 다름을 알려줍니다.
- 좌 · 우 살피기, 방향 따라 주변 살펴보기 등의 활동을 통해 유아의 시야가 넓어질 수 있도록 도와주어, 내 주변에 사람이나 물건이 있는지 살펴본 후 놀이할 수 있도록 안내합니다.
- 상황극을 통해 유아가 위험한 상황과 안전한 상황을 구분할 수 있도록 도와줍니다.
- '입장 바꾸기' 역할 놀이를 제공하여 다른 사람의 감정과 기분에 대해 알아보는 시간을 마련합니다.
- 유아의 행동 변화를 관찰하여 달라진 점, 부모나 교사가 도와줘야 할 점을 부모님과 지속적으로 의논하여 가정에서도 유치원과 연계하여 지도하도록 안내합니다.

:: 짜증을 자주 내는 유아 ::

오늘의 격려(칭찬) 한마디

"네가 아름다운 말을 하여 친구를 생각하는 마음이 가득 찼구나!"

아침에 서은이가 짜증이 가득한 표정으로 땅을 바라보며, 엄마와 함께 유치원 입구에 서 있다. 어머니께 여쭤보니 "아침에 인형을 가져가겠다는 걸 못 가져가게 했더니 그래요"라고 말씀해주신다. 내가 서은이 손을 잡고 들어가려고 하니 몸을 비틀며 손을 뺀다. 그리고 입구에 서서 "엄마 미워! 엄마 싫어!"라고 말한다. 내가 "서은아! 엄마가 왜 인형을 가져가면 안 된다고 하셨을까?"라고 물어보자 아무 대답 없이 입술을 내밀며 땅을 바라본다. 내가 다시 손을 잡으려고 하자 발을 세게 구르며 걸어가 줄을 선다. 먼저 온 다희가 "서은아! 왜 그래?"라고 물어보자 "뭐~ 너 나한테 왜 말 시켜!"라고 짜증을 내며 "나 인형 갖고 오고 싶었는데! 엄마 미워!"라고 큰 목소리로 말한다. 다희가 "인형 갖고 오면 안 돼. 인형 갖고 오면 동생들도 갖고 싶어 하고, 잃어버릴 수도 있으니까 가져오지 않기로 선생님이랑 약속했잖아"라고 말하자 서은이는 아무 말 없이 짜증 난 표정으로 앞을 본다. 함께 걸어가는 도중에 다희가 넘어진다. 서은이가 "괜찮아?"라고 물어보자 다희가 "응. 괜찮아"라고 대답하며 일어난다. 서은이가 다희의 다리를 손으로 문지르며 "조심해"라고 말하자 다희가 "고마워"라고 대답한다. 내가 서은이를 바라보며 "오늘 많이 속상했을 텐데 친구가 넘어졌을 때 걱정해주는 말을 해주어 친구도 참 고마웠을 거야. 오늘 서은이의 따뜻한 마음이 친구에게 잘 전해져서 친구를 생각하는 마음이 가득 찼겠구나!"라고 말하자 서은이는 시선을 피하며 걸어간다.

5세 때부터 짜증이 많았던 서은이는 울거나 울음 섞인 목소리, 짜증난 목소리로 자신의 감정을 많이 표현했다. 사소한 일에도 이런 반응을 보이니 친구들도 점점 서은이와 대화하기 싫어한다. 서은이에게 감정을 올바르게 표현하는 법에 관해 지속적으로 이야기를 나누고, 짜증을 내지 않았을 때 바로 피드백을 하였더니 6세가 된 지금은 전보다 짜증을 내는 횟수가 많이 줄어들었다. 서은이를 계속 관찰한 결과, 자신의 의견을 피력하거나 관심을 받기 위해서 짜증을 낸다는 것을 알게 되었다. 때로는 반응을 보이지 않고 유아가 긍정적인 행동을 했을 때 구체적으로 격려해주거나 짜증을 많이 낼 때는 대화 나누기 등 상황에 맞게 적절하게 지도하는 것이 필요하다. 그러나 감정의 변화를 요구하는 유아의 행동 지도는 다른 행동 지도보다 오랜 시간을 요구한다. 교사는 지도를 하다 '얼마만큼 더 해야 되는 거지? 더 이상 변화가 안 되나? 포기할까?' 등 많은 갈등을 경험하게 된다. 문제 해결 지도에서 가장 중요한 것은 교사의 인내심이다. 교사는 유아를 가르침을 받는 존재가 아닌 인간 대 인간으로 함께 더불어 살아가는 존재로 바라봐야 된다. 그러다 보면 교사의 마음에도 유아를 향한 사랑과 인내심이 자리 잡게 될 것이다.

격려(칭찬)의 힘 "교사의 격려(칭찬)는 유아 스스로 자신의 행동을 생각하게 되는 기폭제이다."

유아와 교사의 마음 나눔터

이해하기: 유아의 마음을 들여다볼까요?

- 나는 내가 좋아하는 인형을 친구에게 자랑하고 싶었는데…
- 내가 화가 나니까 짜증을 낸 건데…
- 내가 속상한 걸 엄마가 알아주면 좋겠는데…

공감하기: 유아의 마음을 두드려 볼까요?

♣ 유아 마음 공감하기!

- 인형을 다른 친구에게 보여주고 싶었는데 엄마가 못 가져가게 해서 속상했구나!
- 화가 나는 마음을 짜증으로 표현해도 괜찮을 거라고 생각했구나!

♣ 교사 마음 전하기!

- 너의 속상한 마음을 짜증으로 표현하여 다른 사람이 네 마음을 몰라줄까 봐 마음이 아프구나!

해결하기: 유아의 마음을 열어볼까요?

♣ 유아 스스로 해결하도록 돕는 방법

- 나의 찡그린 얼굴을 거울로 관찰해본 후, 이 모습으로 친구들에게 이야기하면 친구들 기분이 어떨지 생각해보기
- 내 마음을 잘 전달하려면 어떻게 해야 하는지 알아보기
- 매일 즐거웠던 경험을 한 가지씩 이야기하기
- 나와 다른 사람의 생각이 다르다는 점을 이해하여 내 생각을 말한 후, 다른 사람의 생각을 들어보도록 노력하기

♣ 교사의 해결 방법

- 짜증을 많이 내는 유아들을 관찰하여 언제 많이 짜증을 내는지, 짜증을 내는 원인은 무엇인지 먼저 분석합니다.
- 짜증을 내는 유아들이 긍정적으로 표현할 때 그 순간을 놓치지 않고 격려해주어

유아 스스로 긍정적인 방법으로 자신의 생각이나 마음을 표현해 볼 수 있도록 도와줍니다.

- '웃음꽃', '가는 말이 고와야 오는 말이 곱다' 라는 말의 의미를 유아와 함께 이야기 나누어 좀 더 밝은 표정으로 자신의 생각을 말할 수 있도록 도와줍니다.
- 자신이 화가 나거나 속상한 일이 있을 때 '나는 ~해서 ~해' 라고 긍정적인 나 전달법을 사용할 수 있도록 안내합니다.

:: 거절을 못하는 유아 ::

오늘의 격려(칭찬) 한마디

"네 마음을 말 할 수 있는 용기가 생겼구나!"

수빈이가 미술 영역에서 그림을 그리고 있다. 예린이가 "수빈아! 나도 그림 그려줘!" 라고 말한다. 수빈이가 무표정한 얼굴로 "응"이라고 말한다. 예린이가 종이를 주자 수빈이는 장미를 그려준다. 5분 후, 예린이는 색종이를 들고 와 수빈이에게 "나 공 접어줘"라고 말한다. 수빈이는 아무 말 없이 그림을 계속 그린다. 예린이가 "수빈아, 나 공 접어줘"라고 다시 말해도 수빈이는 계속 그림을 그린다. 예린이가 "선생님, 수빈이한테 종이 접어달라고 했는데 아무 말 안 해요"라고 말한다. 수빈이는 그 말을 듣고 나에게 와 울음 섞인 목소리로 "선생님, 예린이는 내가 그림을 그려줬는데 고맙다는 말도 안 하고 맨날 그림 그려달라고 해요. 그리고 어제도 내가 그림 그려준 거 버렸어요. 그리고 자꾸 색종이도 접어달라고 해요"라고 말한다. 내가 "예린아, 수빈이 말이 맞니?"라고 물어보자 고개를 끄덕인다. "예린아, 수빈이 마음이 어떤 거 같니?"라고 물어보자 땅을 바라보며 "속상해요"라고 작게 말한다. 수빈이는 눈물을 흘리고 있다. 내가 수빈이에게 "속상한 마음을 예린이에게 말해본 적이 있니?"라고 물어보자 아무 말 하지 않는다. "두 친구가 서로의 마음을 이야기하는 시간을 가졌으면 좋겠는데… 잠깐 둘이 얘기하면서 서로의 마음을 알아볼까?"라며, 교실 한쪽에서 이야기할 수 있도록 안내한다. 수빈이가 "너는 나한테 왜 맨날 그림 그려달라고 그래?" 라고 말하자 예린이가 "너가 그림 잘 그리잖아"라고 말한다. "나 그림 그려주는 거 힘들어"라고 말하자 "알았어. 미안해"라고 말한다. 수빈이는 눈물을 닦고, 예린이는 다른 곳을 바라보며 앉아 있는다. "수빈아, 지금은 마음이 어때?"라고 물어보자, "말하니까 좋아요"라고 대답한다. "예린아, 수빈이 마음이 어떤지 알겠니?"라고 물어보자 "네"라고 대답한다. "수빈아, 가끔은 속상한 마음을 말해주지 않으면 친구들은 몰

라. 네가 힘들고 어려우면 왜 부탁을 들어줄 수 없는지 말하면서 거절해도 돼. 수빈이에게 자신의 마음을 말할 수 있는 용기가 생겼네! 축하해!"라고 말하자 고개를 끄덕인다.

수빈이(만 5세, 여)는 어렸을 때부터 착한 아이, 무엇이든 잘하는 아이라는 말을 듣다 보니 친구의 부탁을 거절하는 것에 익숙하지 않다. 며칠 동안 참고, 참은 수빈이가 할 수 있는 방법은 친구의 말에 대답하지 않는 것이었다. 집에 가서 '예린이가 밉고, 진짜 싫다. 유치원에 안 왔으면 좋겠다'라고 종이에 쓰는 방법으로 자신의 감정을 해소한 수빈이다. 그러나 자신의 마음을 말하고 나니 거절도 때로는 필요하고, 거절하는 방법에 대해 알게 되었다. 교사의 관점에서 모범적이고 약속을 잘 지키며 갈등 행동을 거의 보이지 않는 유아들은 아무 문제없이 잘 지내고 있다는 생각에 소홀히 하는 경향이 있다. 그런 유아일수록 보이지 않는 내면의 힘듦은 없는지 더 관심을 갖고 관찰해야 한다. 나아가 유아가 자신의 생각과 느낌을 상대방에게 표현하는 것에 어려움을 갖지 않도록 격려하고 기회를 제공하는 것은 유아가 한 발 더 나갈 수 있는 원동력이 될 것이다.

격려(칭찬)의 힘 "교사의 격려(칭찬)는 유아가 가진 내면의 갈등을 실천에 옮길 수 있는 발판이 된다."

유아와 교사의 마음 나눔터

이해하기: 유아의 마음을 들여다볼까요?

- 맨날 나한테 그림 그려달라고 하니까 힘든데…

• 부탁을 거절하는 건 안 되는데…

• 내가 싫다고 말하면 친구가 속상해할 텐데…

공감하기: 유아의 마음을 두드려 볼까요?

♣ 유아 마음 공감하기!

• 너도 너의 그림을 그려야 되는데 자꾸 그림을 그려달라고 부탁하니까 속상했구나!

• 부탁을 거절하면 친구가 속상해하니까 하면 안 된다고 생각했구나!

♣ 교사 마음 전하기!

• 거절을 못 해 속상한 마음이 계속 쌓이면 네가 힘들어질까 봐 걱정이 되는구나!

해결하기: 유아의 마음을 열어볼까요?

♣ 유아 스스로 해결하도록 돕는 방법

• 일상생활에서 자신의 감정을 친구에게 말로 자주 표현해보기

• 거절하는 방법을 찾아보기

• 거절이 필요한 상황을 알아보기

• 친구가 나에게 계속 부탁하는 이유를 살펴보기

♣ 교사의 해결 방법

• 유아가 왜 거절을 못 하는지 그 이유를 알아봅니다.

• 유아에게 "나는 지금 ~해서 못 해줄 것 같아"라는 말을 안내해준 후, 거절해야 되

는 상황이 발생했을 때 용기를 내어 자기 생각을 말할 수 있도록 도와줍니다.

- 마음속에 담아두면 어떤 점이 불편한지 함께 이야기 나눠봅니다.
- 친구는 왜 계속 부탁을 하는지 유아 스스로 생각해볼 수 있도록 안내합니다.

:: 거짓말을 하는 유아 ::

마음을 전하는 오늘의 한마디

"네가 왜 그런 행동을 했는지 너의 마음을 알고 싶은 거란다!
솔직하게 말하는 모습을 기대할게."

유준이 손에 장난감 카드가 있다. 내가 "유준아, 카드 가져왔니?"라고 물어보자 "어, 이거 준호가 준거예요!"라고 말한다. 내가 준호에게 "준호야, 이거 네 거니?"라고 물어보자 "아니요"라고 대답한다. 준호를 바라보며 "그래? 그럼 이거 주인이 없네. 그럼 선생님이 가져도 되겠다"라고 말하자 준호는 눈가가 빨개지면서 고개를 끄덕인다. 내가 다시 한 번 "준호야! 이거 정말 준호 거 아니야?"라고 말하자 10초 정도 지난 후, 고개를 좌·우로 흔들며 아니라는 표현을 한다. "그럼 아까는 왜 준호 것이 아니라고 했니?"라고 물어보자 "혼날까 봐요"라고 말한다. "그럼 왜 혼날 것 같다고 생각했니?"라고 물어보자 "장난감 갖고 오지 않기로 했는데 갖고 왔고, 그거 친구 줘서요"라고 대답한다. "그렇구나. 처음에 선생님한테 혼날까 봐 거짓말을 했구나. 그런데 준호야! 선생님은 혼내지 않아. 왜 그런 행동을 했는지 준호랑 말하면서 알고 싶은 거지. 다음부터는 솔직하게 말하는 준호 기대할게"라고 말하자 "네"라고 대답하며 자리에 가서 앉는다.

준호(만 5세 남)는 야단맞기를 싫어한다. 그런데 몰래몰래 행동하는 것이 자주 목격되고, 남자아이 특유의 장난을 친구들과 하다 친구를 다치게 하는 경우도 있다. 그럴 때마다 물어보면 일단은 내 물건이 아니고, 내가 행동한 것이 아니라고 말한다. 그러나 계속 상황을 물어보면 마지막에는 맞다고 인정한다. 연령이 어린 유아는 자기중심적으로 생각하다 보니 의도치 않은 거짓말을 하는 경우가 있지만, 연령이 높을수록 자신을 방어하기 위해 거짓말을 하는 경우가 많다. 거짓말은 나쁘지만 유아가 하는 거짓말을 유아의 발달 특성과 접목하여 생각하는 것이 중요하다. 무조건 흑백의 논리로 판단하여 거짓말을 했으니 나쁜 아이라고 하는 것보다 그 과정에서 유아가 자기 행동을 돌아보고 스스로 변화할 수 있도록 도와주어야 한다.

말! 말! 말! "결과로 유아를 판단하면 유아에 대한 선입견이 생기지만, 과정을 놓고 유아를 바라보면 공감이 생긴다."

유아와 교사의 마음 나눔터

이해하기: 유아의 마음을 들여다볼까요?

- 혼날까 봐 거짓말한 건데…
- 친구한테 주고 싶어서 장난감 카드를 가져온 건데…
- 약속한 걸 지키지 않아서 아니라고 말한 건데…

공감하기: 유아의 마음을 두드려 볼까요?

♣ 유아 마음 공감하기!

- 혼날 수 있다고 생각해서 순간적으로 거짓말을 하게 됐구나!
- 친구에게 카드를 주고 싶어서 장난감을 갖고 오지 않기로 한 약속을 못 지키게 됐구나!

♣ 교사 마음 전하기!

- 거짓말을 계속하다 보면, 사람들이 너의 진심을 알아주지 못할까 봐 걱정이 되는구나!

해결하기: 유아의 마음을 열어볼까요?

♣ 유아 스스로 해결하도록 돕는 방법

- 언제 거짓말을 하는지 알아본 후, 왜 거짓말을 하면 안 되는지 그 이유를 알아보기
- 거짓말을 했을 때 마음이 어떤지 이야기해보기
- 거짓말을 하면 친구들이나 선생님, 부모님 기분이 어떨지 생각해보기
- 거짓말을 하지 않기 위해 내가 할 수 있는 일은 무엇인지 알아보기

♣ 교사의 해결 방법

- 유아가 하는 거짓말의 다양한 이유를 알아봅니다.(공상에 의해 하는 거짓말, 자기방어를 위해 하는 거짓말 등)
- 먼저 거짓말을 하는 유아의 입장에서 생각해봅니다.
- 거짓말을 하는 유아에게 거짓말을 들은 교사의 마음이 어떤지 '나 전달 메시지' 로 표현합니다.
- 거짓말과 관련된 동화를 들려주어 거짓말로 인한 불편함을 느껴보는 기회를 제공합니다.

:: 때리는 유아 ::

마음을 전하는 오늘의 한마디

"화가 난다고 친구를 때리면 친구가 아파하니까 속상할 때는 때리는 행동 대신 너의 마음을 말로 표현해주면 좋겠구나!"

서진이가 은지랑 같이 쌓기 영역에서 블록을 끼우고 있다. 은지가 서진이 쪽에 있는 블록을 하나 가져가 끼운다. 서진이가 은지의 팔을 주먹으로 때린다. 은지가 "너 왜 때려!"라고 조금 큰 목소리로 말하자 서진이는 아무 말 없이 블록을 끼우고 있다. 은지가 "왜 그러냐고?"라면서 또 말해도 서진이는 대답하지 않는다. 은지가 나에게 와서 상황을 말했고, 내가 서진이에게 물어보자 아무 말 하지 않는다. "그럼, 은지야! 서진이가 왜 때린 것 같니?"라고 물어보자 "나랑 같이 블록으로 만들고 있어서 서진이 쪽에 있는 블록을 가져간 거예요"라고 말한다. 교사가 "서진아! 은지 말이 맞니?"라고 물어보자 고개를 끄덕인다. "그럼 서진아! 왜 때렸니?"라고 물어보자 "내가 끼울 건데 가져가서요"라고 작은 목소리로 말한다. "그랬구나. 그런데 왜 때리면 안 할까?"라고 물어보자 "아프니까요"라고 말한다. "그럼 지금 은지 마음이 어떨까?"라고 물어보자 "속상해요"라고 말한다. "생각이 큰 서진이는 때리는 행동 대신 어떻게 해야 할까?"라고 물어보자 "말로 해요"라고 대답한다. "그래. 서진이 말처럼 다음에는 속상할 때 때리는 행동 대신 말로 표현해주길 바랄게. 그러면 친구들도 서진이의 마음을 이해해줄 거야"라고 말하자 블록을 바라보며 계속 끼운다.

서진이(만 5세, 여)는 말수가 없는 아이이다. 질문을 해도 대답을 잘 하지 않고 고개를 끄덕이거나 아예 반응을 하지 않는다. 또한 게임, 신체표현 시간에도 참여하기를 주저한다. 그러다 보니 친구의 행동 때문에 속상한 마음을 때리는 행동으로 표현할 때가 종종 있다. 그럴 때마다 친구의 마음에 대한 감정이입과 올바른 행동표현에 대해 이야기를 나누는데 그 행동 빈도수가 다소 감소하기는 했지만 지속적인 지도는 필요하다. 서진이는 자신의 감정을 말로 표현하는 것에 익숙하지 않아 행동으로 표현하지만, 공격적인 성향이 강해 친구를 때리는 유아도 있다. 그런 유아들에게 말로 표현하기, 타인의 감정 이해하기 등을 지속적으로 지도하면서 '네가 변할 수 있음을 선생님은 믿어!'라는 관심을 계속 표현한다면 유아의 변화 속도는 더욱 빨라질 것이다.

말! 말! 말! "유아에 대한 교사의 믿음은 잔잔한 호수에 퍼지는 파동처럼 울림이 있다."

유아와 교사의 마음 나눔터

이해하기: 유아의 마음을 들여다볼까요?

- 나한테 말 안 하고 가져가서 때린 건데…
- 말 안 해도 내가 싫은 걸 알지 않을까 생각했는데…
- 나는 속상하면 말하는 게 힘든데…

공감하기: 유아의 마음을 두드려 볼까요?

♣ 유아 마음 공감하기!

- 말로 표현하는 것이 싫어서 친구에게 행동으로 표현했구나!
- 말로 안 하고 행동으로 표현해도 친구가 알아줄 거라고 생각했구나!

♣ 교사 마음 전하기!

- 너의 속상한 마음을 때리는 것으로 표현하면 친구들이 네 마음을 몰라줄까 봐 걱

정이 되는구나!

- 네가 아무리 속상해도 친구를 때리면 올바른 해결 방법이 아니라 친구랑 다툴까 봐 걱정이 되는구나!

해결하기: 유아의 마음을 열어볼까요?

♣ 유아 스스로 해결하도록 돕는 방법

- 때리고 싶은 마음이 들 때 두 손을 잡고 마음속으로 숫자 3까지 세어보면서 때리고 싶은 마음을 참아보기
- 친구를 때리면 친구의 기분이 어떨지 입장 바꿔 생각해보기
- 화가 나거나 속상한 일이 있을 때 말로 자신의 감정, 요구, 상황 등을 말해보기
- 화가 나 때리고 싶었을 때 참고 말로 표현한 적이 있었는지 떠올려보고, 이때는 어떤 방법으로 해결이 됐는지 이야기해보기

♣ 교사의 해결 방법

- 유아가 친구를 때리는 원인을 분석합니다.
- 유아가 친구에게 행동 대신 말로 표현했을 때 "○○가 때리지 않고 친구에게 말로 표현했구나! 때리고 싶은 마음을 참아서 대단해"라고 바로 피드백합니다.
- 때리는 빈도를 체크하여 유아가 자신의 행동을 평가해보는 기회를 제공합니다.

06

학부모 상담

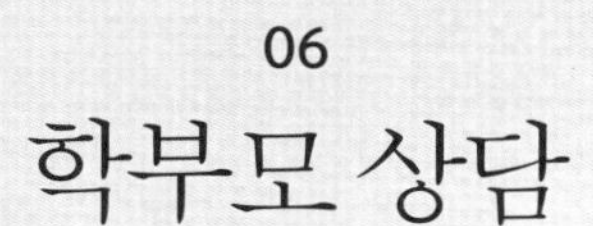

학부모 상담이란?

유아들을 대하는 것보다 학부모를 대하는 것이 더 어려울 때가 많이 있습니다. 부모님과의 일대일 관계가 아니라 중간에 아이가 있다 보니 더 어려운 것 같습니다. 교사와 학부모는 유아를 중심으로 만난 관계이며, 일시적인 관계이기 때문에 서로 배려하지 않으며 어려운 관계가 되기도 합니다. 교사는 학부모와의 다양한 만남을 통하여 신뢰를 주어야 합니다.

학부모 중에는 육아에 대한 불안과 심리적 고립감을 가지고 있기도 합니다. 따라서 교육적인 상담뿐만 아니라, 양육과정에서 겪는 어려움에 대한 심리적인 지지와 격려가 필요하기도 합니다.

어려운 상담 어떻게 하면 쉽게 대처할 수 있을까요?

유치원이 궁금해

학기 초 상담은 교사의 교육철학과 교육관에 대해 전달하고 학급운영에 대한 생각을 공유하며, 부모로부터 유아의 성향이나, 성장 및 발달 수준, 가정환경 등 유아를 지도하는 데 참고할 수 있는 정보를 많이 수집하는 중요한 시간입니다. 부모님은 아이의 유치원 생활이 너무나 궁금합니다. 무슨 놀이를 했는지, 누구랑 놀았는지, 어떤 음식을 잘 먹었고 어떤 음식을 남겼는지 등, 특히 만 3세 학부모의 경우 궁금한 것이 더 많습니다. 아이가 울고 유치원에 갔을 경우에는 더 궁금증이 커집니다. 학부모의 이런 걱정과 고민을 덜어드리기 위해 그리고 유아에 대한 정보를 알고 좀 더 잘 지도하기 위해 학기 초에는 상담을 자주 하는 것이 좋습니다.

3월 한 달 동안은 일주일에 한 번 정도는 전화를 통하여 교우 관계, 식습관, 교실에서의 놀이하는 모습에 대해 관찰한 것을 이야기하며 서로 정보를 공유하기도 합니다. 학기 초에 전화 상담을 잘하여 부모님과 친밀감을 형성하면 신뢰가 생기게 되고 부모님의 걱정과 불안이 점점 사라지면서 아이들도 유치원에 잘 적응하게 됩니다.

상담 전 준비

- 유아의 정보를 숙지한다.(가정환경조사서 등)
- 아이와 학부모를 빨리 연결하여 기억한다.
- 개별 유아와 많은 이야기를 나누면서 친밀감을 형성한다.(유아에 대한 이해의 폭이 넓어진다)
- 유아의 관찰을 충실히 하고 기록한다.(친구 관계, 선호하는 놀이, 식습관 등)
- 사전 설문지 배부(상담하고 싶은 내용, 앞으로 자녀의 지도 방향, 담임교사에게 하고 싶은 이야기, 건의사항)
- 상담일지 준비(부모가 기술한 유아에 대한 정보, 요구사항을 기록)

학부모 상담의 방법

대면 상담의 경우

따뜻한 분위기 조성

교사와 상담을 하기 위해 유치원에 들어선 학부모님의 마음은 긴장되고 불안할 것입니다. 학부모님과 교사의 대화는 편안하고 안정되며 따뜻한 분위기에서 이루어져야 합니다. 카페처럼 편안한 분위기 조성을 위한 공간을 살펴보면, 교사와 학부모가 편하게 이야기할 수 있는 책상과 의자, 약간의 다과, 상담에 필요한 개별 유아 관련 자료 등을 준비합니다. 잔잔한 클래식 음악을 틀고 학부모님을 웃으며 반갑게 맞이합니다.

친밀감 형성

학부모님이 유치원에 대한 친밀한 느낌이 들 수 있도록 친절하게 안내하고 설명하며 긍정적인 언어를 사용합니다. 또한 학부모님의 외모나 아이에 대한 관심 있는 내용을 파악하여 대화 내용을 시작합니다.

장단점 파악하기

학기 초의 경우 아이의 장점 5가지, 단점 2가지, 아이가 유치원에 다니면서 변하게 된 점을 상담을 하기 전에 받아둡니다. 미리 파악하여 정리해둔 자료를 가지고 부모님과 상담을 합니다.

유아의 장단점과 관련하여 유치원에서 비슷한 상황을 관찰해보고 상담을 합니다. 학기 초에 학부모에게 유아의 문제점을 이야기하는 것은 조심해야 합니다. 교사와의 신뢰가 형성되기 전에 유아의 단점을 들으면 부모님들이 인지하고 있었던 부분이더라도 인정하고 싶지 않게 됩니다. 학기 초의 상담은 부모님으로부터 많은 이야기를 듣는 것이 중요합니다.

함께 고민할 문제에 대한 협력하기

교사가 보았을 때의 문제점이나 부모님이 고민하는 점을 들어주고 공감하며 협력하여 유아의 변화를 가져올 수 있는 부분을 파악해봅니다. 또한 부모님이 원하시는 방향이 유아에게 너무 기대하거나 의존하는 부모님이 아닌지 잘 파악하고 유아가 긍정적으로 성장할 수 있도록 지원합니다.

긍정적 기대와 정리

교사는 유아의 몸과 마음이 건강할 수 있도록 도와주는 것이며 학부모와 함께 유아를 지도하고 지원한다는 것을 인지하여 함께 협력하도록 합니다.

지속적인 피드백

유아의 행동이 긍정적으로 변화될 수 있도록 수시로 가정과 연계하여 알려줍니다.

전화 상담의 경우

전화 상담은 시간과 공간의 제약이 비교적 없기에 직업을 가진 부모나 시간적 여유가 없는 부모의 경우 효율적인 방법입니다. 그러나 상대방의 표정을 볼 수 없고 목소리로만 알 수 있기에 소통이 어려울 수 있으며, 특히 초임교사의 경우에는 충분한 연습이 필요합니다. 전화 상담 시에는 차분하고 조용하면서도 밝고 정중하게 전화를 하며, 무엇보다도 정확한 언어를 사용해야 합니다.

전화 상담 순서

1. 가벼운 인사말
2. 오늘 있었던 일 이야기하기
3. 꼭 하려고 했던 본론 이야기하기(칭찬)
4. 유아와 통화
5. 끝인사

전화 상담의 예

새롬이 어머님 안녕하세요? 새롬이 담임이에요. 새롬이가 유치원을 다닌지 4일이 지났는데요. 집에서 새롬이가 유치원에 대해 어떻게 생각하는지 궁금해서 전화 드렸어요.

유치원에서는 ○○랑 사이좋게 잘 지내고 밥도 잘 먹고 있어요.

특히 자신이 생각한 것을 그림으로 잘 표현한답니다.(유아의 잘하는 점 칭찬)

새롬이는 유치원에 대해 뭐하고 하던가요?

(원아기초조사서와 등본을 보며) 동생이 있어서 혹시 질투를 하거나 그런 건 없나요? (형제 관계, 식습관, 성격 등 물어보기)

(건강기초조사서를 살펴보며) 경기를 많이 했다고 되어 있는데 혹시 유치원에서 주의해야 할 점은 없나요? (유아의 건강상태 물어보기)

혹시 궁금하신 건 없으신가요?

궁금하시거나 새롬이가 힘들다고 하는 것이 있으면 언제든지 연락주세요.

집단 상담의 경우

학기 초와 학기 말에 각각 개별상담을 하는 경우가 많습니다. 그러나 새롭게 구성된 반에 대한 소속감과 친밀감을 위해서 교사와 학부모와 유아가 서로를 알 수 있는 기회가 있다면 일 년을 생활하기에 더 좋은 것 같습니다.

서로를 알 수 있는 방법의 하나로 집단 상담의 시간을 갖기도 합니다.

[집단 상담 순서의 예]

- **교사 소개**
- **짧게 아이와 부모님 소개(○○엄마 □□□입니다)**
- **반 현황 및 특성 안내**
  - **일과 운영 안내**
- **우리 반 약속 안내**
- **학부모님께 부탁드릴 사항 안내**
- **소통 시간 갖기 Ⅰ**
  - **함께 이야기 나눌 주제를 2~3개 정도 준비한다.**
  - **돌아가면서 짧게 이야기한다.**
- **감동 있는 영상 시청**
- **소통 시간 갖기 Ⅱ**

- 부모님들이 서로 인사하며 친분을 가질 수 있는 시간 제공

· 마무리

TIP 1 평소 학부모의 작은 불평(급 · 간식, 친구 관계 등)을 사소하게 여기지 말고 귀담아 들어서 조기 대처하는 것이 중요합니다.(호미로 막을 것을 가래로도 못 막는다)

TIP 2 정기 상담 외에 평소에도 유아의 유치원에서의 생활에 대한 다양한 의견을 나누는 기회를 통하여 학부모님과의 친밀감을 형성하는 것이 중요합니다.

참고 문헌

- 교육과학기술부(2007). 2007 개정 유치원 교육과정 해설서. 미래엔 컬쳐그룹
- 교육과학기술부(2007). 2007 개정 유치원 교육과정 지도서 총론. ㈜두산
- 김경일(2017). 능력보다 상황이다! 메타인지가 만드는 소통과 지혜. 한국국공립유치원 교원연합회. 31, 19-29
- 김성애(2017). 다양성에 대한 교육적 담론. 한국국공립유치원교원연합회. 31, 3-11
- 김란희(2016). 유아의 기본생활습관에 대한 교사의 지도방법과 지도과정에서의 어려움. 논문
- 김진희, 강미영(2017) 유치원에 다니는 선생님. 공동체
- 돈 리처드 리소, 러스 허드슨 지음. 주혜명 옮김(2015). 에니어그램의 지혜. 한문화
- 박만호(2005). 유치원 도덕교육에서의 기본생활습관 개념과 듀이의 습관 개념에 관한 연구. 논문
- 서혜정 · 조인지(2015). 의미 없는 활동지를 놀이로 전환하는 유아교사의 경험. 한국영유아교원교육학회(학술저널)
- 송미영(2014). 기본생활습관교육에 대한 유아교사의 인식에 관한 연구. 논문
- 신명희 외(1998). 교육심리학의 이해. 학지사
- 신승철, 임태우(2017). 당신의 몸을 살리는 명상 요가 10분. 중앙생활사
- 엄융의(2017). 내 몸 공부. 창비
- 엘리자베스 와겔리 지음. 김현정, 에니어그램코칭 인스티튜트 식구들 옮김.(2013). 에니어그램으로 보는 우리아이 속마음. 연경문화사
- 월어린이지식교육연구소(2017). 나의 첫 사회생활. 길벗스쿨
- 이경미,박미경,함혜정(2011). 자유선택활동 바로 알기. 창지사
- 이미숙(2018). 2018년도 상반기 유치원 신규교사 역량강화 직무연수. 2018-15. 63-73
- 이상우(2009). 살아있는 협동학습. 시그마프레스
- 이숙재(1997). 유아를 위한 놀이의 이론과 실제. 창지사
- 이세리(2013). 유아의 문제행동 유형별 교사의 대처 전략. 논문
- 이정림, 이미숙(2017). 2017 유치원 저경력 교사를 위한 학급운영 직무연수. 2017-55, 11-34
- 이혁규(2017). 성찰적 실천가와 전문적학습공동체. 세종교육연구원

- 이혁규(2015). 한국의 교육 생태계. 교육공동체벗
- 이화여자대학교 이화어린이연구원(2016) 영유아교육기관에서의 일상생활지도. 파란마음.
- 정유진(2010). 두드림의 기적 EFT. 정신세계사
- 정유진(2013). 지니샘의 행복교실 만들기. 에듀니티
- 정유진(2015). 학급운영시스템. 에듀니티
- 정인수(2017). 뇌를 살리는 치유기술 CST. 좋은땅
- 제인 넬슨 · 린 로트 · 스티븐 글렌 지음, 김성환 · 강소현 · 정유진 옮김, 김차명 그림(2014). 학급긍정훈육법. 에듀니티
- 제인 넬슨 · 린다 에스코바 · 케이트 오토라노 · 로즐린 더피 · 데버라 오언-소히키 지음, 김도윤 · 김나이 · 김연태 · 김은미 · 안진수 · 이정숙 옮김(2016). 학급긍정훈육법 문제 해결 편. 에듀니티
- 제인 넬슨 · 셰릴 어윈 · 로즐린 앤 더피 지음, 조고은 옮김(2016). 긍정의 훈육 4~7세 편. 에듀니티
- 조부경 외(2016). 영유아 교사론. 양서원
- 조혜진(2017). 유아교사의 정서역량: 교사인성교육의 첫걸음. 창지사
- 좌승화, 엄세진, 이해정, 윤정진, 강현영, 서현아(2017). 영유아 건강교육. 창지사
- 테레사 라살라 · 조디 맥비티 · 수잔 스미사 지음, 김성환 옮김(2015). 학급긍정훈육법 활동편. 에듀니티
- 토머스 고든 지음. 김홍옥 옮김(2003). 교사역할훈련. 양철북
- 토머스 W. 펠런, 세라 제인 쇼너 지음. 박종근 · 정유진 옮김, 송정섭 그림(2016). 행복한 교실을 위한 1-2-3 매직. 에듀니티
- 파커 J. 파머(1990). 가르칠 수 있는 용기. 한문화
- 하수연, 정재은, 김명지, 김연옥, 김보경(2017). 유아교사를 위한 생활지도 및 상담. 공동체
- 한명화(2016), 면역력이 높아지는 1분 손가락 요가. 비타북스 헬스조선
- 허미애(2007). 유아교사를 위한 이야기나누기의 이론과 실제. 공동체
- Chie Kondo 지음. 김도이 · 박선구 옮김(2011). 유아교사역할훈련. GTI 코리아
- Gaile Sloan Cannella(2002). 유아 교육 이론 해체하기: 비판적 접근. 유혜령. 창지사
- MacNaughtond 외(1998). Techniques for Teaching Young Children. Longman
- Paley(1988). Mollie is Three. Chicago